शेष कादम्बरी

[उपन्यास]

शेष कादम्बरी

अलका सरावगी

राजकमल प्रकाशन

ISBN : 978-81-267-0446-0

मूल्य : ₹ 400

पहला संस्करण : 2001
तीसरा संस्करण : 2016

प्रकाशक : राजकमल प्रकाशन प्रा. लि.
1-बी, नेताजी सुभाष मार्ग, दरियागंज
नई दिल्ली-110 002

शाखाएँ : अशोक राजपथ, साइंस कॉलेज के सामने, पटना-800 006
पहली मंजिल, दरबारी बिल्डिंग, महात्मा गांधी मार्ग, इलाहाबाद-211 001
36 ए, शेक्सपियर सरणी, कोलकाता-700 017

वेबसाइट : www.rajkamalprakashan.com
ई-मेल : info@rajkamalprakashan.com

मुद्रक : बी.के. ऑफसेट
नवीन शाहदरा, दिल्ली-110 032

SHESH KADAMBARI
Novel by Alka Saraogi

ओ गो आमार एई जीबनेर शेष परिपूर्णता...

मैं, मुसद्दी लाल, वल्द कन्हाई लाल, उम्र तिरपन वर्ष, धर्म से हिन्दू, व्यवसायी; 108 बी, चक्रबेरिया लेन, कलकत्ता-20 का रहनेवाला, इस आवेदन के द्वारा पूरी ईमानदारी और विस्तार के साथ यह घोषित करता हूँ–

1. *कि अजय लाल, उम्र बीस वर्ष, मेरी पत्नी ज्ञानवती देवी के पहले पति स्वर्गीय प्रभुदयाल गुप्ता का पुत्र है और 'सामाजिक विवाह कानून, 1954' के तहत ज्ञानवती देवी से मेरी शादी के बाद से–यानी 15 जुलाई, 1994 से मेरे साथ रह रहा है : उस अजय लाल का भविष्य में मेरी सम्पत्ति पर कोई कानूनी हक नहीं रहेगा।*
2. *कि उपरोक्त अजय लाल ने कुछ दिनों से सामाजिक कायदों और मर्यादाओं की परवाह न करते हुए एक आवारा किस्म की जिन्दगी चुन ली है। उसके आचरण ने मुझे निरन्तर मानसिक कष्ट पहुँचाया है।*
3. *कि इस आवेदन के साथ-साथ अजय लाल को दिए गए सभी हक, जो उसे मेरे विवाह के एक साल बाद मजिस्ट्रेट के सामने दिए गए एक आवेदन के द्वारा दिए गए थे, तुरन्त वापस लिए जाते हैं...*

रूबी दी ने सादे कागज पर लिखा आवेदन पढ़ते-पढ़ते अपने आश्चर्य को दबाते हुए टेबुल के पार बैठी दुबली-साँवली लड़की की ओर देखा। उनकी उम्मीद के ठीक मुताबिक लड़की टेबुल के नीचे निगाहें जमाए अपने हाथ की रेखाओं को देखती हुई उनके पहले प्रश्न का इन्तजार कर रही थी। रूबी दी को जोर की चिढ़ हुई। इस लड़की से पाँच-सात बार मिल लेने के कारण वे इतना जान गई थीं कि यह लड़की कुछ भी कहने के पहले हमेशा प्रश्न पूछे जाने का इन्तजार

करती है और फिर इतना छोटा जवाब देती है कि उससे पूरी बात समझने के लिए कम-से-कम चार प्रश्न और करने पड़ें। लड़की ने अपनी हस्तरेखाओं को अपने पच्चीस-छब्बीस साल के जीवन में शायद हजारवीं बार पढ़कर—या जैसे कि रूबी दी के पिताजी हर बात पर कहा करते थे, 'सतरह सौ साठवीं' बार पढ़कर—रूबी दी की ओर पिटी हुई निगाहों से देखा। रूबी दी को तुरन्त ग्लानि हुई। छब्बीस सालों से तरह-तरह की दुखियारी, जमाने की मारी, बेचारी औरतों के लिए यह संस्था 'परामर्श' चलाकर—जिसे चलाते-चलाते वे खुद अपने लिए तक रूबी गुप्ता से रूबी दी बन गई थीं—अब भी उनमें कितना अधैर्य बचा रह गया था।

"तो तुम्हारे पापा ने तुम्हारी दूसरी माँ—आय मीन टू से—उस दूसरी औरत के लड़के को अपनी सम्पत्ति से बेदखल कर दिया है ?" रूबी दी ने 'माँ' शब्द पर उस लड़की को चिहुँकते देखकर तुरन्त अपनी गलती सुधारते हुए नरमी से अपना पहला प्रश्न पूछ डाला। उसका जवाब सुनने के लिए उसकी तरफ देखते-देखते वे खुद इस प्रश्न से जूझती रहीं कि इस लड़की का नाम आखिर क्या है ? विनीता, कविता या अमिता ? अब सत्तर की उम्र में स्मृति का यह हाल है। क्या नाम पूछने से इसे बुरा लगेगा ?—रूबी दी सोचती रहीं। क्या पता पिछली बार भी उन्होंने इससे इसका नाम पूछा हो।

लड़की ने न जाने कैसे उनकी परेशानी को भाँप लिया। उसने कहा, "हाँ, शायद। पापा ने मुझे वकील का कागज देकर कहा, सविता, इसका अंग्रेजी से हिन्दी करना होगा, फिर इसे हिन्दी के किसी अखबार में निकालना पड़ेगा। ऐसा ही वकील ने बोला है करने को। आप देखिए ना, हिन्दी ठीक तो है क्या ?"

सविता नाम की इस लड़की को अपने नाम का अर्थ भी मालूम होगा क्या ?—रूबी दी ने उसकी हिन्दी से कुढ़ते हुए सोचा। क्या यह जानती होगी कि गायत्री मन्त्र में इसका नाम है—'तत् सवितुः वरेण्यं...।' सविता यानी सूर्य। पर इस लड़की के जीवन में तो अन्धकार ही अन्धकार है। कहीं कोई प्रकाश नहीं। क्या नाम में सचमुच कुछ नहीं रखा ? वैसे उनके खुद के नाम में क्या आनी-जानी है ? सारी जिन्दगी वे यही सोचती रहीं कि उनके अन्दर क्या कुछ भी ऐसा कीमती नहीं कि किसी को वाकई उनकी जरूरत हो ? ऊपर से ऐसा नाम कि लोगों को लगे कि वे क्रिश्चियन हैं। अब किस-किस को बताएँ, कि रूबी गुप्ता में कहीं कोई अंग्रेजी या ऐंग्लो-इंडियन खून की मिलावट नहीं है—कि उनके सिरफिरे मामा देवीदत्त ने, जिन्होंने कभी शादी नहीं की और जो दूसरे महायुद्ध में अंग्रेजी सेना में भरती होकर लापता हो गए थे और उसके बाद सारे जीवन कभी प्रकट होने और कभी गायब होने का खेल खेलते रहे, उनका नाम अपने किसी असफल प्रेम की याद को जिन्दा रखने के लिए रूबी रख दिया था।

"अनुवाद तो तुमने अच्छा किया है। क्या खुद किया है ?" रूबी दी ने सविता को अपनी हस्तरेखाओं में दुबारा डूबने को तैयार देखकर हड़बड़ी में पूछा।

"नहीं, वो मेरी एक दूर की मौसी हैं न, जिन्होंने हिन्दी-विन्दी में एम.ए. किया है..." सविता ने धीरे-धीरे कहा।

"वही न, जिन्होंने तुम्हारी शादी उस दुष्ट से करवाई थी"—रूबी दी ने ठीक काम कर रही अपनी स्मृति से प्रसन्न होते हुए पूछा।

सविता ने एक बार उनकी ओर देखकर आँखें नीची कर लीं। रूबी दी को अचानक आज सुबह यहाँ आते वक्त दिखीं वे दर्जनों मुर्गियाँ याद आईं जिन्हें पंजों से बाँधकर एक साइकिलवाले ने साइकिल के दोनों तरफ लटका रखा था। कितना कष्ट होता होगा इन मुर्गियों को—क्या मेनका गाँधी ने इन मुर्गियों के लिए कहीं कुछ नहीं लिखा ? एकदम बिना हिले-डुले, बेआवाज, मरी हुई-सी उलटी लटकी रहती हैं। रूबी दी ने सामने बैठी लड़की को गौर से देखा। कितनी अजीब लड़की है। रूबी दी को समझ में नहीं आया कि सविता के चेहरे पर दिख रही हलकी-सी खिन्नता का कारण उनका अपनी स्मृति पर प्रसन्न होना था या उसके दुष्ट पति को उनका दुष्ट कहना या उसकी तथाकथित मौसी पर आरोप लगाना।

इस लड़की में भला ऐसा क्या दोष है कि कोई इसे अपने साथ नहीं रखना चाहता—न पिता, न बड़े भाई-भाभी, न पति ? रूबी दी को हर बार की तरह आज भी इस बात पर घोर आश्चर्य हुआ—हम लोगों में क्या कभी ऐसा देखा-सुना गया है कि इस तरह जवान लड़की पेइंग-गेस्ट बनकर किसी अनजानी जगह में अकेली पड़ी रहे ? पहले तो हर तीसरे-चौथे घर में कोई-न-कोई दूर की ऐसी रिश्तेदार लड़की रहती हुई मिल जाती थी जिसके अनाथ होने पर या और कोई समस्या होने पर उसके रहने-खाने की जिम्मेदारी ले ली जाती थी और उसका विवाह तक अच्छी तरह दान-दहेज देकर कर दिया जाता था। रूबी दी के अपने चाचा के घर में क्या कम्मो नहीं थी—सबके बटन लगाती, कभी किसी को गमछा पकड़ाती, कभी किसी के बच्चे को नहलाती—सब सारे दिन कम्मो-कम्मो पुकारते रहते। क्या धूम-धाम से उसकी शादी की गई थी ! हालाँकि थी तो चरित्र की कुछ गड़बड़—एक बार अफवाह उड़ी थी कि उसके बच्चा रह गया था, पर किससे रहा, इस बारे में उसने कभी मुँह नहीं खोला।

रूबी दी ने अपने को एक झटका दिया—यह क्या हो रहा है उनके साथ। ऐसे-ऐसे लोग जब-तब दिमाग में चले आते हैं, जिनके बारे में पिछले चालीस वर्षों में एक बार सोचा तक नहीं; जिनके बारे में सोचने से लगता है कि कहीं वे पिछले जन्म में मिले हुए लोग तो नहीं। लेकिन अच्छा भी लगता है, अपने दिमाग में इन खोए हुए लोगों को फिर से पाकर। वे लोग एकदम अपने लगते हैं—स्मृतियों के सगे लोग। लेकिन अब तो अपने सगे लोग भी निभाव नहीं करते—रूबी दी

ने एक लम्बी साँस लेकर लड़की की ओर देखा, जो मौका मिलते ही फिर अपनी हस्तरेखाओं में डूब गई थी।

तब और अब। तब और अब। रूबी दी को लगा कि वे अब हर बात को इसी तरीके से बाँटकर देखने लगी हैं। लेकिन तब और अब के बीच कौन-सा साल उन्हें अलग-अलग करता था, यह उन्हें ठीक-ठीक मालूम नहीं। बस कहीं दूर तक पसरा एक 'तब' था, जिसमें दुनिया को समझने के लिए कोई चेष्टा नहीं करनी पड़ती थी और बाकी का 'अब' था, जिसमें दुनिया में होने की जरूरत को भी बार-बार समझना पड़ता था। क्या पच्चीस साल पहले पति की मौत के पहले 'तब' था और उसके बाद 'अब' ? लेकिन वह तो उनके अपने जीवन का 'तब और अब' था—उसका बाकी सारी बातों से क्या लेना-देना ? और खासकर इस लड़की से, जो न जाने क्यों उन्हें अपने पिता का कोर्ट में दिया जानेवाला एफेडेविट पढ़ाने आई है।

क्या यह लड़की हस्तरेखाएँ पढ़ना जानती है ? क्या देखती रहती है यह अपने हाथों में ? रूबी दी ने लड़की से हर बार यह प्रश्न पूछना चाहा था और कभी नहीं पूछ पाई थीं। जिस दुनिया में वे बड़ी हुई थीं, वहाँ इस तरह की कोई निजी बात, जिसको पूछने का कोई विशेष मकसद न हो, किसी से पूछना अमर्यादित व्यवहार था। रूबी दी को आज भी लॉरेटो स्कूल की सिस्टर मार्गरेट की चश्मे से झाँकती बड़ी-बड़ी स्नेह भरी आँखों का फैलकर कठोर हो जाना याद है, जब बारह साल की उम्र में उन्होंने सिस्टर मार्गरेट से पूछ डाला था—'वर यू एवर इन लव, सिस्टर ?' यह उन दिनों की बात है जब वे और वह पारसी लड़की रोशन फिल्म-अभिनेता अशोक कुमार की दीवानी हुआ करती थीं और उसकी फोटो जहाँ-तहाँ से काटकर एक डायरी में चिपकाया करती थीं। सारी लड़कियाँ गुप-चुप सिस्टर मार्गरेट की सुन्दरता पर रीझती हुईं उनके बारे में तरह-तरह की मनगढ़ंत बातें किया करती थीं—जिनमें लॉरेटो से नजदीक के एक पादरियों के स्कूल तक गुप्त सुरंग होने की खबर भी शामिल थी। रोशन ने शायद सबसे मिलकर उन्हें उकसाने के लिए शर्त बदी थी कि सिस्टर मार्गरेट की बहुत चहेती और मुँहलगी होने के बावजूद रूबी उनसे इस प्रश्न का उत्तर नहीं जान सकेगी।

सिस्टर से कैसे पूछने की हिम्मत हुई थी उनकी, रूबी दी हस्तरेखाओं में डूबी लड़की को देखते हुए सोचती रहीं। आज सोचने पर लगता है कि क्या इस हिम्मत के पीछे वह लम्बी चमकते हुड वाली काली रॉल्स-रॉयस गाड़ी नहीं थी, जिसमें बैठकर वे रोज स्कूल जाती थीं। वे ठुनककर पिताजी से कहतीं—"हम अब से गाड़ी में नहीं जाएँगे। सब हमारी तरफ देखते हैं।" पिताजी मुसकराते।

कहीं-न-कहीं रूबी जानती होती थी कि पिताजी सबके उनकी गाड़ी को देखने की बात पर खुश होते हैं। फिर पिताजी कहते, "हमारी बेटी हो। हमारी गाड़ी

में ही तो स्कूल जाओगी।'' उसके दिल पर मलहम-सा लग जाता—हाँ पिताजी, मैं आपकी ही बेटी हूँ--उस दिल से आवाज आती। लेकिन फिर तुरन्त दिल बुझ जाता--माँ तो कभी नहीं कहतीं कि हमारी बेटी हो, तो हमारे जैसे घने, घुटने के नीचे तक लम्बे बाल तो होंगे ही। या कि हमारी बेटी हो, तो हमारे जैसा उजला रंग तो होगा ही। गाड़ी में न जाने की बात माँ के कान में यदि पड़ जाती, तो वे यही कहतीं—''तो क्या भिखमंगों की तरह पैदल जाओगी ?'' या इसी तरह की कुछ जली-कटी, जिसके पीछे छुपा अर्थ रूबी दी को आज भी चीर जाता है—कलकत्ते के सबसे पुराने रईस परिवार की रईसी का खून तुम्हारे में नहीं है। तुम्हारा खून अलग है।

सिस्टर मागरिट ने बाद में रूबी दी को बहुत प्यार से जो सबक दिया था, उसे वे कभी नहीं भूलीं—किसी से कोई ऐसी बात कभी मत पूछो, जिससे वह असुविधा में पड़े। रूबी दी को ऐसा-का-ऐसा याद है जैसे कल की ही बात हो। इस सबक को मन-ही-मन दोहराते-दोहराते वे दो दिनों तक इतना रोई थीं कि माँ-पिताजी घबरा गए थे। संयोग से पहले ही दिन रवीन्द्रनाथ टैगोर की मृत्यु हुई थी, जिनको वे उन दिनों अंग्रेजी में हर समय पढ़ती रहती थीं। शुक्र था कि उन लोगों ने रवीन्द्रनाथ की विराट शव-यात्रा में रोनेवालों में से ही उन्हें एक समझ लिया था। पर सिस्टर मागरिट का सबक रूबी दी को कितना महँगा पड़ा था, यह या तो रूबी दी जानती हैं या फिर उनका कृष्ण, जिसे बचपन से वे अपने कमरे में बिना थके राधा के साथ झूलते देखती आई हैं। न वे कभी पति से कोई असुविधाजनक प्रश्न पूछ पाईं और न ही अपनी दोनों बेटियों से, जिन्होंने अपने जीवन के सबसे महत्त्वपूर्ण निर्णय में उन्हें शामिल तक नहीं किया।

रूबी दी ने अचानक देखा कि सामने बैठी लड़की उन्हें एकटक देख रही है। उसके चेहरे पर ऐसा भाव था जैसे वह एकदम पढ़ पा रही हो कि रूबी दी किस दुनिया की सैर कर रही हैं, हालाँकि यह तो असम्भव था। पर फिर भी रूबी दी ने किंचित् हड़बड़ाकर अपनी बड़ी डायरी उठा ली, जिसमें वे सब जरूरी टिप्पणियाँ लिख रखती थीं। उन्होंने 'एस' निकालकर सविता का नाम खोजकर उसकी पिछली बातों के रिकॉर्ड पर एक नजर दौड़ाई। कई बार एक ही बात को बार-बार पढ़ने से उसमें से कोई नया रास्ता निकल आता है। छोटे-छोटे महीन अक्षरों में अपना लिखा हुआ उन्होंने पढ़ा—

कॉलेज से एक दिन लौटने पर माँ की लाश पलंग के नीचे। सविता और उसका बड़ा भाई एक घंटे तक घंटी बजाकर पिछले दरवाजे से घुसे। ग्राउंड फ्लोर का फ्लैट। सन्देह पुराने नौकर पर। पकड़ा नहीं गया। छह महीने बाद भाई की शादी। उसके आठ महीने बाद पिता दूसरी शादी कर दूसरी जगह चले गए। तब स. की उम्र 20 वर्ष। भाई 21 वर्ष।

रूबी दी ने साथ लगी चिट को पढ़ा जिसमें वे प्रश्न थे जो वे सविता से पूछ नहीं पाई थीं–1. क्या पिता पर भी हत्या का शक किया गया था ? 2. क्या नौकर ने डकैती की थी ? 3. क्या माँ के साथ कोई अभद्र व्यवहार भी किया गया था ?–रूबी दी को लगा कि इन बातों को न जानने से वैसे तो कोई फर्क नहीं पड़ता था, इसलिए इन्हें अब भी पूछने से बचा जा सकता था।

सविता उन्हें डायरी पढ़ते देख बेचैन हो रही थी। रूबी दी ने देखा कि उसके चेहरे पर डर या संकोच या न जाने कैसा अजीब-सा भाव है। रूबी दी ने आगे पढ़ना छोड़कर मुसकराना जरूरी समझा। लड़की को तसल्ली देना जरूरी है। यों भी उन्हें अपनी आगे की सब टिप्पणियाँ याद हैं। सभी कहते हैं कि उनके जैसा कार्यकुशल आदमी या औरत मिलना मुश्किल है और वह भी उनकी उम्र में। न वे औरों की तरह अपना रखा सामान भूलती हैं और न कभी अपना लिखा हुआ। इधर कुछ नामों के साथ गड़बड़ी जरूर होने लगी है। आखिर ब्रेन के कम्प्यूटर की भी तो कोई सीमा होगी–कितने नाम याद रखेगा ! बेचारी यह लड़की तो अभी से बात-बात में कहती है–मुझे ठीक से याद नहीं। कितना सहा भी तो है इस लड़की ने। यों तो सभी सहते हैं जिन्दगी को, पर इसके तो सहने की हद है। अगर रूबी दी ने इस संस्था को न चलाया होता तो वे अब तक कॉलेज-यूनिवर्सिटी के दिनों की तरह सोचती रहतीं कि दुनिया अच्छे-अच्छे लोगों से भरी पड़ी है। बदमाश तो इक्के-दुक्के होते हैं। पति भी मिला तो ऐसा। वकील से केस किया है तलाक के लिए। पर इन सब कामों में वक्त लगता है और वह दुष्ट रहता है दिल्ली में। बीच-बीच में रूस चला जाता है, न जाने एक खस्ताहाल देश में कौन-सी धन की खान खोदने। पर यह लड़की इस तरह बेचैन क्यों हो रही है ? क्या इसे कुछ कहना है ?

"तो अब तुम्हारे पापा और उस दूसरी औरत के बीच सम्बन्ध ठीक नहीं चल रहे हैं ? पापा आते हैं तुमसे मिलने ? खर्च दे रहे हैं ?"–रूबी दी ने एक-के-बाद-एक कई प्रश्न किए जिनसे लड़की को अपने मन की बात बताने का कोई रास्ता मिले। लड़की ने किसी प्रश्न का जवाब नहीं दिया। उसने अपनी आवाज को और धीमी करते हुए कहा, "अभी वे नया घर खोज रहे हैं।" "अच्छा, अभी जहाँ रह रहे हैं, वह जगह ठीक नहीं होगी ?"–रूबी दी ने लड़की को आगे बोलने के लिए सहारा देने के लिए कहा। लड़की ने इस बात का भी कोई जवाब नहीं दिया। उसने उसी तरह धीमे स्वर में कहा, "मुझे भी ले जाते हैं साथ में घर देखने।" रूबी दी ने खुश होकर कहा, "हो सकता है, तुम्हें अब अपने साथ रखेंगे।" पर लड़की का चेहरा देखकर रूबी दी की खुशी कपूर की तरह उड़ गई। लड़की कुछ कहेगी, यह भाँपकर उन्होंने चुप्पी साधे रखी। लड़की पूरे एक मिनट तक चुप रहकर बोली, "उन्हें वही घर पसन्द आता है, जहाँ

आसपास कोई अकेली औरत रहती हो।...मैं नहीं चाहती कि वे मुझसे मिलने आएँ। मैं जहाँ रहती हूँ, उस पी.जी. (पेइंग-गेस्टहाऊस) की मालकिन मिसेज सूद से बेमतलब दुनिया-भर की बात करते रहते हैं।''

रूबी दी हतप्रभ हो गईं। कैसे पूछें कि तुम्हारे पापा क्या अपने लिए कोई तीसरी बीबी खोजने में लगे हैं ? उन्हें कुछ हँसी भी आई इस बात पर। लेकिन तभी—एकदम तभी उन्हें अपने जीवन का विराट सूनापन दिखाई पड़ा। पच्चीस सालों में न जाने कितनी बार रातों को उठकर उन्होंने अपने से पूछा है कि वे किसके लिए जी रही हैं ? इस संस्था का काम या और भी दूसरे काम कभी उस शून्य को नहीं भरते जो उनके साथ हर वक्त चिपका रहता है।

अकेली तो यह लड़की खुद भी है, पर ढलती उम्र का अकेलापन शायद यह नहीं समझ सकती। रूबी गुप्ता से ज्यादा अकेलेपन को किसने इतने लम्बे संग-साथ में जाना है—दुनिया और अपने होने की समझ के साथ-साथ उपजा ठेठ अकेलापन। और तो और, क्या सचमुच पति के रहते भी अकेलापन नहीं था ? पर अब तो यह जीने की हर वजह को, जो वे खोज निकालती हैं, उसमें घुसकर उसे खोखला बना देता है। कैसे समझाएँ इस लड़की को—जिसे समझाना उतना ही मुश्किल है जितना रूबी दी के लिए अपनी लड़कियों को समझाना था—कि यदि कोई अपने जीने के लिए वजह खोज रहा है, तो इसमें कुछ गलत नहीं है—किसी भी उम्र में यह गलत नहीं है। अपने से बड़ी उम्र के लोगों की जिन्दगी तुम लोगों के लिए फिजूल हो जाती है, पर हर उम्र में अपनी जिन्दगी हर आदमी के लिए उतनी की उतनी जरूरी बनी रहती है। उसमें रत्ती-भर कमी नहीं आती। पर हो सकता है कि यह लड़की उनकी बात समझेगी, क्योंकि भले ही रूबी दी को उनकी लड़कियों ने नहीं समझा, पर लगभग इसी लड़की की उम्र की उनकी नातिन कादम्बरी ने शायद कुछ तो समझा ही है।

एस.टी.डी. : कलकत्ता से दिल्ली-I

011-6423235। "हलो, हलो, कादम्बरी ? मैं हूँ, नानी, कलकत्ते से। क्या कहा, तुम कादम्बरी नहीं हो, तो क्या उसकी सहेली हो ? नहीं ? कितना नम्बर चाहिए ? नम्बर मैं कभी गलत नहीं मिलाती। क्या यह साकेत नहीं है, प्रेस इन्क्लेव ? नहीं, ओह, आय एम..."—सॉरी, कहने से पहले रूबी दी से भूल से लाइन कट गई। उन्हें बहुत अफसोस हुआ। आखिर एक शब्द और बोलने से या कम बोलने से टेलीफोन के बिल में क्या खास अन्तर पड़ता। यों भी तो अपनी जिद में ही इतने रुपए खर्च किए—यह न मानकर कि वे भी, यानी कि रूबी गुप्ता भी, गलत नम्बर और वह भी एस.टी.डी. नम्बर, गलत मिला सकती हैं। फिर मिलाएँ ? आज कादम्बरी की आवाज सुनने का बहुत मन है। नहीं, मन वाली कोई बात नहीं, आखिर उनका फर्ज बनता है कि जिस लड़की के माँ-बाप दूर विदेश में बसे हों और जो एक फ्रेंच-कट दाढ़ीवाले पत्रकार के साथ दिल्ली जैसी जगह में अकेली रह रही हो, वे नानी होने के नाते उसकी खबर लेती रहें। अखबार-टी.वी. में काम करती है तो क्या, आखिर है तो चौबीस साल की।

011-642... मिलाते-मिलाते रूबी दी फोन के बटन पर अंगुली रखे-रखे रुक गईं। उस लड़की ने कहा कि वह कादम्बरी नहीं है, पर उसकी आवाज तो कादम्बरी जैसी थी। तो क्या कादम्बरी मुझसे बात नहीं करना चाहती ? नहीं, नहीं, कितना शक्की स्वभाव होता जा रहा है मेरा। कितनी भी व्यस्त हो, पर वे उसकी नानी हैं और कादम्बरी को मालूम है कि उससे बात करने के लिए उन्हें अपने दूसरे खर्चों में कटौती करनी पड़ती है। कितनी प्यारी है उनकी कादम्बरी और उसका इतना प्यारा नाम किसी और ने थोड़े ही रखा है। खुद उन्होंने रखा है, उसकी नानी ने। और रूबी गुप्ता के मन में अकसर आता है कि एक दिन यह कादम्बरी नाम वाली लड़की दुनिया में अपना नाम रोशन करेगी।

"जीरो वन वन, सिक्स फोर टू थ्री वन थ्री फाइव"—जोर-जोर से नम्बर उचारते हुए रूबी दी ने फोन मिलाया। गलती इस दुनिया में सबसे होती है, और यह मेरा अहंकार नहीं तो और क्या है कि मैं सोचूँ कि मैं गलत नम्बर मिला

ही नहीं सकती।

"रूबी दी, रूबी दी, कहिए, मैं कादम्बरी। तबीयत-पानी ठीक है तो ?" तबीयत-पानी कहना तुम्हारे नाना से तुम्हारी माँ ने सीखा और अपनी माँ से तुमने ?—रूबी दी ने चकित होकर सोचा। "नानी कहना ओल्ड फैशन हो गया क्या ? यह रूबी दी क्या होता है ?" "ओह नानी, क्या फर्क पड़ता है ! सभी तो तुमको कहते हैं। क्या कर रही हो, इन दिनों ? तुम्हारा 'वामा ग्रबी ग्रुप' आजकल कहाँ उड़ रहा है ? और 'परामर्श' ? किस-किस का उद्धार किया नानी, तुमने ?"—'वामा स्टडी ग्रुप' कादम्बरी ! क्यों बेकार टाँग खींचती रहती हो। और तुम्हें पता है, मैं 'गुड फ्रेंड्स सोसाइटी' से लौटती, तो तुम्हारे नाना मुझसे यही कहते थे—रूबी गुप्ता देश का उद्धार कर आई। तुमने कैसे जाना कादम्बरी ?—रूबी दी फिर चकित होकर सोचती रहीं। एस.टी.डी. पर यह सब कहा नहीं जा सकता, पर सोचा जा सकता है क्योंकि दिमाग दो शब्दों के बीच की जगह में सैकड़ों शब्द सोच सकता है और उसके पैसे भी नहीं लगते।

"ओ.के. अच्छी नानी, प्यारी नानी। फिर बात करेंगे। यहाँ दुनिया का सबसे बड़ा दादा बिल क्लिंटन अपनी दादागीरी करने दिल्ली आया हुआ है। उसके स्वागत के लिए लेफ्ट हो या राइट—सब रेड कार्पेट की तरह बिछे हुए हैं। उससे हाथ मिलाने के लिए पार्लियामेंट में धक्का-मुक्की तक हुई। आज दुनिया का सबसे पवित्र शब्द तुम जानती हो नानी क्या है—ग्लोबलाइजेशन ! मैं यही लिख रही हूँ—सबके दाता क्लिंटन, सबको क्लिंटन रक्खे"—रूबी दी तीसरी बार चकित हुईं। "क्या देवीदत्त मामा से मिली तुम दिल्ली में ?"—रूबी दी ने फोन के बिल की परवाह छोड़कर पूछा। देवीदत्त मामा इमरजेंसी के दिनों में कलकत्ते में प्रकट हुए थे, तो कहते थे—'सबकी दाता इन्दिरा, सबको इन्दिरा रक्खे।' रूबी दी की जान निकल जाती थी कि अपने तो मरेंगे और हम सबको भी साथ लेकर जाएँगे।

"कौन देवीदत्त मामा, नानी ? ओह माई गॉड ! तुम्हारे मामा ? देवीदत्त ? हाऊ कुड यू थिंक नानी, कि श्रीमान देवीदत्त 1900 में पैदा होकर सौ साल की उम्र में अटलबिहारी की दिल्ली में घूम रहे होंगे ? देखो नानी, सच्ची, सीरियसली, तुम अपना यह उद्धार-परामर्श छोड़ो और अपने जीवन की कथा लिख डालो। लिखने से बड़ा काम कुछ और नहीं। तुम्हारी चिट्ठियों से मुझे मालूम है कि तुम्हारे अन्दर टैलेन्ट है। तुम लिख सकती हो। कभी प्राइज मिला है न तुम्हें किसी कविता पर ? लिखो नानी, प्लीज, लिखो। लेकिन आत्मकथा नहीं। कथा। फिक्शन। थर्ड परसन में। पिछली बार तुमने प्रॉमिस किया था नानी, याद है ?"

लाइन कट गई। रूबी दी कादम्बरी को यह न बता सकीं कि उन्होंने अपना प्रॉमिस नहीं तोड़ा था।

थिएटर रोड : आगे झुका मकान

हस्तरेखाओं को देखते रहनेवाली लड़की के जाते ही रूबी दी ने टेबुल का दराज खोला। एक हरे पत्थर का भारी चौकोर पेपरवेट और एक हरे रंग की सफेद ढक्कनवाली कलम निकालकर उन्होंने टेबुल पर बीचोबीच रखी। यह कलम लिखनेवाली न होकर मोटी निबवाली हरी स्याही की कलम थी, जिसे बच्चे चित्रकारी करते समय रंग भरने या चित्र की बाहरी रेखा बनाने के लिए इस्तेमाल करते हैं। कमीज में टाँगने का हुक न होने के कारण कलम का बाहरी हिस्सा बिलकुल गोलाकार था। कलम ने टेबुल पर रखते ही तुरन्त लुढ़ककर तीन पलटे खाए और आगे की तरफ जाकर रुक गई। रूबी दी ने अपनी रुकी हुई साँस को छोड़ा और कलम को उठाकर वापस दराज में रख दिया। फिर वे पेपरवेट को देखती रहीं। क्या यह भी आगे की ओर खिसका था ? दराज से मापने का फीता निकालकर रूबी दी उठ खड़ी हुईं। पेपरवेट रखने के बिन्दु से, जिसका टेबुल पर उन्होंने निशान बना रखा था, टेबुल के सिरे तक मापकर रूबी दी ने फिर अपनी रुकी हुई साँस को छोड़ दिया। अब निश्चिंत होकर उन्होंने रोज की तरह खिड़की के बाहर थिएटर रोड के उस दृश्य को देखना शुरू किया, जिसे देखने के लिए ही सड़क की ओर आगे झुके हुए इस मकान में उन्होंने यह छोटा-सा फ्लैट पानी के मोल खरीदा था।

रूबी दी को जाननेवाले जानते हैं कि उनके आने-जाने के समय से अपनी रुक गई घड़ी का टाइम ठीक करके उसे चाभी भरकर चलाया जा सकता है। खाना खाकर अलीपुर के घर से निकलकर ठीक ग्यारह बजे रूबी दी अपनी नौकरानी सायरा के साथ, जिसे मुसलमान की जगह क्रिश्चियन बनाने के लिए वे सबके सामने उसे 'सारा' कहकर पुकारती हैं, इस फ्लैट में घुसती हैं और ठीक तीन बजे 'परामर्श' संस्था का काम सलटाकर वापस घर लौटने के लिए इस झुके हुए मकान की लिफ्ट में घुस जाती हैं। ठीक ग्यारह बजकर तीन मिनट पर वे अपनी टेबुल का दराज खोलकर उसमें से हरा पेपरवेट और हरी कलम निकालकर यह जाँच करती हैं कि यह नौमंजिला मकान कहीं और आगे थिएटर रोड की

तरफ झुक तो नहीं गया है। हरी कलम अब तक तीन पलटे खाकर रुक जाती है; चौथा पलटा खाने का मतलब होगा कि रूबी दी को संस्था वापस अपने घर ले जानी होगी। जीने की कोई खास वजह भले न हो, तो भी जीवन को बेवजह खत्म नहीं होने दिया जा सकता। मनुष्य के अपने को किसी कार्य का निमित्त मात्र मानकर अहंकाररहित होने के गीता के ज्ञान का रूबी दी ने अपने जीवन के मुआफिक एक दूसरा अर्थ निकाल लिया है। यों भी इस हरी स्याहीवाली कलम की तरह ही जीवनभर पलटे खाकर आगे सरकने और फिर रुक जाने की उनकी नियति के कारण उनकी समस्या अहं से मुक्त होने की न होकर अपने आपको, या कि जैसा स्वतन्त्रताकामी औरतें कहा करती हैं—अपनी अस्मिता को ढूँढ़ने की रही है। रूबी दी ने मान रखा है मनुष्य के जीने की कोई खास वजह न होने पर भी संसार में वह कैसे, किस तरह, कहाँ, क्यों रह रहा है, इसका कोई-न-कोई ऐसा निमित्त या प्रयोजन है, जो एक रहस्य है। पर वह है जरूर। समझ में चाहे आए या न आए। इसलिए रूबी दी को रोज सुबह ग्यारह बजकर तीन मिनट पर यह जाँच करना जरूरी लगता है कि मकान कहीं और आगे तो नहीं झुक रहा।

आज इस लड़की सविता के कारण उनका यह जाँचने का कार्यक्रम आगे खिसक गया क्योंकि लड़की उनके यहाँ आने से पहले ही दरवाजे के बाहर खड़ी उनका इन्तजार कर रही थी। अपने रोज के क्रम में परिवर्तन होने पर रूबी दी इसके पीछे भी कुछ-न-कुछ अनजाना रहस्य भाँपकर परेशान होने से बच जाती हैं। जब तक उन्होंने जीवन को इस तरह से देखना शुरू नहीं किया था, वे दुनिया के और सारे नियमबद्ध लोगों की तरह जरा-सा हेर-फेर होते ही बुरी तरह उखड़ जाती थीं। चूँकि चिड़चिड़ाने पर उनकी आदत किसी को जोर से बोलने या डाँटने की नहीं थी, वे इस तरह उखड़ जाने पर एकदम अन्दर-ही-अन्दर गुम हो जातीं। तब उनके पति सुधीर कहते कि उनसे अच्छे तो वे लोग हैं, जो बक-झक कर कम-से-कम तुरन्त ठीक हो जाते हैं। जाहिर है उनका इशारा अपनी बड़ी भाभी की तरफ होता, जिन्हें मुँह से कब, क्या निकल जाएगा, इसकी कोई परवाह नहीं थी। पर रूबी दी ने कभी अपने आपको यह छूट नहीं दी कि वे अपनी गरिमा को एक क्षण के लिए भी खो दें। जिस दुनिया ने बचपन से ही उनको शब्दों के अनगिनत डंक चुभोए थे, उसका तिरस्कार करने का यही तरीका रूबी दी को मालूम था कि वे अपने नजदीक की दुनिया को वैसी न बनने दें। वे अन्दर से उखड़ने पर एक ऐसा घना सन्नाटा ओढ़ लेतीं, जिसे भेदकर कोई उन तक पहुँच नहीं पाता।

रूबी दी ने खिड़की के बाहर थिएटर रोड के उस पार खड़ी उस विशाल पुरानी इमारत की ओर देखा, जिसने दुनिया से जूझने के लिए उन्हें सन्नाटे का

वह अस्त्र दिया था, जिसे अब कोई किसी हालत में स्वीकार करने के लिए तैयार न होता। बल्कि उसे अस्त्र कहने पर भी उसकी हँसी उड़ाई जाती—उनकी बड़ी लड़की गौरी मुँह बिचकाकर कहती, "लो माँ, फिर मौनी बाबा बन गई—अरे नहीं-नहीं, महात्मा गाँधी बन गई।" रूबी दी के देखते-देखते उस जर्जर होते विशाल भवन—जिसके टूटकर बहुमंजिली इमारत में बदलने की सम्भावना हर बीतते दिन के साथ प्रबलतर होती जाती थी—ने अपने ऊपर जमी सारी काई और जगह-जगह दरारों से उगे पीपल-वट के पौधों को हटा दिया। वह फिर पुराने दिनों की तरह उनके बचपन का वह एकमंजिला लाल ईंटों और सफेद खम्भोंवाला महल बन गया, जिससे खूबसूरत कोई मकान कलकत्ता भर में कहीं नहीं था।

मकान के बीच का हिस्सा अर्द्धगोलाकार था जिसके दोनों ओर लम्बाई में बड़ी-बड़ी खिड़कियोंवाले कमरे थे। खिड़कियों के ऊपर सीमेंट की बनी नक्काशीदार झालरें अब जगह-जगह टूट-टूट कर झड़ गई थीं और बीच-बीच में बने एकमंजिले लम्बे कार्नीथियन खम्भों में दरारों से अन्दर की ईंटें दिखाई पड़ने लगी थीं। जहाँ पर घोड़े बँधा करते थे, वह अस्तबल अब टूटकर खंडहर हो गया था। गाड़ी से उतरने का पोर्टिको जो चार श्वेत खम्भों पर शान से खड़ा हुआ काली रंग की रॉल्स-रॉयस गाड़ी को देखा करता था, अब ढहने-ढहने को था।

समय कैसे घुन की तरह सबकुछ खा जाता है, सारी चमक फीकी पड़ जाती है, सारे रंग बदरंग हो जाते हैं, पर आदमी का मन ? रूबी दी को लगा कि पता नहीं कैसे आदमी का मन किसी-न-किसी कोने में वैसा-का-वैसा रह जाता है—वैसे ही जीवन की सुन्दरता के प्रति विश्वास लिए, वैसी ही उम्मीद लिए, वैसा ही उड़ने-उड़ने को आतुर। कभी-कभी ऐसे लगता है कि रूबी दी अभी आँखें मलकर उठ बैठेंगी और पिताजी का उन्हें निहारकर सौम्य होता चेहरा देखती हुई कहेंगी—"पता है पिताजी, अभी मैंने एक कितना भयंकर सपना देखा ! हमारा मकान कैसा खंडहर जैसा हो गया और हमारा 'वीपिंग विलो' का पेड़ चारों तरफ उग आए जंगल के बीच खड़ा-खड़ा सचमुच रो रहा था।" पिताजी कहेंगे—"कृष्ण, कृष्ण !" पिताजी हर बुरी बात पर बस इतना ही तो कहकर रह जाते हैं। रूबी को रोते देखकर जब कभी उनका कलेजा बाहर-बाहर निकलने को हो आता है, तो भी यह नहीं पूछते कि क्यों रो रही हो ? वे जानते हैं कि माँ ने कुछ कहा होगा। बस इतना कहते हैं, "कृष्ण, कृष्ण !" एकाध बार रूबी ने जब शिकायत की कि माँ ने ऐसा कहा, माँ ने वैसा कहा, तो पिताजी ने कहा, "मुझे मत बताओ बेटी। उसे बताओ न, तुम्हारे कमरे में वह बैठा है न कृष्ण। वह सबकी सुनता है। जाओ उसे बताओ।" बड़े होने पर एक बार रूबी ने अपने स्वभाव के खिलाफ तुनककर कहा, "उसे क्या कहूँ ? वह सुनता है किसी की ? खाली झूला झूलता रहता है", तो पिताजी का चेहरा देखकर लगा कि जमीन फट जाए और वह उसमें

समा जाए। यही पिताजी जब साहबों के साथ नीचे के बड़े हॉल में गपशप लगाते हैं, जब पिछवाड़े के टेनिस कोर्ट में उन लोगों के साथ टेनिस खेलते हैं, जब रेसकोर्स में अपने घोड़े को तेज दौड़ने के लिए शाबाशी देते आवाज लगाते हैं, तब ऐसे कभी नहीं दिखते। एकदम राजा साहब लगते हैं। फिर माँ के सामने ऐसे क्यों हो जाते हैं ? पिताजी ने रूबी को बस धीमे से इतना कहा था, "कृष्ण, कृष्ण ! ऐसे नहीं बोलते। क्या तुम भी इतनी ऊँची आवाज में बोलोगी बेटी ?" उस दिन के बाद रूबी दी ने कभी किसी से बात करते समय अपनी आवाज ऊँची नहीं की। जिस पिता का रक्त उनकी नसों में नहीं बह रहा था, उसे पिता इसी तरह सिद्ध किया जा सकता था। यहाँ तक कि जब बरसों बाद बड़ी जेठानी ने उन पर एकदम कुत्सित आरोप लगाए थे, तब भी उन्होंने सिर्फ धीमे से इतना ही कहा था, "कृष्ण, कृष्ण। आपके समझने में भूल हुई है, भाभी।" बस इतना ही।

रूबी दी को लगता है कि पिताजी ने उस दिन कृष्ण के लिए ऐसा बोलने पर समझ लिया होगा कि अब रूबी का जीवन ऐसे नहीं चल सकता। एक तो अकेली सन्तान और उस पर माँ-बाप के निःशंक स्नेह का अभाव। पिताजी रूबी का अकेलापन जानते ही नहीं थे, वे स्वयं भी उसे भोगते थे। इसीलिए शायद पिताजी रूबी को उस दिन अपने साथ एक चाभियों का गुच्छा लेकर अकेले नीचे ले गए थे। अपने ही घर में तेरह साल गुजारने के बावजूद रूबी ने अपने विशाल घर का बहुत कम हिस्सा देखा था। माँ अंग्रेज साहबों से मिलने में कतराती थीं। इसलिए रूबी का अकेले उन लोगों के बीच जाना नामुमकिन था। उस महलनुमा घर में रहनेवाले उन ढाई प्राणियों में माँ और रूबी का जीवन सिर्फ तीन कमरों और चौके तक सीमित था। बाकी कमरे साल-साल भर बन्द रहते। सिर्फ दीपावली पर वे खोले जाते, लेकिन तब भी माँ की उनमें किसी तरह की उत्सुकता जाग्रत् नहीं होती थी। बल्कि न जाने क्यों वे धूल और मकड़ों का डर दिखाकर रूबी को अपने साथ अपने कमरों में बन्द किए रखतीं। उन दिनों वे रूबी के घने लम्बे बालों में लीला दाई को हटाकर खुद तेल लगातीं। घंटों रूबी के बाल सँवारती रहतीं। ऐसा करते हुए उनका सुन्दर चेहरा कोमल पड़ जाता। रूबी को मालूम नहीं था कि माँ को उसके बालों से इतना प्रेम क्यों है, पर उसे हर बार न जाने कहाँ से कानपुर में मामी के मुँह से सुनी यह बात याद आती—"तुम कलकत्ते रहती हो, तो कौन-सी मेरी बेटियों से ज्यादा अच्छी बन गई ? बस एक तुम्हारे बाल जरूर ननद बाई जैसे लम्बे हो गए।" रूबी का मन होता कि माँ को मामी की यह बात बताए, पर वह रुक जाती। क्या पता माँ उसके बालों को सँवारना बन्द कर दें ! क्या पता माँ एकदम गुस्सा हो जाएँ और न जाने किन-किन बातों के लिए उसे डाँटना शुरू कर दें !

पिताजी ने उस दिन रूबी को एक-एक कमरा खोलकर सारा घर दिखाया। तब रूबी को लगा था कि शायद सचमुच पिताजी राजा साहब हैं। नीचे का मुख्य हॉल तो रूबी ने कई बार देखा था। साल में कम-से-कम एक बार माँ बहुत सारे गहने और बनारसी जरी की सोने के तार की भारी साड़ी पहनकर भल-भल करती हुई अपने चमकते सोने जैसे रंग से 'सूरजमुखी' बीमारी जैसे सफेद रंगवाली अंगरेजनों को मात देती हुई उस मुख्य हॉल में अतिथियों का स्वागत करती थीं। उस समय वे किसी महारानी विक्टोरिया से कम शानदार नहीं लगती थीं और यह बात सब कोई जानते थे। एक बार रूबी ने पिताजी को माँ से कहते सुना था, "सारे लोग सिर्फ यह घर देखने ही नहीं आते, तुम्हें भी देखने आते हैं। घर तो वे कभी भी देख सकते हैं, पर तुम तो देवी दुर्गा की तरह साल में एक ही बार दर्शन देती हो।" तब माँ लजाकर मुसकराई थीं। पिताजी और रूबी उन्हें देखते ही रह गए थे। मुख्य हॉल का पूरे फर्श को ढँकता हुआ ईरानी कालीन, दीवारों पर चारों ओर बने सुनहरे रंग के खम्भों के बीच और छत पर किसी बड़े चित्रकार द्वारा बनाए गए पंखोंवाले देवदूत और परियाँ, चारों तरफ लगे सुनहरी-हरी फूल-पत्तियोंवाले कपड़ों से मढ़े सोफे और कुर्सियाँ—ये सब माँ की मुसकराहट के सामने फीके पड़ गए थे।

पिताजी ने मुख्य हॉल के बगल में एक बड़ा कमरा खोला और रूबी देखकर चकित हो गई कि उसमें जमीन से लेकर ऊँची छत तक भूरे रंग के चमड़े पर सुनहरे अक्षरों की लिखावट से मढ़ी हुई किताबें सजी हुई थीं। इतनी किताबें ? लेकिन पिताजी को तो ये किताबें पढ़ते रूबी ने कभी नहीं देखा है। "कौन पढ़ता है ये किताबें पिताजी ?"—रूबी ने चमकती हुई आँखों से पूछा। "तुम पढ़ोगी इन्हें"—पिताजी ने हमेशा की तरह मुसकराते हुए कहा, "मिस्टर वियेना आएँगे तुम्हें पढ़ाने। वे बुजुर्ग आदमी हैं—इतिहास के गहरे जानकार। तुम्हारा जिस विषय में मन लगेगा, तुम्हें पढ़ाएँगे। तभी रूबी की आँखें किताबों के बीच एक जगह लगी एक पेंटिंग पर पड़ी। वह देखकर दंग रह गई कि इस चित्र में हू-ब-हू उनके घर जैसा एक महल एक झील के किनारे खड़ा था—उसी तरह लाल ईंटें और सफेद खम्भोंवाला शानदार मकान। "क्या दुनिया में कहीं और भी ठीक हमारे जैसा मकान है ?"—रूबी ने चकित होकर पूछा। "मैं तो सोच रहा था कि तुम पूछोगी कि यह झील कहाँ गई जैसा कि तुम्हारी माँ ने पूछा था"—पिताजी ने हँसते हुए कहा, "पर हमारी बेटी बहुत तेज है। यह मकान इंग्लैंड में मिस्टर जेम्स हेनरी के बाप-दादों का पुराना मकान है, जिसमें उनकी पिछली पाँच पीढ़ियाँ रहती आई हैं। उसी की अनुकृति पर यह मकान कलकत्ते के थिएटर रोड पर मिस्टर जेम्स हेनरी ने यहाँ सौ साल पहले अपने रहने के लिए बनवाया था। तुम मिस्टर वियेना से पूछ सकती हो। वे सब जानते हैं।"

पिताजी एक कमरे को बिना खोले आगे बढ़ गए तो रूबी ने पूछा, ''पिताजी, यह कमरा नहीं दिखाएँगे ?'' पिताजी के चेहरे पर एक छाया जैसी कोई चीज आई और चली गई। हकलाकर उन्होंने कहा, ''इस...इस-इस कमरे की चाभी खो गई है।'' पिताजी को अच्छी तरह जानने के कारण रूबी ने तुरन्त समझ लिया कि यहाँ कोई बात है जो पिताजी को गहरे तक परेशान करती है। पिताजी छोटे-से-छोटा झूठ बोलते हुए भी हकला जाते थे। इसलिए छोटे बच्चे की तरह उनका हर झूठ माँ पकड़ लेती थीं। यह तो रूबी को बरसों-बरस, बल्कि दशकों बाद जाकर पता चला कि उस कमरे को बन्द रखना वैसा ही काम था जैसे उनके दफ्तर के इस नौमंजिले मकान को आगे की तरफ थिएटर रोड पर गिर जाने से रोकने के लिए पिछवाड़े में एक शिव मन्दिर की स्थापना करना। इस मकान के लिए किसी पंडित का यह सुझाव अमल करने पर मकान का आगे झुकना रुक गया था और किसी के पास इस विश्वास को गलत सिद्ध करने के लिए कोई प्रमाण नहीं था।

एस.टी.डी. : कलकत्ता से दिल्ली-II

011-6423235। "हलो कादम्बरी। क्या कर कर रही हो आजकल ?"—रूबी दी ने क्या कर रही 'थी', कहते-कहते ऐन मौके पर शब्द बदल दिया। क्या पता कुछ ऐसा कर रही हो, जो उन्हें बता न सकती हो। एक जवान आदमी के साथ अकेले रहती है। पर रूबी दी न उससे पूछ सकती हैं और न उसकी माँ से, कि वह कब उस लड़के से शादी करेगी। यह सब पुराने ढर्रे का सोच है, पिछड़ा हुआ, घिसा-पिटा। रूबी दी क्या नहीं जानतीं कि जमाना हर जमाने में बदला करता है और हर पिछला जमाना गया-गुजरा होता है। फिर भी रूबी दी का मन होता है कि कभी कादम्बरी को कहें कि इस सारे बदलने के बावजूद प्रकृति और मन—दोनों—नए हों या पुराने, पूरब में हों या पश्चिम में—सदा वही रहते हैं। लड़कियाँ उसी तरह समय पर जवान होती हैं। बच्चे वैसे ही होते हैं। और दिल ? दिल वैसे ही टूटते हैं। बिना आवाज के। पर रूबी गुप्ता कभी किसी से ऐसे शब्द नहीं कहती कि वह असुविधा में पड़े।

"ओह, नानी ? यू आर सोऽऽऽऽ स्वीट। 'आप' क्या कर रही हैं इन दिनों ? बहुत दिन बाद मेरी याद आई ?"—रूबी दी को कादम्बरी के सारे चहकने के पीछे एक उदासी महसूस हुई या महज उनका भ्रम था ? क्या कहीं कुछ गड़बड़ है ? पर कैसे पूछें, जब तक कोई खुद न बताए। और यह भी कैसे कहें कि कादम्बरी, तुम भी तो याद कर सकती थी मुझे।

"मैं...मैं कुछ लिख रही थी—कुछ कविताएँ—यू नो, पास-टाइम"—रूबी दी अपने ऊपर चकित थीं। क्यों उन्होंने कादम्बरी से यह छुपा लिया कि वे एक कथा लिख रही हैं—जिसे कथा बनाने के लिए इतना ही करना था कि उसमें से अपना नाम निकालकर उन्हें कोई और नाम रखना था। शायद 'शीला दी'—यह नाम ठीक बैठेगा। शीला नाम की एक क्रिश्चियन लड़की थी भी उनके साथ कॉलेज में। रूबी दी ने अपने लिखे हुए को कथा बनाने के लिए अपनी कॉलेज की पक्की सहेली सावित्री के जीवन के टुकड़े चुनकर अपने जीवन में मिला लिए थे और धीरे-धीरे उनकी कथा की 'रूबी दी' उनके अपने जीवन से—यहाँ तक

कि सावित्री के जीवन से भी अलग—एक ऐसी पात्र बनती जा रही थी जिसकी शक्ल रूबी दी के दिमाग में बनती थी और नहीं भी बनती थी। वह उन सबके अन्दर थोड़ी-थोड़ी थी, जिन्हें वे जानती थीं—शीला, सावित्री, रोशन, रूबी, शेरी। पर वह सबसे अलग भी थी। एक दूसरी रूबी, जिसे रूबी दी पूरी तरह नहीं जानती थीं। यह रूबी उस तरह नहीं हँस पाती थी जैसे रूबी दी हँस सकती थीं। यह अधिक गम्भीर थी, जैसे जीवन जीना कोई खेल न हो। यही नहीं, उसमें रूबी दी जैसा धीरज भी नहीं था—वह दूसरों की कमियाँ देख खीझ जाती थी। उसे शालीनता बनाए रखना नाटक लगने लगता था।

"ग्रेट, ग्रेट, नानी, तो तुम कविताएँ लिख रही हो। यू आर जस्ट ग्रेट। और मैं, हाँ, मैं क्या कर रही हूँ आजकल ?"—रूबी दी को लगा जैसे खुद से पूछे इस प्रश्न और उसके उत्तर के बीच एक लम्बे क्षण का बिना मतलब का अन्तराल हो। "मैं पढ़ रही हूँ कुछ-कुछ। लिखने के बारे में। तुम्हें सुनाऊँ ? सुनो नानी—अर्थ एक हिलती हुई इमारत है जिसे हम लिखने में खड़ा करते हैं जीवन के छिटपुट टुकड़ों से, सिद्धान्तों से, बचपन की दुर्घटनाओं से, अखबारी लेखों से, संयोग से कान में पड़ी बातों से, पुरानी फिल्मों से, छोटी-छोटी विजयों से, लोगों से—जिनसे हमने प्रेम किया, नफरत की... अच्छा नानी, अब भी आपकी संस्था 'परामर्श' उस झुकती हुई इमारत में ही है न ? फिर बात करेंगे।"

कादम्बरी ने हमेशा की तरह अपनी बात कहकर फोन रख दिया। रूबी दी फोन रखकर बहुत देर तक वैसी-की-वैसी बैठी रहीं। कादम्बरी से कुल बात इतनी कम होती है कि सौ शब्द भी शायद ही बोले जाते हों। पर वह लड़की इतनी कम देर में उन्हें हमेशा कोई ठोस, बहुमूल्य-सी चीज दे देती है—ठीक वही जिसकी उन्हें उस समय दरकार होती है। शायद सचमुच अंग्रेजी की इस कहावत में दम है कि खून पानी से गाढ़ा होता है।

रोज की तरह नहीं

दिनोदिन बढ़ती हुई नई गाड़ियों से तंग पड़ गए रास्तों को पार करते हुए साढ़े तीन बजे घर पहुँचकर रूबी दी ने अपनी प्रिय आरामकुर्सी पर बैठ पीठ टिकाकर रोज की तरह गहरा सुकून महसूस किया। पर तभी उन्हें लगा कि आज कुछ ऐसा है जो रोज से अलग है। अन्दर-ही-अन्दर किसी गड़बड़ी के आभास ने उन्हें परेशान कर डाला।

सायरा दफ्तर से उनके साथ लौटकर रोज की तरह हाथ धोकर उनके और खुद के लिए चाय ले आई थी। रोज की तरह सामने बिछे गलीचे के एक कोने में बैठकर उसने चाय पी थी और जाते समय उनका भी खाली कप लेती गई थी। वह हाथ-मुँह धोकर अभी आएगी और उनके सामने एक तिपाई रख देगी। वे अपने पाँव उस तिपाई पर रख देंगी और सायरा उनके पाँव दबाने लगेगी। आराम मिलने पर वे पाँच मिनट में वहीं बैठे-बैठे सो जाएँगी और ठीक पन्द्रह मिनट बाद ऐसे उठेंगी जैसे रात भर सोकर उठी हों। एकदम तरोताजा।

सबकुछ रोज की तरह होगा। सायरा जैसी एक मन्दबुद्धि लड़की से काम कराने में उन्हें इसीलिए दिक्कत नहीं होती क्योंकि उनके जीवन में सबकुछ तय है। सायरा को बुद्धि का प्रयोग करने की कोई जरूरत ही नहीं पड़ती। दो साल पहले जब दोनों पुराने नौकर आलमारी तोड़कर चोरी करके भाग गए थे, तब उनका पुराना परिचित, वही हरफनमौला मनोरंजन व्यापारी सायरा को उनके घर काम करने ले आया था। उस चार फुट की ठिगनी तीस साल की लड़कीनुमा औरत को देखकर, जिसके निछोह गोरे चेहरे पर न कोई भाव आता था, न जाता था और जो उन्हें टुकुर-टुकुर एकटक देखती खड़ी रहती थी, रूबी दी को अजीब-सा लगा था। यह घर का काम भला समझेगी कैसे ? और एक मुसलमान लड़की को घर में रखना ठीक रहेगा ? लेकिन फिर मनोरंजन व्यापारी को अपने को गौर से देखते हुए पाकर सायरा को रख लेने के एक-के-बाद-एक तर्क उनके पास जुटते गए थे—है तो यह भी ईश्वर की एक रचना; उन्हें कौन-सी लिखा-पढ़ी करवानी है इससे; क्या उनके मन में भी हिन्दू-मुसलमान का फर्क छुपा बैठा है,

वगैरह-वगैरह। शायद इसी फर्क को गलत साबित करने के लिए रूबी दी ने सायरा को रख लिया था।

उसे रखने के दो दिन बाद जब उन्हें अचानक समझ में आया कि यह लड़की गर्भवती है, तब रूबी दी मन-ही-मन उस बे-पते-ठिकानेवाले हरफनमौला की बात मान लेने के लिए अपने को कोसती उसकी प्रतीक्षा करती रही थीं। पहले जब वह मेन रोड के पास नुक्कड़ पर बैठकर जूते गाँठता था, तब उसका कोई ठिकाना तो था, अब इस मुसीबत को उनके गले मढ़ने की हिम्मत करनेवाले उस बदतमीज को इस भरी दुनिया में खोजें भी कैसे ? लेकिन ऐसा सोचने के ठीक दो घंटे के अन्दर ही वह इस बार उनका गैस सिलिंडर डिलीवरी करता उनके नाम की स्लिप लिए मुसकराता हुआ प्रकट हो गया था। अचानक हनुमानजी के अवतार बने, इंडियन ऑयल कम्पनी की लाल शर्ट और लाल हाफ पैंट पहने उस दुष्ट को रूबी दी ने उसकी घनी सफेद-काली खिचड़ी मूँछों के बीच उगी हुई उसी मुसकराहट से पहचाना था, जिसे देखकर वे जवाब में मुसकराए बिना नहीं रह पाती थीं। पर उस दिन उन्होंने सख्त चेहरा बनाते हुए शब्दों को गुस्से से चबाते हुए कहा था—"ऐसी लड़की तुम रखवा गए—उससे कुछ पूछा-जाना तक नहीं जा सकता। अब वह लड़की-औरत उल्टियाँ कर रही है।"

"शुरुआत में तो ऐसा होता ही है"—मनोरंजन व्यापारी ने अपनी घनी खिचड़ी भौंहों की झाड़ी के नीचे दो पीली-सफेद आँखों से उन्हें गौर से देखते हुए निश्चिंत आवाज में बांग्ला में कहा।

रूबी दी को लगा कि वे अन्दर उबलते गुस्से से फट पड़ेंगी। पर वे आदतन एकदम धीमे स्वर में बोलीं, "तुम इसे जानबूझकर यहाँ रखवा गए ?"

रूबी दी को गुस्से के बावजूद इस तरह फुसफुसाती आवाज में बोलते देख वह भी एकदम धीमे से बोला, "तो और कहाँ ले जाता, बोलिए ? ले जाइए दूसरी लड़कियों की तरह इस बदनसीब को भी वहीं—लाल सुर्ख गुलाब की कली की तस्वीरवाले डॉक्टरखाने में और इसकी जान बचाइए। एक तो यह खुद ऐसी, ऊपर से भाई का बच्चा पैदा करके इस दुनिया में रहेगी कैसे ? बताइए।"

रूबी दी हतप्रभ रह गई थीं। तो मनोरंजन व्यापारी को यह भी मालूम है कि वे 'मेरी स्टोप्स क्लिनिक' में मुसीबत की मारी लड़कियों को गर्भपात करवाने के लिए ले जाती रही हैं। यह मनोरंजन व्यापारी क्या कोई जासूस है ? रूबी दी ने याद करने की कोशिश की थी कि क्या वहाँ कोई मोची पुराने जूतों की मरम्मत करता अपने साज-सामान के साथ इलियट रोड पर बैठा करता था ? तभी वह बोला था—"वहाँ की आलू-टिकिया आपको कितनी पसन्द थी !"

तब रूबी दी ने एक क्षण की कौंध में चकित होकर पहचाना कि घुटनों तक धोती और बाँहदार गंजी पहने, अपने बालों को तेल से चिपकाकर पीछे की ओर

पट्टा काढ़े इलियट रोड का वह पंडितनुमा टिकियावाला और कोई नहीं, मनोरंजन व्यापारी ही था। पत्तल के दोने में गरम टिकिया पर पड़ी इमली की चटनी और मसाले की महक की स्मृति ने उनके मुँह में पानी ला दिया था। ऐसा कभी नहीं हुआ कि वे लॉरेटो डे स्कूल से छोटी लड़की को लाने उधर से गुजरी हों और उन्होंने आलू टिकिया न खाई हो, भले ही ऐसा करने के लिए उनकी बेटी ने हर बार उन्हें आश्चर्य से देखा हो। लॉर्ड सिन्हा रोड के मायाराम पाव-भाजीवाले ने अपनी दुकान पर बोर्ड लगाया है—'द ग्रेट लैवलर'—सड़क पर चाट-पत्ते खाना वाकई अमीर-गरीब के फर्क को मिटा डालता है। क्या अपूर्व स्वाद था उन टिकियों में !

"तुमने टिकिया बेचना क्यों छोड़ दिया ?" रूबी दी ने टिकिया बेचनेवाले के बारे में अपने अनुमान को पक्का करने के लिए पूछा।

"पुलिस ले गई हमारी लकड़ी की ठेलागाड़ी उठाकर। 'ऑपरेशन सनशाइन' हुआ था न, कलकत्ते को साफ करने के लिए ? तभी की बात है"—मनोरंजन व्यापारी की आवाज में रूबी दी पुलिस के प्रति गुस्सा खोजती रहीं। पर वह एकदम निर्विकार था। कितने काम बदले होंगे इस आदमी ने जिन्दगी में—रूबी दी ने सोचा। यह आदमी शायद सचमुच 'जूता गाँठने से चंडी पाठ' वाले कहावती आदमी की तरह सब काम कर सकता है। कितनी बार इससे जानना चाहा है कि यह किस जाति का है, कहाँ इसका जन्म हुआ है, कहाँ रहता है, पर इसने हर बार हँसकर 'कभी फुरसत से बैठकर बताएँगे' कहकर टाल दिया है और हर बार रूबी दी अटकलें लगाती रह गई हैं।

बहरहाल, सायरा रूबी दी के पास रह गई थी। रूबी दी कभी नहीं जान पाईं कि क्या सायरा को ऐसा कोई अहसास तक था कि उसके साथ क्या हुआ था और क्या हो सकता था और किस खुशकिस्मती से वह सही जगह पहुँचकर बच गई थी। अलबत्ता रूबी दी को जरूर मालूम था कि पहली बार किसी का गर्भपात करवाते समय उनके मन में यह रत्ती भर सन्देह नहीं था कि वे पाप जैसा कुछ कर रही हैं। सायरा का नाम रूबी दी ने 'सारा' कर उसे मुसलमान से क्रिश्चियन बनाना जरूरी समझा था। वे जानती थीं कि एक क्रिश्चियन लड़की को रखना उस दुनिया को ज्यादा ठीक लगेगा जिसकी वे न चाहते हुए भी हमेशा परवाह करती आई थीं। रूबी दी की सहेली करुणा घोष को आज तक इस बात का दुख था कि उसने एक मुसलमान औरत सबिया के हाथ का बना खाना पाँच साल तक खाया था, क्योंकि वह सन्ध्या नाम रखकर हिन्दू होने का धोखा देती रही थी।

सायरा हाथ-मुँह धोकर रोज की तरह आई और उसने रूबी दी की आरामकुर्सी के सामने तिपाई रख दी। रूबी दी ने रोज की तरह उस पर अपने

पाँव रख दिए और सायरा उनके पाँव दबाने लगी। लेकिन आज रूबी दी रोज की तरह सो नहीं पाईं। वे बार-बार यह सोचती रहीं कि आज ऐसा क्या है जो बरसों-बरस से चलती एक जैसी जिन्दगी के क्रम से अलग है। समय बदला तो बहुत है—उनका चेहरा ही नहीं, शहर तक का चेहरा बदल गया है, पर फिर भी बहुत कुछ ऐसा है, जो जैसा-का-जैसा रह गया है। विक्टोरिया मैदान और रेसकोर्स के वैसे-के-वैसे खुलेपन को छोड़ बाईं तरफ मुड़ने पर अलीपुर को ले जानेवाला आदिगंगा के ऊपर बना पुराना 'बेलीस' पुल अब 'ताज बंगाल' होटल के कारण दुगुना बड़ा और नया हो गया है, पर उसे पार करते हुए अब भी उनकी वही पुरानी एम्बेसेडर उसी पुराने, बहरे हो चले राधाचरण ड्राइवर के साथ उसी तरह उन्हें घर ले जाती है। इतना फर्क जरूर है कि वह पहले अपने को जमाने के साथ पाती थीं, पर अब तरह-तरह की नई चमचमाती गाड़ियों के बीच अपने को बहुत अकेला और पिछड़ा हुआ पाती हैं। देखते-देखते कितने लोगों के पास कितना पैसा बढ़ गया। पहले मारवाड़ियों में कहावत चलती थी कि फलाना पहले महायुद्ध का अमीर है कि फलाना दूसरे महायुद्ध का अमीर है। पर आजादी के बाद तो न जाने कितने नौदौलतिए बनते चले गए और सदी के अन्तिम दस सालों में तो अब समझना नामुमकिन है कि किसके पास कितना पैसा कहाँ से आ रहा है। हर तरफ गाड़ियाँ हैं, एक-से-एक नई चमचमाती। लेकिन रूबी दी की एम्बेसेडर खटारा होकर भी वैसी-की-वैसी चल रही है, जैसे खुद वे और उनकी जिन्दगी का ढर्रा।

लेकिन आज उन्हें कुछ अलग-अलग क्यों लग रहा है ? कुछ ऐसा है जो रोज की तरह नहीं है। रूबी दी के दिमाग में अचानक यह विचार आया कि कहीं ऐसा तो नहीं है कि उन्हें अपनी मौत का पूर्वाभास हो रहा है ? ऐसा सुनते हैं कि हर आदमी को मरने के कुछ दिनों पहले ऐसे संकेत जरूर मिलते हैं कि वह मरनेवाला है, भले ही वह उन संकेतों को समझे या न समझे। ऐसा भी रूबी दी ने सुन रखा है कि उनके परिवार के किसी बूढ़े ने यह घोषणा कर दी थी कि वह फलाँ दिन सुबह पाँच बजे मरेगा और बाकायदा नहा-धोकर नए कपड़े पहनकर गोबर-मिट्टी के चौके पर जमीन पर लेटकर उसने अपने प्राण छोड़ दिए थे। तो क्या रूबी दी को जो सबकुछ बदला-बदला लग रहा है, उसका कारण यही है कि प्रकृति उन्हें मृत्यु का पूर्व संकेत दे रही है ? रूबी दी ने बहुत राहत महसूस की। कितना अच्छा होगा कि वे एक ऐसी नींद में चली जाएँगी जिससे उठने की कोई जरूरत नहीं होगी और वे हवा बन जाएँगी, फिर बादल, फिर पानी, फिर नदी और फिर समुद्र—कितना अद्भुत होगा और कितना सुन्दर ! यानी वे वह सब एक साथ बन जाएँगी, मरने पर इस सृष्टि में जिनके छूटने का सबसे ज्यादा दुख उन्हें होता।

रूबी दी ने देखा कि सायरा ने रोज की तरह पाँच मिनट बाद उनके पैर दबाना छोड़ दिया था, और उन्हें सोते हुए न पाकर उन्हें टुकुर-टुकुर देख रही थी। उसका चेहरा भी उन्हें कुछ बदला-बदला लगा—क्या इस लड़की के अन्दर कोई भूली-भटकी-दबी बुद्धि जाग रही थी ? या यह लड़की चिन्ता, कष्ट, आश्चर्य, निराशा जैसी सारी चीजों से सदा मुक्त रहनेवाली थी ? आज पहली बार रूबी दी को सायरा के चेहरे पर आश्चर्य और चिन्ता की एक मिली-जुली छाया-सी दिखाई पड़ी। तो क्या वे जब मरेंगी, यह लड़की कष्ट का अनुभव भी करेगी ? उनके दिल में सायरा के प्रति स्नेह उमड़ा। लेकिन उसकी अभिव्यक्ति शब्दों में करने का सायरा के लिए कोई अर्थ नहीं था, इसलिए रूबी दी ने पाँव नीचे रख झुककर उसके सिर पर हाथ रखा। आज इसे मिठाई खिलाएँगी। इसे मिठाई पसन्द है क्योंकि इसकी आँखों में मिठाई देखकर चमक आ जाती है। कभी-कभी रूबी दी को लगता है—खासकर बहुत उदासी और अकेलेपन की किसी घड़ी में—कि सायरा कितनी खुशनसीब है कि वह सारे दुखों से दूर है। भगवद्गीता में सुख-दुख में एक समान रहने की जिस स्थितप्रज्ञता की बात की गई है, वह तो सायरा को यों ही प्राप्त है। लेकिन यह तो महज एक दूसरा नजरिया है जिन्दगी को देखने का।

किसी भी स्थिति को देखने के अलग-अलग नजरियों के बारे में सोचते-सोचते अचानक रूबी दी के दिमाग में एक विस्फोट-सा हुआ। उन्हें उसी घड़ी यह समझ में आ गया कि उन्हें आज रोज से अलग-अलग क्यों लग रहा था। रूबी दी ने उन्नीस सौ सत्तर के साल में यानी तीस साल पहले बंगाल की राजनीति जैसी ही दिशाहारा अपनी जिन्दगी को एक नया मोड़ देने के लिए जब घर की चहारदीवारी के बाहर कदम रखा था, तब से आज तक कभी ऐसा नहीं हुआ कि आदिगंगा का बेलीस पुल पार करने के बाद घर की तरफ जाते हुए उन्होंने घर-गृहस्थी के अलावा किसी के बारे में कुछ सोचा हो। पुल पार करते ही उनकी दुनिया का वह हिस्सा, जिसमें वे दूसरों के लिए जीती थीं, एकदम कटकर अलग हो जाता था। यह पुल उनके लिए एक 'लैंडमार्क' था—अपनी दुनिया में प्रवेश की सरहद। 'गुड फ्रेंड्स सोसाइटी' के मिस्टर वासुदेव मणि ने उस दूसरी दुनिया में टिकने का पहला सबक रूबी दी को यही दिया था—"दूसरे लोगों के—जिनकी मदद करने तुम घर से बाहर निकलती हो—दुख-कष्ट-चिन्ताएँ कभी वापस अपने घर मत ले जाओ।" शुरू-शुरू में जब ऐसा हुआ कि किसी व्यक्ति की समस्याएँ सुनकर रूबी दी इतनी द्रवित हो गईं कि उनकी आँखों में पानी आ गया या उन्होंने अपने पर्स से उस व्यक्ति की कुछ आर्थिक मदद करनी चाही, तब वासुमणि ने हमेशा उन्हें ऐसे देखा था जैसे वे रूबी दी से ऐसी नासमझी की उम्मीद नहीं कर रहे थे। जब कभी ऐसा हुआ कि किसी आदमी या औरत ने

'गुड फ्रेंड्स सोसाइटी' में आकर खासकर रूबी गुप्ता से ही बात करनी चाही, तो वासुमणि ने तुरन्त उन्हें परे करके उसे किसी दूसरे सोशल वर्कर को सौंप दिया। धीरे-धीरे उन पाँच सालों में—जब तक वासुमणि से अलग होकर रूबी दी ने अपनी संस्था 'परामर्श' नहीं शुरू की थी—वासुमणि ने रूबी गुप्ता को एक ऐसी सहानुभूति से भरी हुई मददगार महिला के रूप में ढाल दिया था, जिसके दिल और दिमाग हमेशा अपना-अपना काम करते थे और कभी एक-दूसरे से उलझकर एक-दूसरे के काम में बाधा नहीं डालते थे।

तब आज रूबी गुप्ता को क्या हो गया था ? आज ऐसा कैसे हुआ कि उनकी एम्बेसेडर गाड़ी आदिगंगा का पुल पारकर चिड़ियाखाना, नेशनल लाइब्रेरी, हार्टीकल्चर गार्डन और पुराने भव्य महलनुमा मकानों के बीच उगी विशालकाय मल्टीस्टोरीड बिल्डिंगों को पार करती हुई उन्हें घर ले आई थी और वे पूरे समय हस्तरेखाएँ देखती रहनेवाली उस लड़की सविता के बारे में सोचती रहीं। क्यों उस दुबली-साँवली लड़की का चेहरा उनके जेहन में घूम रहा था, जिसे कोई अपने साथ रखने को तैयार नहीं था—न उसके पिता, न उसके भाई-भाभी और न उसका पति। क्यों उस अकेली लड़की का कष्ट उन्हें अपने कष्ट की तरह तकलीफ दे रहा था ? ऐसा तो तीस सालों में पहले कभी रूबी गुप्ता के साथ नहीं हुआ। क्या यह एक संकेत है कि अब वे 'परामर्श' संस्था चलाने के काबिल नहीं रहीं ? घुटनों का दर्द बढ़ता जा रहा है। कई बार तो ऐसा लगता है कि गाड़ी में बैठना और उतरना तक एक भयंकर यातना है, पर रूबी दी किसी तरह शरीर को चलाए जा रही हैं। अब लगता है कि यह मन, बुद्धि, चित्त या आत्मा—न जाने किस नाम से इसे पुकारना ठीक रहेगा—भी अब जवाब दे रहा है।

करीब तीस साल पहले जब वे 'स्टेट्समैन' में एक विज्ञापन पढ़कर वासुदेव मणि से मिलने सेंट जॉर्ज चर्च के प्रांगण में 'गुड फ्रेंड्स सोसाइटी' के दफ्तर में गई थीं, तब भी उनका मन जवाब दे चुका था। उनकी कोई ऐसी समस्या नहीं थी जो वासुमणि सुलझा सकते थे—दुनिया से उनके सम्बन्धों के बारे में दूसरा कोई क्या कर सकता था ? लेकिन जब-तब उनके मन में ऐसी इच्छा होती कि मर जाएँ। आत्महत्या करने जैसी कोई बात वे बेशक नहीं सोचती थीं, मगर कुछ ऐसा मन होता कि अचानक किसी दुर्घटना में उनका देहान्त हो जाए। चालीस की उम्र के नजदीक पहुँचकर उन्हें हर पल लगने लगा था कि जीवन बहुत ज्यादा जी लिया है। किसी को उनकी कोई खास जरूरत नहीं है और उनके बिना सबका जीवन चल सकता है। वे 'स्टेट्समैन' में जब-तब निकलनेवाली 'ओबिचुअरी'—किसी विशेष आदमी के मरने पर निकलनेवाले जीवन-वृत्त—को कहानियों में आनेवाले रस के साथ पढ़तीं और यह जानने की कोशिश करतीं कि किस आदमी या औरत ने जीवन का किस तरह से कोई अर्थ निकाला था। शहर में नक्सलवादियों द्वारा

जहाँ-तहाँ हत्याएँ हो रही थीं और बहुत बार अखबार पढ़ते-पढ़ते रूबी दी ऐसी कल्पना करतीं कि किसी वारदात में उनकी भी हत्या कर दी गई है। कभी सिनेमा हॉल से बाहर निकलते समय कहीं से गोली चलने से मरनेवाली औरत वे हो जातीं और कभी बलात्कार के भय से तालाब या कुएँ में डूबकर मर जानेवाली औरत वे बन जातीं। तभी रूबी दी ने वासुदेव मणि द्वारा दिया गया वह विज्ञापन पढ़ा था—"अगर आपके मन में कभी भूले-भटके आत्महत्या का खयाल आता है, तो हमसे सम्पर्क करें। हमारी कोशिश होगी कि प्रभुकृपा से हम आपको नया जीवन दे सकें।"

रूबी दी ने जाने कहाँ से हिम्मत बटोरकर वासुमणि से फोन पर मिलने का समय माँग लिया था। वासुमणि ने पहली मुलाकात में ही समझ लियाा था कि उनकी समस्या उनके 'कोई न होने' की समस्या है—'आइडेंटिटी क्राइसिस'—वासुमणि ने बाद में उनसे कहा था। "अपने ऊपर विश्वास रखो"—वासुमणि की पहली सलाह रूबी दी को बिलकुल बेकार लगी थी। जिसे कभी दूसरों का विश्वास न मिला हो, वह कैसे अपने ऊपर विश्वास रखेगा ? आदमी का सारा आत्मविश्वास इसी चीज से आता है कि दूसरे उस पर, उसकी सच्चाई पर, उसके अस्तित्व पर विश्वास करते हैं। जिस लड़की के मन में ग्यारह साल की उम्र में ही दूसरों के साथ अपने सम्बन्धों पर दोतरफा शक करने का बीज पड़ गया हो, वह कैसे अपने ऊपर विश्वास रखेगी ?

क्या कभी रूबी गुप्ता के जीवन से वह एक रात—ग्यारह साल की उम्र में कानपुर में मामा-मामी के घर की वह एक रात निकाली जा सकती है ? मामी की लगभग हमउम्र छोटी-बड़ी लड़कियों के बीच सोते हुए वह अचानक जाग गई थी। ग्यारह बरस की रूबी ने सुना कि दूसरे कमरे में मामा-मामी और माँ में कुछ बहस-झगड़ा हो रहा है। सोने के पहले माँ ने रूबी को किसी बात पर जिद करने के लिए थप्पड़ मारा था और वह बिना खाए रोती-रोती सो गई थी। शायद भूख के कारण ही उसकी नींद उचटी होगी। रूबी ने दरवाजे पर जाकर कान लगा दिए थे—उसे मामाजी तो बहुत अच्छे लगते हैं, पर मामी से उसे न जाने क्यों डर-सा लगता है। कल रूबी मामी की बड़ी लड़की के साथ आलू छीलने बैठ गई थी, तो मामी ने यह कहकर उठा दिया था—"भई, बड़े घर की लड़की हो। वे लोग कहेंगे कि हमारे घर में हम आलू छिलवाते हैं तुमसे।" रूबी को बहुत बुरा लगा था। कैसी बेकार की बातें करती हैं मामीजी। पर इस तरह की बातें माँ के पीठ पीछे ही करती हैं, सामने कभी नहीं। शायद माँ से डरती हैं। वैसे तो माँ से सब डरते हैं। वह खुद क्या कम डरती है ? पिताजी तक डरते हैं।

उसने दरवाजे की आड़ से देखा था कि मामाजी चुपचाप सिर झुकाए बैठे

थे। आवाजें सिर्फ मामी और माँ की थीं। क्या दुनिया में सारे लोग अपनी पत्नियों से डरते हैं ? लेकिन महात्मा गाँधी और जवाहरलाल नेहरू तो नहीं डरते रहे हैं, तब मामाजी क्यों डरते हैं मामीजी से—रूबी ने आश्चर्य से सोचा था। गाँधीजी के इतने बड़े भक्त हैं मामाजी, और घर में भीगी बिल्ली बनकर रहते हैं। इतनी बार आजादी की लड़ाई में जेल हो आए हैं कि लोग-बाग उन्हें 'जेली चाचा' कहकर पुकारते हैं। बड़े-बड़े नेता घर पर आकर ठहरते हैं, कांग्रेस कमिटी की बैठक तक बहुत बार घर पर होती है—मामाजी मामीजी के सामने थोड़ी-सी अकड़ दिखाकर क्या नहीं रह सकते ? कल मामाजी ने रूबी को सोशलिस्ट नेता जयप्रकाश नारायण की बातें ध्यान से सुनते देखकर उनके जाने के बाद उससे कहा था, "तुम मेरे पास रहती, तो मैं तुम्हें लीडर बना देता। तुममें कुछ है।" कभी-कभी रूबी को लगता है कि पिताजी की तरह मामाजी भी मन-ही-मन उससे बहुत प्रेम करते हैं। तभी तो माँ और मामी दोनों की अनिच्छा के बावजूद रूबी को सुबह साइकिल चलाना सिखाते हैं और दो बार अपने साथ प्रभात-फेरी में ले गए हैं।

रूबी ने मामाजी की तरफ प्रेम से देखा। उससे यदि पूछा जाए कि वह मामाजी से ज्यादा प्रेम करती है या पिताजी से, तो वह क्या कहेगी ? पता नहीं। लेकिन मामाजी के प्रति उसके दिल में कुछ ऐसा है जो पिताजी के लिए भी नहीं है। खादी का सफेद धोती-कुरता पहनते हुए भी मामाजी के चेहरे पर कितना तेज है—ऐसे लगता है जैसे उनके अन्दर कोई बत्ती जल रही हो। शायद मामाजी ने भी उसके अन्दर कोई ऐसी बत्ती जलती देखी है, तभी कह रहे थे कि 'तुममें कुछ है।' हर बार की तरह इस बार भी कानपुर आने पर रूबी ने मामाजी से वह किस्सा सुना है कि दस साल पहले किस तरह इसी घर में छिपे हुए चन्द्रशेखर आजाद—जिनको जिन्दा या मुर्दा पकड़वाने के लिए पाँच हजार का इनाम घोषित था—की बंदूक की गोली भूल से चल गई थी और माँ के साथ कानपुर आई रूबी के कान को छूती हुई निकल गई थी। इस बार रूबी के ही उस कथा को सुनाने के आग्रह पर मामाजी ने रूबी को यह कथा सुनाकर कहा था, "तुम बच गई थी बाल-बाल। शायद तुम्हारे जीवन का कोई मकसद है।"

अचानक माँ और मामी की आवाजें तेज हो गई थीं—इतनी कि रूबी का हृदय धड़कने लग गया। उसने साफ-साफ सुना कि मामीजी कह रही थीं—"बाई, आपके तो बच्चे हुए नहीं। आपने पैदा नहीं किए न, इसीलिए आपको मालूम नहीं कि थप्पड़ मारकर भूखे बच्चे के सोने पर माँ को कितनी तकलीफ होती है।" क्या कह रही हैं मामीजी ! पैदा नहीं किए बच्चे माँ ने ? तो वह क्या आसमान से टपक पड़ी थी ? कितनी मूर्ख हैं ये मामीजी ! माँ इनसे बातें ही क्यों करती हैं ? और इन्हें क्या जरूरत है माँ को कुछ कहने की—वह भूखी सोए

या थप्पड़ खाकर, इन्हें क्या मतलब है ? रूबी का मन हुआ कि वह माँ को कहे कि वे लोग कल ही कलकत्ता लौट चलें, तो अच्छा रहे। साइकिल पूरी न सीखी, तो न सही।

रूबी ने माँ की तरफ देखा, तो वह हक्की-बक्की रह गई थी। माँ का चेहरा एकदम जैसे स्याह पड़ गया था। उन्होंने अपनी आँखें जमीन पर गड़ाए-गड़ाए ही कहा—"तो ठीक है। रूबी को अब आप लोग यहीं रख लें। उसकी तकलीफ आप लोग ही समझ सकते हैं क्योंकि आपने उसे पैदा किया है। मुझे उसे मारने का कोई हक नहीं है, मैं यह भूल गई थी।" माँ का स्वर एकदम शान्त था। रूबी के कानों में अचानक समुद्र की लहरों की आवाजें गूँजने लगी थीं। वह डगमगाते कदमों से वापस बिस्तर में अपनी जगह पर आकर लेट गई। तो माँ उसे यहीं छोड़ जाना चाहती हैं ? माँ को कोई फर्क नहीं पड़ेगा यदि वह कलकत्ता न जाए ? और पिताजी ? पिताजी रूबी के बिना कैसे रहेंगे ? माँ को यह भी सोचने की कोई जरूरत नहीं। और यहाँ मामी के पास छोड़ जाना चाहती हैं माँ उसे ? तभी रूबी को याद आया कि मामी कल उससे पूछ रही थीं—"माँ बहुत मारती है तुम्हें ?" रूबी ने इतराकर कहा था—"हाँ, बहुत मारती हैं। जब गुस्सा आता है, बस लगा देती हैं एक थप्पड़ !"

क्यों कहा उसने मामी को ऐसा ? मामी ने यदि पूछा होता कि वह इतने सुन्दर फ्रॉक कैसे पहनती है, तो रूबी उसी तरह इतराकर कहती कि माँ मिसेज इलियास से फॉरेन की किताबें मँगवाकर, न्यू मार्केट की एक-एक दुकान छानकर, उसके लिए कपड़ा और लेस खरीदती हैं। लेकिन मामी ने तो यह बात पूछी ही नहीं थी। रूबी कैसे बताती उन्हें ? नहीं, वह यहाँ नहीं रहना चाहती। यह घर उसका घर नहीं है। लेकिन माँ उसे यहीं छोड़ जाना चाहती हैं। क्या सचमुच माँ उसे इसीलिए प्यार नहीं करतीं कि वह सचमुच में उसकी माँ नहीं हैं, और पिताजी ? पिताजी भी उसके पिता नहीं हैं, लेकिन वे तो प्यार करते हैं। या हो सकता है कि वैसे ही प्यार करते हों, जैसे वे अपनी रॉल्स-रॉयस या अपने रेस के घोड़ों से करते हैं। क्या सचमुच माँ जब-तब गुस्से में आकर रूबी को इसीलिए मार देती हैं कि उन्होंने रूबी को पैदा नहीं किया ? वह माँ को बहुत तंग करती है, रोज टीचर को स्कूल के बाहर से फूल खरीदकर देने के लिए पैसे माँगती है, तभी माँ उसे यहीं छोड़कर उससे छुट्टी पा लेना चाहती हैं। लेकिन वह यहाँ रहेगी कैसे ? क्या मामी उसकी माँ बन जाएँगी ? माँ के जाने के बाद तो वे बिलकुल निडर होकर रूबी को और भी उल्टी-पुल्टी बातें कहेंगी। नहीं, उसका दुनिया में कोई नहीं है। वह एकदम अकेली है। रूबी गुप्ता की किसी को कोई जरूरत नहीं है। उसे कोई अपने पास नहीं रखना चाहता। सब उससे छुटकारा पाना चाहते हैं।

रूबी दी ने अपने कलेजे की रुकावटों को पार करते हुए एक लम्बी साँस छोड़ी। उस रात के बाद वे कभी विश्वास नहीं कर सकीं कि किसी को सचमुच उनकी जरूरत हो सकती है। बाकी जिन्दगी ने भी तो उन्हें यह विश्वास लौटाने के बजाय उनकी हर बची-खुची उम्मीद को हर बार रौंद डाला था।

कोई पूरी तरह से उनका कभी होगा, इस स्वप्न ने बचपन से जवानी की दहलीज पर कदम रखती रूबी को कितनी सांत्वना दी थी। तेरह बरस की उम्र में पहली प्रेमकथा पढ़ते ही रूबी को उस अनाम, अपने प्रति पूरी तरह समर्पित, निकट भविष्य में आनेवाले प्रेम की उपस्थिति का अहसास हर घड़ी रहने लगा था। हर समय ऐसे लगता कि कोई उसके साथ चल रहा है। वह जहाँ जाती है, वह साथ रहता है—उसके लम्बे घने बालों को देखकर उसी की तरह निहाल होता है, शीशे में काजल लगाते समय पीछे खड़ा होकर उसकी कजरारी आँखों में झाँककर हँसकर देखता है, उसके राधा-चम्पा के-से रंग को अपने रंग से मिलाकर दोनों का अन्तर देखता है और न जाने क्या-क्या। वह प्रेम रूबी के जीवन में सचमुच आया, पर वहाँ भी अन्त में बाकी चीजों की जरूरत रूबी से ज्यादा बड़ी सिद्ध हो गई, जैसे आया ही इसलिए हो कि रूबी को फिर एक बार मालूम चले कि किसी को उसकी ऐसी कोई जरूरत नहीं है कि वह सिर्फ उसका होकर बाकी दीन-दुनिया को भुला सके। रूबी के बिना 'उसका' जीवन चल सकता था और चलता रहा, लेकिन उस धोखे में रूबी ने भविष्य का भरोसा भी खो दिया। चोट खाए हृदय ने जिसे पति के रूप में अपना सबकुछ माना, उस पति के मन में अतीत की फाँस न जाने कब-कब किस तरह अनकही रड़कती रही। शायद इसीलिए दूसरों के लिए घर बनाने का अपना पेशा उनके लिए हमेशा रूबी से ज्यादा जरूरी बना रहा।

रूबी दी बेचैन होकर आरामकुर्सी से उठ खड़ी हुईं। कितना समझाया है इस मन को—यह सारा सोच सिर्फ उनके अहंकार का विस्तार है कि किसी के जीवन में उनकी ऐसी जरूरत हो कि उनके बिना वह जी न सके। कितना मूर्ख है यह मन ! कोई ज्ञान इसके अन्दर पेरता नहीं, बस ऊपर-ऊपर बह जाता है। तभी अहंकार के लिए अपने को लताड़ते रूबी दी के जीवन में कुछ ऐसा घटा, जिसे कहना-समझना-समझाना सम्भव नहीं है। क्या कभी इस धरती पर ऐसा घटित हुआ कि आदमी को अपने चेहरे में किसी और का चेहरा दिखाई पड़े ? हुआ यह कि अपने मन की उलझनों के बारे में सोचते-सोचते रूबी गुप्ता को, पति के द्वारा बनाए गए नक्शे पर बने अपने पिता के इस अलीपुर के घर में, जो उन्हें उनके पिता विरासत में थिएटर रोड के घर के अनेक पुश्तैनी स्मृति-चिन्हों के साथ दे गए थे, एक अजब इलहाम हुआ। आरामकुर्सी से उठकर खड़े होने पर इटली के पुराने मुरैनो ग्लास में अपना अक्स दिखाई पड़ने पर रूबी गुप्ता

को बिना चश्मे के साफ दिखाई पड़ा कि उनके चेहरे पर उस हस्तरेखाएँ देखनेवाली लड़की सविता की आँखें जड़ी हुई हैं। दूसरे शब्दों में कहा जाए, तो रूबी गुप्ता को पता चला कि सबकुछ रोज की तरह क्यों नहीं था; उस लड़की सविता के कष्ट की ऐसी गहन अनुभूति उन्हें किसलिए हो रही थी। उस लड़की के चेहरे पर आँखें रूबी गुप्ता की थीं—बिलकुल वही, ठीक वैसे ही भाव लिए—जैसी आँखों की गहन स्मृति बचपन से अपने को शीशे में निहारने की आदत के कारण रूबी गुप्ता के लिए कभी धुँधली नहीं हो सकती थी।

एस.टी.डी. : दिल्ली से कलकत्ता-I

"हलो नानी। काऽऽऽदम्बरी। क्या हो गया है तुम्हें ? फोन क्यों नहीं किया ? कविता पूरी हुई ?"—एक साँस में कादम्बरी बोल गई। रूबी दी ने अपने अन्दर देखा और उन्हें घोर अचम्भा हुआ। इस बात की कोई खुशी तक नहीं कि कादम्बरी ने खुद उन्हें फोन किया। क्या कहें कादम्बरी को ? जीवन को लिखने के क्रम में क्या जीवन से ही वैराग्य हो जाता है ?

"कुछ तो है नानी, कोई तो है तुम्हारे आसपास, जो मुझे भी भुलवा रहा है"—कादम्बरी की घ्राण-शक्ति क्या सचमुच इस लोक से परे है ? कोई सिक्स्थ सेंस है उसके पास, रूबी दी विस्मय से भर गईं।

"यों ही, रानी बिटिया। कभी-कभी मेरी उम्र में आदमी इतनी-सी बात से भी परेशान हो जाता है कि कोई छोटी-सी बात रोज की तरह नहीं होती। थोड़ा भी कुछ बदल जाए, तो बहुत दिक्कत लगती है। और मन है कि कभी-कभी एकदम किसी नए रास्ते पर चल पड़ता है"—रूबी दी ने कादम्बरी से अपने दिल की बात कह हलकापन महसूस किया।

"बट दिस इज वंडरफुल, नानी। कितनी सुन्दर बात है कि इस उम्र में भी मन पुराने रास्ते भूल-भाल किसी नए रास्ते चल पड़े। लगी-बँधी, पिटी-पिटाई लकीर को छोड़ सके। बट आइ होप, यू आर नॉट फालिंग इन लव एट दिस एज !"—कादम्बरी जोर-जोर से हँस रही थी।

लव ? प्रेम ?—रूबी दी सफेद पड़ गईं। सविता के लिए उनके मन में क्या है, उन्हें नहीं मालूम। इतना पता है कि वह 'सोशल वर्क' नहीं रह गया है। सविता उनके मन में किसी ऐसी जगह चली आई है जहाँ उसे नहीं होना चाहिए था। रूबी दी की सारी ट्रेनिंग, तीस वर्षों का सारा अनुभव उसने बिना कुछ किए, सिर्फ गरदन झुकाकर अपनी हस्तरेखाओं को देखते-देखते बेकार कर दिया है। रूबी गुप्ता, तुम्हारी 'आइडेंटिटी क्राइसिस' इतनी गहरी निकली कि सत्तर साल की उम्र में भी नई-नई उलझनें पैदा कर रही है।

कादम्बरी से कहें अपने मन की बात ? सविता के बारे में क्या बताएँ ?

कैसे बताएँ ? हो सकता है कि कादम्बरी को बहुत बुरा लगे। उसमें अपनी माँ के स्वभाव का जरा भी अंश हुआ, तो उसे बरदाश्त नहीं होगा। दूसरे दूसरे हैं, पराए पराए हैं, अपने अपने हैं—कादम्बरी ने अपनी माँ से क्या यह नहीं सीखा होगा ? वैसे भी वह किसी अनजान लड़की के बारे में अपनी नानी की परेशानी को कैसे समझ पाएगी ? वह यही सोचेगी कि नानी सठिया गई हैं। हो सकता है कि उसे यह डर लगे कि वह लड़की नानी के बहुमूल्य पन्ने हड़पने के लिए उनके आसपास चक्कर लगा रही है।

"मेरी छोड़ो, कादम्बरी, अपनी कहो। तुम क्या कर रही हो इन दिनों ?"—रूबी दी ने निश्चय किया कि वे कादम्बरी को न अपनी कथा के बारे में कुछ कहेंगी और न सविता के बारे में।

"मैं ओबिचुअरी लिख रही हूँ, नानी"—कादम्बरी की बात से न जाने क्यों रूबी दी को धक्का-सा लगा।

"किसकी ?"

"इस मेरा भारत महान की, नानी।" क्या-क्या बोलती है, यह लड़की सचमुच। कहाँ से सीखती है यह इस तरह की बातें ? रूबी दी को फिर देवीदत्त मामा याद आए।

"मैं बाड़मेर के सूखाग्रस्त इलाके से लौटी हूँ, नानी। उसकी रिपोर्ट लिख रही हूँ, तो लगता है, इस देश की ओबिचुअरी लिख रही हूँ। तीन साल से लगातार सूखा पड़ रहा है और तीन साल से सरकार हाथ-पर-हाथ धरे बैठी है। कोक, पेप्सी और बिसलेरी की कम्पनियाँ अपना हजारों गैलन माल ट्रकों में यहाँ भेज सकती हैं, सरकार पानी नहीं भेज सकती। पर कोक-पेप्सी का स्वाद गाय-बैल को तो है नहीं और न उनके मालिकों के पास इन्हें खरीदकर पीने के लिए पैसा है"—रूबी दी को कादम्बरी के फोन के बिल की चिन्ता होने लगी थी। खुद फोन किया है, तो इसका मतलब यह तो नहीं कि वे कादम्बरी को बेवजह पैसे खर्च करने दें।

"अच्छा कादम्बरी"—रूबी दी ने कहा। कादम्बरी ने जैसे उन्हें सुना नहीं और कहती गई—"जानती हो नानी, कहते हैं कि इस बार का अकाल छपनिया अकाल से भी बड़ा है ?"

"अरे !"—रूबी दी चौंक गईं। छपनिया का अकाल यानी उसी साल के अंग्रेजी संवत्सर के हिसाब से आज से पूरे सौ साल पहले। माँ देवीदत्त मामा से नाराज होती तो कहती थीं कि देवीदत्त पैदा हुआ तो सूखा पड़ा। इसीलिए यह इतना रूखा है।

"तुम अकेली गई थी बाड़मेर ? या तुम्हारा वह फ्रेंच-कट दाढ़ीवाला भी गया था साथ में ?"—अचानक रूबी दी ने अपने स्वभाव के विपरीत कादम्बरी से पूछ

डाला। क्या ऐसा करने की हिम्मत भी उनके कथा-लेखन ने दी है उन्हें ? आज तक उन्होंने कादम्बरी से उसके मित्र का कभी जिक्र तक नहीं किया था।

"ओह नो। गौतम कोई पत्रकार थोड़े ही है, जो सिर्फ लिखकर छुट्टी पा ले। वह तो 'सोशल जस्टिस' के लिए, न्याय के लिए लड़नेवालों में है। अभी वह वेश्याओं के अधिकारों के लिए पार्लियामेंट के सामने धरना दे रहा है। उसका सोशल 'वर्क' में विश्वास नहीं, नानी, सोशल जस्टिस में है"–कादम्बरी के स्वर में गौतम के लिए अपार आदर था, रूबी दी ने यह समझ लिया, पर उनके लिए ? रूबी दी ने कुछ खिन्न होकर देखा कि लाइन कट गई थी। उन्होंने फोन रख दिया।

पोस्टमार्टम

रूबी दी ने ठीक ग्यारह बजे 'परामर्श' का दफ्तर खोला। हरी कलम और पत्थर निकालकर मकान के आगे सड़क पर गिर जाने की नित्य आशंका की जाँच की। उसके बाद चुपचाप बैठकर थिएटर रोड के पार खड़े खंडहर को देखती रहीं। थिएटर रोड—जिसमें रूबी गुप्ता के जीवन के एक बड़े हिस्से का नाटक खेला गया है। यह सोचकर रूबी दी को घोर आश्चर्य हुआ कि आज तक उन्होंने सोचा ही नहीं कि कभी डेढ़-दो सौ साल पहले विक्टोरिया की तरफ एक नुक्कड़ पर कोई थिएटर होने के कारण, जो बाद में जलकर खाक हो गया था—जिस सड़क का नाम थिएटर रोड था, आज भी उसके दूसरे सिरे पर एक थिएटर 'कला मन्दिर' है। इतना ही नहीं, इसका नाम बदलकर अब शेक्सपीयर सरणी ही रखा गया है। रूबी दी ने अपनी इस खोज पर, भले ही यह कितनी ही मामूली थी, एक तरह की प्रसन्नता का अनुभव किया। सारा जीवन बीत जाता है और आदमी एकदम आसपास की चीजों को देखने से रह जाता है। ठीक वैसे ही, जैसे वह अन्त तक नहीं जान पाता कि जीवन कैसे जिया जाए। कई बार रूबी दी को लगता है कि सत्तर क्या, एक सौ चालीस साल भी वे जी लें, तो भी इस जीवन की परिपूर्णता में कुछ शेष ही रह जाएगा।

रूबी दी ने आँखें बन्द कर लीं। इस आगे झुके हुए मकान के दफ्तर में उन्होंने अपने को बैठे हुए मन-ही-मन देखा, जैसी वे अब शीशे में दिखती थीं। फिर बचपन की तस्वीरों की स्मृति में उन्होंने सामनेवाले खंडहर के बेहतर दिनों को देखा तो उसमें अपने को परी-कथाओं की तरह हँसती-खेलती चमकदार कपड़ों और चमकती आँखोंवाली लड़की की तरह पाया। बीच के सालों की स्मृति भी सिर्फ मौके-बेमौके की तस्वीरों के मार्फत ही याद आई। तो क्या अपने चेहरे की स्मृति पुरानी तस्वीरों में जितनी कैद हो, उतनी ही रह जाती है ? बाकी सारा कहाँ जाता है ? तो क्या वह सब बेकार था—वह सुख, वह दुख, वह उथल-पुथल, वह घबड़ाहट, वह कष्ट की अनुभूति। वे सारी मूर्खताएँ, जो तब मूर्खताएँ न लगकर जीवन जितनी महत्त्वपूर्ण क्या, जीवन ही लगती थीं। अचानक रूबी दी

को लगा कि कोई बहुत गहरा जीवन-सूत्र उनके हाथ लगनेवाला है। जीवन को जीने के सही तरीकेवाला सूत्र। तभी इन दिनों की आम घटना की तरह न जाने कहाँ से सविता का चेहरा उनकी बन्द आँखों के आगे तैर गया। रूबी दी ने आँखें खोल लीं।

रूबी दी ने बिना किसी कारण यह पक्की धारणा बना रखी थी कि आज भी वह लड़की सविता दफ्तर खोलने के पहले बाहर खड़ी उनका इन्तजार कर रही होगी। उसे न पाकर उन्होंने एक खालीपन का अनुभव किया और साथ-ही-साथ इस नाउम्मीदी से अपने ऊपर खीझ महसूस की। यहाँ आनेवाले लोग अपनी मर्जी से आते हैं और अपनी मर्जी से बोलते-रोते या चुप रहते हैं। रूबी दी का काम इतना ही है कि वे उनकी सुनती रहें और सुनते समय उनसे सहानुभूति रखें, पर किसी से तादात्म्य न महसूस करें। साथ ही न कभी ऐसा सोचें कि उनमें सचमुच ऐसी क्षमता है कि वे किसी की समस्या सुलझा सकती हैं। वासुमणि ने रूबी गुप्ता को उस सँकरी विभाजक रेखा पर चलना सिखाया था जहाँ से भटकने पर एक ओर वे इस कदर भावशून्य बन जातीं कि किसी का दुख उनके लिए अर्थहीन शब्द बनकर उन्हें बिना छुए निकल जाता, दूसरी ओर भटकने पर अपनी संवेदनशीलता और करुणा का भ्रम उन्हें उस व्यक्ति के दुख से इतना ऊपर ले जाता जहाँ से वे उस पर तरस खाने के अलावा और कुछ नहीं कर पातीं। रूबी दी ने सोचा कि यदि वासुमणि को पता चले कि जीवन के इस मुकाम पर आकर रूबी दी किसी लड़की के आने की इस कदर व्यग्रता से प्रतीक्षा कर रही थीं, तो वह क्या कहेगा।

कितना प्रतिभासम्पन्न था वासुमणि ! एकदम ईश्वरीय गरिमा से युक्त। कितने लोगों की उसने मदद की। शायद उसमें उसी 'ट्रान्सेन्डेंस' की अपार क्षमता थी जिसकी बात वह रूबी से अकसर किया करता था—दूसरों के दुखों को अपने सीमित अस्तित्व को पार कर खुद भोग पाने की क्षमता और ईश्वरीय करुणा को अपने अस्तित्व में ग्रहण कर दुखी व्यक्ति तक पहुँचाने की क्षमता। रूबी दी को अपने पति की एक बात सोचकर बरसों उसी दिन की तरह हँसी आती रही, जैसी उनके मुँह से पहली बार सुनने पर आई थी। उन्होंने रूबी के मुँह से वासुमणि की उन्हें सही तौर पर तैयार करने की इतनी कोशिशों की बात सुनकर कहा था—"मुझे लगता है कि वह तुम्हें एक क्रिश्चियन में कनवर्ट करना चाहता है।" रूबी दी हमेशा वासुमणि के 'क्राइस्ट' की जगह अपने कृष्ण को रखकर रोज काम शुरू होने के पहले बाइबिल के किसी हिस्से की रीडिंग मनोयोग से सुनतीं और उन्हें हमेशा लगता कि वासुमणि यह बात जानता है। पर पाँच साल बाद वासुमणि ने जब रूबी दी को कहा, "मैंने तुम पर अपने पाँच साल बर्बाद किए", तो रूबी दी के दिमाग में पति के मन का कहीं दबा पुराना सन्देह उभर आया। बिना

कारण वासुमणि का उनके प्रति रुख इस कदर बदल गया था कि रूबी उसे सहयोगी होने के बजाय प्रतिस्पर्धी नजर आने लगी थी। अचानक वह उन पर सब कामों को अपने हाथ में ले लेने की चेष्टा करने का आरोप लगाने लगा। बात-बात पर वह गुस्सा हो जाता। कोई अगर रूबी दी से मिलने की इच्छा प्रकट करता, तो वह आपे से बाहर हो जाता। रूबी के हर काम में दोष निकालता। उनके 'कृष्ण, कृष्ण' कहने की आदत से इतनी बुरी तरह चिढ़ता कि उसे छिपा न पाता। अन्त में एक दिन नशीली दवाओं के आदी लोगों की मदद के लिए और 'फंड' इकट्ठा करने की रूबी की सलाह पर उसने कहा, "तुम्हारे दिमाग में पैसा भरा है। तुम सोचती हो कि पैसे की ताकत से तुम सब काम कर सकती हो।" उस दिन के बाद रूबी दी को किसी ने 'गुड फ्रेंड्स सोसाइटी' में नहीं देखा, जिसकी तीन शाखाएँ शहर में रूबी गुप्ता के प्रयास से लोगों से फंड इकट्ठा कर खुल चुकी थीं। बाद में सुना कि वासुदेव मणि अपनी जन्मभूमि केरल लौट गया था। शायद एक उम्र के बाद आदमी अपनी मिट्टी-पानी-हवा के बिना जी नहीं सकता—रूबी दी ने वासुमणि के बदले व्यवहार के लिए उसे अपने माने हुए सिद्धान्त के अनुसार 'जुर्म के प्रमाणित न होने पर सन्देहमुक्त' करते हुए सोचा था।

रूबी दी ने वासुमणि के बारे में सोचते-सोचते घड़ी देखी। सवा ग्यारह बजने के बावजूद किसी के आने की घंटी नहीं बजी थी। अपनी डायरी खोलकर देखा कि ग्यारह बजे आभा जैन को वक्त दिया हुआ था। क्या कारण हो सकता है कि न वह आई और न उसने फोन किया ? रूबी दी सोचती रहीं। बीस साल की उम्र में आत्महत्या करनेवाली इकलौती लड़की की माँ—आभा जैन। खुद वह अपने चिकने, सिलवट रहित चेहरे और दुबले-पतले शरीर के कारण तीस साल से ज्यादा की नहीं लगती। सूर्यास्त के पहले भोजन करनेवाले जैनी नियमित-संयमित जीवन के कारण शायद उम्र को हरा देते हैं। क्यों की होगी उसकी लड़की ने आत्महत्या ? अभी तक रूबी दी आठ बार आभा जैन से मिलने के बावजूद नहीं जान पाई हैं। हर बार आभा जैन उन्हें इतने उत्साह के साथ अपनी मृत लड़की के गुणों, उसकी काबिलियत का बखान करती रही है, जैसे उसे यह अहसास ही न हो कि उसकी लड़की अब जिन्दा नहीं है। रूबी दी यहाँ तक जानती हैं कि उसकी लड़की सुबह उठकर एक गिलास नींबू-पानी में शहद डालकर पीती थी और सिर्फ एक वक्त अनाज खाकर बाकी समय फल-सलाद पर रहती थी। पर रूबी दी यह नहीं जानतीं कि उसने क्या खाकर और क्यों आत्महत्या की थी। वे दूर की कौड़ी लाकर इतना भर अनुमान कर सकती हैं कि हो सकता है, इतना कम खाकर वह लड़की या तो कोई मॉडल बनना चाहती रही होगी या किसी के प्रेम में पड़कर अपने से अधिक पतली कमरवाली किसी

लड़की को हराना चाहती रही होगी। आजकल की लड़कियों के जीवन का उद्देश्य इससे अधिक कुछ नहीं है, ऐसा जमाने की चाल देखकर रूबी दी को समझ में आ रहा है। आज 'टेलीग्राफ' अखबार में सुबह ही रूबी दी ने पढ़ा है कि रोशन नाम के किसी नए हीरो के पास पैंतीस हजार लड़कियों ने शादी करने के लिए पत्र भेजा है और आए दिन उससे मिलने घर से भागकर मुम्बई जानेवाली लड़कियों से पुलिस, स्कूलवाले और माँ-बाप परेशान हैं।

पिछली बार जब आभा जैन उनसे मिलने आई थी, तो अपने-आप बातें वजन कम करने पर शुरू हुई थीं। रूबी दी ने सहज रूप से आभा जैन से कहा कि उसके दुबले-पतले होने का राज शायद यह है कि जैनी लोग शाम होने के बाद कुछ नहीं खाते। आभा जैन ने हँसकर उनसे पूछा था कि क्या उन्होंने मोटी-मोटी जैन सेठानियाँ नहीं देखी हैं ? रूबी दी को तब अपने पिता के मित्र बोथरा जी की पत्नी याद आई थीं, जो इतनी मोटी थीं कि हर समय बैठे-बैठे गहरी नींद में सो जातीं। एक बार दिन में ही चोर घुसकर उन्हें बाँधकर सारा घर साफ करके चला गया, पर उनकी नींद तक नहीं खुली। शायद वह उनकी इस खूबी से वाकिफ रहा होगा। कहते हैं कि उस जमाने का मशहूर डॉक्टर नीलरतन हालदार उनकी नींद का कारण खोजते-खोजते मर गया, पर उनकी बेवजह नींद का इलाज नहीं ढूँढ़ पाया। रूबी दी ने यह भी सुना है कि वह मरा भी यही कहते-कहते—"औतो घूम ! औतो घूम कैनो ?" (इतनी नींद ! इतनी नींद आखिर किसलिए ?)

रूबी दी ने आभा जैन को बोथरा जी की पत्नी का किस्सा बताने के लिए मुँह खोला ही था कि आभा जैन के गले से एक विचित्र घरघराहट की आवाज निकली और ऐसे लगा कि उसे साँस खींचने में कष्ट हो रहा है। रूबी दी ने फोन की तरफ हाथ बढ़ाया कि मकान में नीचे बैठनेवाले परिचित डॉक्टर को बुला लें, तभी आभा जैन सामान्य रूप से साँस लेने लगी। तब रूबी दी को समझ में आया कि आभा जैन बिना आँसुओं के हिचकियाँ रोकते हुए रो रही थी। उसने एकदम बदली हुई आवाज में कहा, "उसकी पोस्टमार्टम की रिपोर्ट में उसके दिल, लिवर, किडनी सबका अलग-अलग वजन लिखा हुआ था।" रूबी दी का दिल दहल गया। उनका कभी काम नहीं पड़ा था पोस्टमार्टम की रिपोर्ट के ब्योरे देखने का। क्या सचमुच अन्दर से सबकुछ निकालकर ऊपर से मोटी-मोटी सिलाई कर चमड़ी सिल देते हैं, जैसा कि कभी किसी से सुना था !

रूबी दी ने आभा जैन की ओर देखा। कैसे इस माँ को सांत्वना दें ? किन शब्दों में ? आभा जैन की आँखें जैसे उन्हें देखते हुए भी नहीं देख रही थीं। रूबी दी को ऐसा लगा जैसे वह अपने आप से ही बातें कर रही हो। कुछ सुनी-सुनाई बातों को दोहरा रही हो या उनसे किसी तरह मुक्त होने के लिए कोई मार्ग खोज

रही हो—"मोमिनपुर के 'मोर्ग' में पोस्टमार्टम के लिए ले गए थे उसे। लाशों का ढेर था—एक के ऊपर एक। वहाँ डोम टेबुल पर एक शराब की बोतल के पास पाँव रखकर कुर्सी डाले बैठा था। मीलों तक दुर्गन्ध फैली हुई। 'कपड़े लाए हो'—उसने पूछा। प्लास्टिक के खोल में उसकी नंगी लाश थी। वह बोला, 'यही है न ? पाँच हजार रुपए टेबुल पर रखो और ले जाओ। दरमुलाई नहीं करने का।' "

आभा जैन अब जार-जार रो रही थी। शायद रोने के लिए उसे ऐसी-ऐसी बातें बोलने-सुनने की दरकार थी। रोने से शायद वह हलकी हो जाएगी—पर रूबी दी जानती हैं कि यह सुनने-कहने की बात है। हलका आदमी कभी नहीं होता, हलकेपन की कल्पना ही भ्रम है, आदमी को अपना भार लेकर ही जीना होता है और उसमें यह कल्पना बेकार झमेला खड़ा करती है। वे अपनी कुर्सी से उठ खड़ी हुई और आभा जैन के सिर पर हाथ फेरती रहीं।

कितनी बीभत्स हो सकती है मृत्यु—इस तरह गैरों के बीच पड़ा रहना। इधर कई बार रात में नींद खुलने पर रूबी दी मौत के बारे में सोचती हैं—कहाँ जाता होगा आदमी ? कैसा लगता होगा देह छोड़ते वक्त ? यह आत्मा-वात्मा सचमुच कोई चीज है क्या ? कैसे पता चले ? कई बार लगता है कि कुछ नहीं है। आदमी मरा सो मरा। पर यह सच है कि आत्मा होने की बात तसल्ली देती है कि इस जीवन का कोई अन्तिम अर्थ है, वरना कुछ भी जानने-सीखने-करने का क्या मतलब ?

रूबी दी ने अपने मरने के बाद अपने शरीर की पूरी व्यवस्था कर दी है। दोनों लड़कियाँ देश से बाहर हैं, उन्हें खबर करनी होगी। चिता की लकड़ियाँ, पंडित—सारी व्यवस्था का इन्तजाम उन्होंने उसी तरह कर दिया है, जैसे उन्होंने अपने जीने की व्यवस्था कर रखी है। उन्होंने यह तक लिख दिया है कि उनके मरने के बाद उन्हें नहलाया न जाए। मौत के बाद भी उन्हें दूसरों के सामने नंगा होना पसन्द नहीं। सबकुछ पत्र में लिखकर उन्होंने उसे सील कर ऐसी जगह रख दिया है, जहाँ से उठाकर उनकी जेठानी का लड़का उनकी सारी मरणोपरांत व्यवस्था करेगा। मकान के बूढ़े दरबान कालूचरण के पास एक घंटी है जिसके तीन बार बजने से उसे पता चल जाएगा कि उनकी तबीयत खराब है।

आदमी को मरने के बाद अपने शरीर की गत की चिन्ता भी जीते-जी करनी पड़ती है। शायद इसीलिए औरतें लावारिस लाश बनने की कल्पना से दहलकर कभी घर नहीं छोड़ना चाहतीं। रूबी दी ने अपनी निस्सन्तान सहेली शकुन्तला को विधवा होने के बाद पच्चीसों बार कहा था कि वह अपने देवर के परिवार के साथ पग-पग पर उपेक्षित और अपमानित होने के बजाय हरिद्वार में अपने गुरु-आश्रम में बनवाए अपने कमरे में रहे, पर वह नहीं मानी थी—"तुम नहीं

समझोगी रूबी, औरत एक बार घर से बाहर कदम रख दे, तो उसके लौटने का रास्ता बन्द हो जाता है। मेरी तो अन्तिम इच्छा यही है कि मैं अपने देवर राम बाबू और उनके बेटों के कन्धों पर नीमतल्ला श्मशान घाट पहुँच जाऊँ।'' अन्तिम इच्छा और इतनी मामूली—रूबी दी को हमेशा लगता रहा। पर सोचा जाए तो प्रिंसेस डायना और मदर टेरेसा की अन्तिम यात्रा कैसी सज-धज और गाजे-बाजे के साथ हुई थी, जिसे सारी दुनिया इराक-अमेरिका के युद्ध की तरह टी.वी. पर चौबीसों घंटे देखती रही थी। डायना अगर बूढ़ी होकर किसी दूरदराज कोने में मरी होती या अगर वह बदसूरत ही होती तो क्या उस पर कोई ध्यान देता ? मरे हुए आदमी का मोल उसके बाद जीनेवाली दुनिया के जरूरत के मुताबिक तय होता है—जीती हुई दुनिया के रो पाने, उसे गुदगुदाने, हँसाने की जरूरत के मुताबिक। वरना मिंटो पार्क के चौराहे पर भीख माँगनेवाली दस साल की लड़की की सड़क पर पड़ी हुई लाश के, जिसे कोई गाड़ी टक्कर मार कर चली गई थी, इर्द-गिर्द इकट्ठी भीड़ के चेहरों पर कोई दुख या अफसोस की छाया तक क्यों नहीं पड़ी थी ? उसका मरना उतना ही सुगबुगाहट रहित साबित हुआ, जितना कि उसका जीना था।

अचानक रूबी दी को सविता का खयाल आया और उनका कलेजा धक से रह गया। दो हफ्ते से वह यहाँ नहीं आ रही। कहीं उसके साथ कोई हादसा तो नहीं हो गया ? यदि सविता को कुछ हो जाए, तो उसकी लाश का क्या होगा ? इस विराट सृष्टि में उसकी डोर कहीं किसी से बँधी हुई नहीं है। कौन किसे खबर करेगा कि उसका क्या करना है ? जिस पेइंग-गेस्टहाउस में वह रहती है, उसकी मालकिन मिसेज सूद के पास उसके पिता का पता-ठिकाना भी है या नहीं ? या उसका वही हश्र होगा जो मिस्टर वियेना—रूबी दी के बचपन के इतिहास पढ़ानेवाले मास्टर का हुआ था ? रूबी दी के दिमाग में मिस्टर वियेना और अन्तिम मुगल सम्राट बहादुरशाह ज़फ़र इस तरह जुड़ गए थे कि जब भी वे यह ग़ज़ल सुनतीं—

पसे मर्ग क़ब्र पे ए ज़फ़र, कोई फातिहा भी पढ़े कहाँ
वो जो दूरी क़ब्र का था निशाँ, उसे ठोकरों से उड़ा दिया

उन्हें मिस्टर वियेना याद आ जाते थे।

मिस्टर वियेना और आठवाँ अध्याय

मिस्टर वियेना पूरे साहबी ठाठ-बाट वाले होंगे या फिर पूरे साहब बनने की मन-प्राण से चेष्टा करते हुए शर्ट-टाई वाले कोई ऐंग्लो-इंडियन—रूबी की यह अस्पष्ट कल्पना ग्यारह साल की उम्र तक देखी पिताजी की अंग्रेज-पारसी-मुस्लिम-आरमेनियन-यहूदी मित्र-बिरादरी की जीवनी-शैली के अंदाज पर टिकी थी। मिस्टर इलियास सोलोमन की लड़की पर गवर्नेस थी, इसलिए रूबी पर भी रखी गई, तब तक जब तक माँ ने चिढ़कर उसे रफा-दफा नहीं कर दिया। मिस्टर जिनवाला की लड़की का अपना घोड़ा था, रूबी के लिए भी एक 'पोनी' खरीदा गया। पिताजी के मित्र और कलकत्ते के शेरिफ खान बहादुर इस्माईल की लड़की 'शेरी' पर एक अंग्रेज ट्यूटर रखा गया था, इसलिए मिस्टर वियेना की एक छवि रूबी ने उनका नाम सुनकर पहले से मन में तैयार कर ली थी।

रूबी की कल्पना मिस्टर वियेना को देखते ही एकदम ध्वस्त तो हुई ही, उसने पहली बार जिन्दगी में जाना कि दुनिया में ऐसे लोग भी होते हैं जिनको जीवन में न किसी ठौर की जरूरत होती है न ठिकाने की। कानपुर में मामाजी जब-तब अकेले और कभी-कभी मामीजी के साथ जेल जाते। खबर मिलते ही माँ कलकत्ते से कानपुर के लिए वहाँ से बच्चों को ले आने या वहाँ रहकर उनकी देखभाल करने के लिए रवाना हो जातीं। पर सबको मालूम था कि कुछ दिनों में मामाजी-मामीजी घर लौट आएँगे। रूबी की पहचान के बाकी सारे लोग हमेशा अपने-अपने ठिकानों पर रहते और वही सब करते थे जो वे करते आए थे या उन्हें करना सिखाया गया था। मिस्टर वियेना 'कैलकेटा क्लब' के एक कमरे में किराएदार बनकर न जाने कब से रह रहे थे और बीच-बीच में न जाने कहाँ गायब हो जाते थे। उनके घर-परिवार-रिश्तेदारों का किसी को कुछ पता न था।

मिस्टर वियेना की धूप-छाँही सफेद-काली दाढ़ी और मैली-सी शर्ट पर घिसी हुई ट्वीड की महीन चारखाने की जैकेट दूर से देखने पर उनके फिट-फाट साहब होने का भ्रम दे सकती थी। किन्तु पास से देखने पर जैकेट का तार-तार होता सिरा, उनकी भूरी-सी आँखों का खोयापन और हलके से काँपते हाथ उनके तरतीब

से बनाए बालों और पॉलिश से चमकते काले जूतों को बेमानी बना देते थे। उन्हें जानने के बाद रूबी ने उन्हें सड़कों पर अनेक बार खड़े हुए देखा—कभी किसी पुराने मकान के सामने खड़े उसे देखते हुए, कभी काले बक्से में केक बेचनेवाले किसी फेरीवाले से बातें करते हुए, कभी एक नम्बर चौरंगी पर ईस्ट इंडिया आर्म्स कम्पनी के फुट-बरामदे के बोर्ड के नीचे खड़े सामने के चौरस्ते को देखते हुए, कभी विक्टोरिया मेमोरियल के सामने के दरवाजे के बाहर बाउंड्री पर चढ़कर बैठे मैदान की हरियाली को देखते हुए। रूबी को सदा ऐसा लगता जैसे वे कुछ ढूँढ़ रहे हों।

पिताजी की नजरों में मिस्टर वियेना बहुत बड़े विद्वान ही नहीं, बहुत बड़े खब्ती विद्वान थे, जो शायद उन्हें उनकी नजरों में और भी ऊपर उठा देता था। रूबी को मालूम था कि पिताजी थिएटर रोड से गुजरनेवाले कई कनफटे जोगियों और मुस्लिम दरवेशों से वाकिफ थे और उन्हें गुड़-चना और ठंडा पानी पिलाने की व्यवस्था उन्होंने मुख्य दरवाजे पर दरबान की गुमटी के पास कर रखी थी। शायद उन्हें भरोसा था कि उनमें से कोई उन पर प्रसन्न होकर उन्हें ऐसी दुआ-आशीर्वाद देगा कि वे शेयरों में घाटा लगने से शहर में अपनी खोई हुई साख को फिर से पा लेंगे। पर इस अंग्रेज फकीरनुमा शख्स से पिताजी का किस रिश्ते या उम्मीद का तार जुड़ा था, यह रूबी को कभी समझ में नहीं आया। पिताजी ने रूबी को बताया था कि मिस्टर वियेना अठारह सौ तिरानबे में यानी सैंतालीस साल पहले बीस साल की उम्र में लाहौर में 'सिविल एंड मिलिटरी गजट' में पत्रकार बनकर आए थे और उन्होंने तिब्बत, मेसोपोटामिया आदि दूर-दूर के देशों की यात्राएँ की थीं। वे कई सालों से कोई किताब लिख रहे थे, जो इस देश के बारे में थी।

दुनिया के और दूसरे सैकड़ों आश्चर्यों की तरह रूबी की मिस्टर वियेना से धीरे-धीरे गहरी दोस्ती हो चली। वे रूबी को 'माई प्रेशस रूबी' कहने लगे। कानपुर की उस रात के बाद रूबी की भटकती हुई बेसहारा चेतना के लिए वे पिताजी की तरह ही जरूरी बन गए। शायद रूबी भी उनके लिए जीवन के छोरहीन समुद्र में एक लंगर बन गई थी। वे रोज शाम ठीक चार बजते ही न जाने कहाँ-कहाँ भटक-भटककर अपने जूते पॉलिश करवाकर प्रकट हो जाते और छह बजे तक चाय-नाश्ते के साथ रूबी और उनकी अन्तहीन बातों का सिलसिला चलता। रूबी को यह समझने में देर नहीं लगी थी कि मिस्टर वियेना के ऐसा बिलकुल जाहिर न करने के बावजूद वे चार बजे भूख से व्याकुल हो जाते हैं। महीने के अन्त में पिताजी उन्हें जो लिफाफा पकड़ाते थे, उसकी शायद मिस्टर वियेना को बहुत जरूरत थी। शायद क्लब के कमरे का किराया भी उन पर बकाया था। रूबी का मन होता कि पिताजी से कहे कि वे मिस्टर वियेना के

लिए नए कपड़े बनवा दें, किन्तु कहीं इसमें उनका अपमान होगा, इस डर से वह यह बात पिताजी से नहीं कहती थी। उसने पिताजी को एक दिन मिस्टर वियेना से जब यह कहते सुना कि मिस्टर वियेना की किताब छपवाने के लिए उन्होंने एक नामी प्रकाशक से बात कर ली है, तो उसे पिताजी पर बहुत फख्र हुआ था।

तब से रूबी के लिए मिस्टर वियेना की किताब दुनिया में सबसे अधिक दिलचस्पी की चीज बन गई। उसने उत्साह से भरकर सोचा कि झटपट मिस्टर वियेना की किताब छप जाएगी और वह इतनी बिकेगी कि वे रातोरात एक अमीर आदमी बन जाएँगे। तब उन्हें नीचे के किनारों पर तार-तार हो रही यह पुरानी जैकेट नहीं पहननी पड़ेगी। हो सकता है कि वे एक गाड़ी खरीद लें—छोटी-मोटी फोर्ड या बेबी ऑस्टिन ही सही, और चार बजे जब आएँ, तो चाय-नाश्ता यह कहकर लौटा दें कि उन्हें भूख नहीं लगी है।

मिस्टर वियेना की किताब का नाम रूबी को बहुत अच्छा लगा था—'इंडियन पीप शो'—जैसे मेले में आदमी जादुई दूरबीन के अन्दर झाँकता है, तो उसे रंग-बिरंगे काँच के टुकड़ों की एक अनोखी दुनिया दिखाई देती है, वैसे ही मिस्टर वियेना की जादुई नजर से देखी गई एक जादुई दुनिया। मिस्टर वियेना ने रूबी को जब बताया कि लाहौर में वे उसी कुर्सी पर बैठते थे, जिस पर दुनिया का मशहूर लेखक किपलिंग बैठा करता था, तो रूबी के मन ने कहा था कि मिस्टर वियेना भी एक दिन दुनिया में बहुत मशहूर हो जाएँगे—हो सकता है कि उन्हें भी किपलिंग की तरह नोबल पुरस्कार मिल जाए।

तब से रूबी मिस्टर वियेना को अपनी इसी कल्पना के जादुई झरोखे से देखने लगी। कभी-कभी उसे लगता कि मिस्टर वियेना की बातें सुनते-सुनते वह उनके अन्दर उस 'आत्मा' को भी देख लेती है, जिसकी बात पिताजी के मुँह से 'आत्मा साक्षी है' के रूप में वह बचपन से सुनती आई है। मिस्टर वियेना कहते रहते, "...तब मुझे समझ में आया कि भारत के लोग रेल लाइन बिछाने और नहरें-खान खोदने के खिलाफ इसलिए नहीं हैं कि वे मूर्ख या अन्धविश्वासी हैं, बल्कि इसलिए कि वे धरती को माँ मानते हैं" या "...सारा जंगल चुप था, पर हमारे साथ के कुली-मजदूर लगातार हँस-बोल रहे थे। कितना हँसते हैं इस देश के लोग, मैंने सोचा। शायद इन्होंने जिन्दगी को सन्तोष की गरिमा से जान लिया है।" रूबी को उनकी बातें सुनने से ज्यादा दिखाई पड़तीं और मिस्टर वियेना के बजाय उसे लगता कि वह उनकी आत्मा को देख रही है। यह धीरे-धीरे रूबी का अपना 'पीप शो' बन गया।

मिस्टर वियेना की उस लिखी जा रही किताब ने रूबी की दुनिया को बदल डाला। वह खुश थी—कानपुर की उस रात के बाद अपने इस दूसरे जन्म में पहली

बार खुश। उसके चेहरे पर लौटी मुसकराहट ने पिताजी की आत्मा का भार हलका कर दिया था और शायद माँ की आत्मा का भी। इसीलिए माँ पिताजी के दूसरे दोस्तों-परिचितों की तरह मिस्टर वियेना से नहीं चिढ़ती थीं। रूबी को कानपुर से लौटने के बाद से गुमसुम देखकर शायद वे दोनों सोच रहे थे कि उसे कानपुर की याद आती रहती है। कहाँ ढाई प्राणियों का यह चुप्पा घर और कहाँ बहन-भाइयों के बीच कानपुर में हँसना-बोलना-साइकिल चलाना ! पर मिस्टर वियेना ने जैसे रूबी के जीवन की सारी रिक्त जगह को भर दिया था। पिताजी मिस्टर वियेना की जगह रूबी से पूछते—"तुम्हारे मिस्टर वियेना अपनी किताब को सुधारते ही रहेंगे या कभी जिन्दगी में उसकी पांडुलिपि फाइनल भी करेंगे ?" रूबी मिस्टर वियेना से बिना पूछे बहुत अधिकार से उन्हें गम्भीर होकर बताती—"अभी वे पाँचवाँ अध्याय फिर से लिख रहे हैं। उन्हें उसके बाद एक बार नौवाँ अध्याय भी फिर देखना है। उन्हें कुछ ऐसी नई जानकारियाँ मिली हैं—इम्पीरियल लाइब्रेरी की एक किताब से—जिनके बिना वह अध्याय अधूरा रहेगा।" पिताजी उसकी बात पर इस तरह हँस पड़ते जैसे यह बहुत खुशी की बात हो। यहाँ तक कि माँ भी मुसकरा देतीं।

रूबी की जिन्दगी मिस्टर वियेना की किताब के अनदेखे अध्यायों के कालचक्र में यहाँ से वहाँ घूमती रहती। मिस्टर वियेना कभी दूसरे अध्याय में दिल्ली के दरबारों की बातें करते, कभी सातवें अध्याय में साँप, मोर, गाय, बन्दर से जुड़े किस्से-कहानियों की बातें करते। उनका यह भ्रमण उनकी जिन्दगी की यात्राओं के क्रमवार सिलसिले में न होकर इतने मनमाने ढंग से आगे-पीछे चलता कि रूबी ने याद रखने के लिए अपनी डायरी में बिना नाम के पहला, दूसरा, तीसरा, चौथा अध्याय लिखकर उनके आगे मुख्य किस्से इस तरह टीप लिए—

पहला अध्याय : लेखक के बारे में। 1893 में लाहौर में पत्रकार। उसकी यात्राएँ : छुट्टी मिलने पर लाहौर से सांभर, चीतल के शिकार के लिए हिमालय के जंगलों में या आसपास के इलाकों की यात्रा : अम्बाला, भटिंडा, अमृतसर। कलकत्ते के एक अखबार के लिए बॉक्सर लड़ाई की रिपोर्टिंग के लिए चीन यात्रा, यंगहसबैंड के साथ ल्हासा की यात्रा।

दूसरा अध्याय : दिल्ली के दरबारों पर। पहला दरबार—किंग एडवर्ड द्वारा 'द एम्परर ऑफ इंडिया' की उपाधि ग्रहण करने के उपलक्ष्य में लॉर्ड कर्जन द्वारा आयोजित। इतने हाथी जितने कि कभी किसी वैदिक काल की सभा में भी नहीं इकट्ठे हुए होंगे। चाँदी-सोने के हौदेवाले रंग किए हुए हाथी। पर हाथियों से भी बड़ा आकर्षण बन गया 1857 के गदर के बचे-खुचे, अंग्रेजों की

तरफ से लड़नेवाले यूरोपियन और भारतीय सिपाहियों का जत्था, जिन्हें कर्जन ने आकाश-पाताल खोजकर निकाला था—कमर झुकी हुई, लाठी लेकर चलते बिना वर्दीवाले बूढ़े सिपाहियों का जत्था।

दूसरा दरबार—1911 में। पहले की तुलना में मामूली।...

रूबी को इतिहास के बिलकुल करीब ले आए थे मिस्टर वियेना। उनसे ज्यादा अच्छे से उस इतिहास को कौन रूबी को पढ़ा सकता था जो समय के फेरे में रूबी के लिए इतिहास था, पर मिस्टर वियेना के लिए आँखों-कानों से भोगा हुआ जीवन। लेकिन इतिहास से भी ज्यादा भोगा हुआ इस विशाल सतरंगी देश का इन्द्रधनुषी जादू था, जिसने मिस्टर वियेना को अपनी गिरफ्त में कर लिया था। उसे अजीबोगरीब मानकर दूसरे अंग्रेजों की तरह मिस्टर वियेना उससे बच नहीं गए थे। इसलिए उनकी किताब का सातवाँ अध्याय मोर, बन्दर, साँप, हाथी, गाय आदि जानवरों से जुड़े किस्से-कहानियों का था—जिसमें कृष्ण-राधा के साथी मोर का शिकार करनेवाले साहब का गाँववालों ने घेराव कर लिया, किसी जगह रावण के विरुद्ध राम का साथ देनेवाले बन्दरों को न मारने के कारण वानर जनसंख्या इस कदर बढ़ गई कि लोगों का जीना मुहाल हो गया, साँप का विष कपड़े में फुँफकार करवाकर इकट्ठा करनेवाले ओझाओं का भी उसमें जिक्र होगा जो बड़ी-बड़ी असाध्य बीमारियों का इलाज उस विष से करते हैं। एक धर्मप्राण देश में लोगों की धार्मिक संवेदनाओं का फायदा उठाकर उनसे मुनाफा कमानेवाले साधु-यतियों का अध्याय नौवाँ होगा—साथ ही अपने शरीर को अपार कष्ट देकर इस तरह का अभ्यास करनेवालों का जिनका एक हाथ सीधे आकाश की दिशा में हमेशा के लिए उठा रह जाता है या जमीन में गड्ढा कर उसमें सिर घुसाकर पड़े रहनेवालों का।

मिस्टर वियेना रूबी से किताब के सातवें अध्याय के बाद हमेशा नौवें अध्याय पर बातचीत करने लगते। रूबी ने कई बार उनसे पूछा कि वे आठवें अध्याय की बातें कब बताएँगे, पर मिस्टर वियेना हमेशा टाल जाते। धीरे-धीरे रूबी का सन्देह पक्का हो चला कि आठवें अध्याय के पीछे कोई रहस्य जरूर है। एक दिन रूबी ने मिस्टर वियेना को आते ही बताया कि पिताजी कल से इतने परेशान हैं कि वे न कुछ बोलते हैं और न ही कुछ खा रहे हैं। मिस्टर वियेना ने रूबी को हमेशा की तरह कोई परेशानी होने पर सांत्वना देने की चेष्टा नहीं की। वे कुछ अनमने से चुपचाप सोचते रहे। उन्हें शायद यह भी भान नहीं रहा कि रूबी उन्हें एकटक देख रही है। फिर मिस्टर वियेना ने जैसे खुद से ही कहा, ''अफीम की कमाई से आया हुआ पैसा पाँच पीढ़ियों से ज्यादा नहीं टिक सकता।'' रूबी चकित रह गई थी कि मिस्टर वियेना क्या बोल रहे हैं—पिताजी की परेशानी का

सम्बन्ध रुपयों के मामले से है, यह तो वह भी समझ रही थी, पर पिछली पाँच पीढ़ियाँ और अफीम ? मिस्टर वियेना क्या उनके परिवार और पुरखों के बारे में भी सबकुछ जानते हैं ? पिताजी का दफ्तर अफीम चौरस्ते पर होने के कारण पिताजी से ही रूबी ने जाना था कि कभी वहाँ अफीम का बड़ा कारोबार होता था।

मिस्टर वियेना की किताब का आठवाँ अध्याय उस दिन खुल गया था। दूर कहीं अनदेखे मालवा प्रदेश की उपजाऊ मिट्टी में अफीम की फसल उगाने के लिए किसानों को रुपए देनेवाले पगड़ी बाँधनेवाले अनदेखे पुरखे रूबी के लिए फिर जिन्दा हो गए थे। वे सब शेखावाटी की मरुभूमि से चलकर वहाँ आकर बसे थे—चीन जानेवाली अफीम की पेटियों के लिए मालवा की अफीम का व्यापार करने। "कितनी पुरानी बात है यह ?"—रूबी ने पूछा। "उन्नीसवीं शताब्दी की शुरुआत की बात है, यानी अभी से करीब एक सौ चालीस साल पहले"—मिस्टर वियेना ने उसके चेहरे की गम्भीर जिज्ञासा को पढ़ते हुए कहा। "लेकिन वे लोग फिर कलकत्ते क्यों आए ?"—रूबी ने समझ लिया कि उसने सही प्रश्न किया है क्योंकि मिस्टर वियेना का चेहरा खिल गया था। "अठारह सौ तीस में ब्रिटिश सरकार ने बंगाल की अफीम को बढ़ावा देने के लिए मालवा की अफीम पर बहुत बड़ा टैक्स लगा दिया। तब कलकत्ते में बसना ज्यादा फायदेमन्द हो गया। वैसे भी असली ताकत तो यहीं थी। इसके अलावा प्लेग के डर से भी बहुत-से परिवार पश्चिम से पूरब की ओर आ बसे"—मिस्टर वियेना कहीं दूर इस तरह देख रहे थे जैसे उस गुजरे हुए समय को ही देख पा रहे हों। "अठारह सौ पचास तक तुम्हारे खानदान के दफ्तर कलकत्ता, मालवा, बम्बई, मिर्जापुर, फर्रुखाबाद, पटना के अलावा चीन तक में खुल गए थे। तब तक कलकत्ते से बाहर भेजी जानेवाली चीजों में एक-तिहाई हिस्सा अफीम का हो चुका था क्योंकि चीन में अफीम की बहुत माँग थी। सच पूछो तो कलकत्ते को बनाया ही अफीम ने। उसी से इतना पैसा यहाँ आया। यह शहर अठारह सौ पचास तक 'सिटी ऑफ पैलेसेस' बनने लगा—पुराना हाईकोर्ट, सेंट जॉन चर्च, गवर्नमेंट हाऊस, राइटर्स बिल्डिंग, इंडियन म्यूजियम—कलकत्ते की ये सारी भव्य इमारतें उसी समय के आसपास बनी हुई हैं।"

"फिर उसके बाद ?" रूबी ने पूछते समय सोचा था कि फिर नीचे उतरना शुरू हुआ होगा क्योंकि हर कहानी में अन्त में या बीच में क्या यही नहीं होता—उठना-गिरना, फिर उठना और फिर गिरना ? "चीन में अफीम को लेकर दो बड़ी लड़ाइयाँ हुईं। अफीम की माँग कम होने लगी। बीसवीं सदी की शुरुआत तक ब्रिटिश सरकार को दुनिया के दूसरे देशों के दबाव से मजबूर होकर पूरे चीन को बरबाद कर रही अफीम का निर्यात बिलकुल घटा देना पड़ा। तुम्हारे दादाजी

ने अफीम के फाटके से हाथ खींचकर शेयर मार्केट में ध्यान लगाया। पर मजे की बात देखो कि बीसवीं सदी की शुरुआत में ही यानी उन्नीस सौ नौ में अफीम का दाम गिरने पर सर सरूपचन्द हुकुमचन्द ने पच्चीस लाख की अफीम खरीद ली और दाम इतने बढ़े कि उन्होंने उसमें दो सौ लाख रुपए कमाए।''

रूबी का मन यह सब सुनते-सुनते जैसे मर गया। अफीम के पैसों का क्या सचमुच टिके रहने का समय खत्म हो गया है ? तभी क्या माँ अपने बहुत-से गहनों की एक बड़ी पोटली बनाकर पिताजी को दे रही थीं ? अब क्या होगा उन लोगों का ? क्या उन्हें भी थिएटर रोड का यह महल बेचकर कानपुर में मामा-मामी के जैसे साधारण घर में रहना होगा–क्या माँ को घर के सारे काम वैसे ही खुद करने होंगे जैसे मामी करती हैं ? और उनकी गाड़ियों का क्या होगा ? घोड़ों का क्या होगा ? ''क्या कहा था आपने मिस्टर वियेना''–रूबी ने डूबते हुए दिल से पूछा, ''अफीम का पैसा पाँच पीढ़ी से ज्यादा नहीं टिक सकता या छह पीढ़ी से ?'' उसके दिल ने प्रार्थना की कि मिस्टर वियेना पाँच पीढ़ी की जगह छह पीढ़ी बोल दें।

''नहीं, नहीं, ऐसी कोई बात सच थोड़े ही होती है। यह सब तो ऐसे ही लोग कह देते हैं। अभी तुम लोगों में जितने भी लखपति हैं, प्रायः सबके यहाँ पहले-पहल पैसा अफीम के फाटके से ही आया है। अब तो कोई जूट मिल के मालिक हैं, कोई कपड़ों की मिलों के''–मिस्टर वियेना ने रूबी के मन की दुश्चिन्ता को शायद समझ लिया था, इसलिए उसे तसल्ली बँधाना चाह रहे थे।

''लेकिन पिताजी तो किसी मिल के मालिक नहीं हैं। पिताजी तो कभी कोई काम भी नहीं करते। दिन में दो से चार तक मैकेन्जी साहब के दफ्तर में बस बैठ आते हैं। शायद उनसे गपशप करते हैं वहाँ बैठकर। ऐसा क्यों हो गया मिस्टर वियेना ?''–रूबी ने ठान लिया था कि आज ही वह सबकुछ जानकर छोड़ेगी। मिस्टर वियेना भी शायद यह बात समझ गए थे। ''तुम्हारे परिवार में पुश्तों से किसी ने खुद काम नहीं किया। लाखों-करोड़ों का कारोबार मुनीम-गुमाश्ते ही करते रहे। यह चीज शायद इस परिवार के खून में चली आई है। ऐसा ही होता आया है। हमेशा-हमेशा से''–मिस्टर वियेना ने थके हुए स्वर में कहा। रूबी का मन हुआ कि उनसे पूछे कि क्या इसका मतलब यह है कि इस परिवार के खून में भी अफीम मिल गई है, पर उसने यह बात कही नहीं। ''लोग अफीम क्यों खाते और क्यों बेचते हैं मिस्टर वियेना, जब यह इतने नुकसान की चीज है ?'' ''खाते इसलिए हैं क्योंकि उन्हें मिलती है। पहली बार इसलिए खाते हैं कि किसी बात से भागने का यह सरल तरीका है। दिमाग ही तो परेशानी खड़ी करता है, उसे सुन्न कर दो। और बेचनेवाले इसलिए बेचते हैं कि हमें क्या, जब लोग माँग रहे हैं तो हम बेच रहे हैं। वे नहीं माँगते, तो हम कैसे बेच पाते ?

इसी में उनकी चाँदी है। चीन से तो पहले चाँदी में ही अफीम का भुगतान होता था...''—मिस्टर वियेना बहुत बेचैन दिख रहे थे जैसे वे थककर अब छुट्टी चाहते हों।

''अच्छा, बस एक बात और, मिस्टर वियेना। वह नीचेवाला एक कमरा किसलिए बन्द है इस मकान में ? उसकी चाभी कहाँ खो गई है ?''—रूबी को न जाने क्यों ऐसा लगा कि उसे मिस्टर वियेना से यह बात भी आज ही पूछ लेनी चाहिए। फिर कभी ऐसा मौका आए न आए। क्या उस बन्द कमरे का भी अफीम से कोई सम्बन्ध है, उसने सोचा। कहीं उसमें अफीम की पेटियाँ तो नहीं रखी हुई हैं ?

''तुम्हारे पिता की बहन यानी तुम्हारी बुआ ने एक अंग्रेज के प्रेम में पड़कर उस कमरे में अपने को जला डाला था''—मिस्टर वियेना के हाथ काँप रहे थे और उनकी आवाज भी। रूबी का दिल धक से रह गया। उसने सपने में भी ऐसी किसी बात की कल्पना नहीं की थी। ''कहते हैं कि इंग्लैंड में झील के किनारे सर हेनरी जेम्स के हू-ब-हू मकान में भी ठीक इसी कमरे में किसी ने जलकर आत्महत्या की थी। कई सालों बाद उस कमरे में फिर एक आत्महत्या होने पर उसे बन्द करके सील कर दिया गया था और यहाँ भी यही किया गया है। यदि उसे कभी खोल दिया गया तो क्या पता कि फिर कोई कहर टूट पड़े। इसलिए मेरी बच्ची, माइ प्रेशस रूबी, उस कमरे की चाभी खोजने की कभी कोशिश मत करना।''—मिस्टर वियेना की बातों से रूबी के रोंगटे खड़े हो गए थे और उसने देखा कि मिस्टर वियेना का चेहरा भी जैसे किसी अनजाने डर से काला पड़ गया था। शायद वे सोच रहे थे कि रूबी को उन्हें इस तरह की बात बताने की असावधानी नहीं करनी चाहिए थी।

उस दिन के बाद मिस्टर वियेना को रूबी ने कभी नहीं देखा। उसने घर में बहुत सारी फुसफुसाहटें सुनी थीं, जिनमें मिस्टर वियेना का नाम था। अप्रैल का महीना था, जिसमें कलकत्ते में जब-तब बंगाल की खाड़ी से काल-बैशाखी का तूफान उठा करता है। उन दिनों अचानक आकाश घनघोर बादलों से घिर जाता और ऐसी तेज आँधी चलती कि जहाँ-तहाँ पेड़ गिर जाते। रूबी को बहुत सारी फुसफुसाहटों को सुनते-जोड़ते यह समझ में आया था कि आठवें अध्याय की रात गंगा नदी में नौका लेकर न जाने क्या खोजते हुए मिस्टर वियेना की नाव तूफान में उलट गई थी। मल्लाह तैरकर किनारे पहुँच गया था और तीन दिन बाद मिस्टर वियेना की फूली हुई लाश जेटी के पास गंगा से निकालकर तट पर रखी गई थी। अपने सारे रसूख का इस्तेमाल कर जेम्स प्रिसेंप के मौन्यूमेंट के पीछे वहीं गंगा तट पर

ही पिताजी ने मिस्टर वियेना को दफना दिया था। इसके पीछे मिस्टर वियेना की शायद यह लिखित इच्छा थी कि वे अपनी प्रेमिका के अन्तिम अवशेषों को ले जानेवाली गंगा के पास रहें। उस जगह पर बिना नाम-पते की एक कब्र सफेद पत्थर लगाकर इस तरह बनवाई गई थी, जैसे लड़ाई में मरनेवाले अनाम सिपाहियों की बनवाई जाती है। वह कब्र किसी हिन्दू जोगी की समाधि भी हो सकती थी, किसी मुसलमान फकीर की कब्र भी। उस पर नाम-धाम-तारीख न लिखवाने का तुक यही था कि जल्दी से कोई उस कब्र को वहाँ से न हटाए क्योंकि बिना कब्रगाह इस तरह दफनाना गैर-कानूनी काम था।

उन्हीं फुसफुसाहटों से जब रूबी को यह पता चला कि नीचे के कमरे में जल मरनेवाली बुआ का अंग्रेज प्रेमी कोई और नहीं, खुद मिस्टर वियेना थे, तो वह हतप्रभ रह गई थी। आज तक रूबी गुप्ता इस उलझन को सुलझा नहीं पाई कि मिस्टर वियेना को तूफान ने डुबोया था या उन्होंने खुद अपनी स्मृतियों की पीड़ा से मुक्ति पाने के लिए जल-समाधि ली थी। पिताजी मिस्टर वियेना से किस रिश्ते के तार से जुड़े थे और क्या सोचकर उन्होंने रूबी को पढ़ाने के लिए मिस्टर वियेना को रखा था—ये सारी बातें रूबी गुप्ता के लिए अब भी पहेली हैं। किन्तु जब पिताजी मिस्टर वियेना की सफेद पत्थर चोरी होने से उजड़ी कब्र पर विलायत से उन्हें खोजने को आई छोटी बहन के साथ रूबी को भी ले गए थे, तब पिताजी की आँखों से बहते आँसुओं के बारे में रूबी को किसी समाधान की ज़रूरत नहीं हुई थी। न ही उसे यह जानकर आश्चर्य हुआ था कि 'कैलकेटा क्लब' में मिस्टर वियेना के कमरे से किसी किताब की कोई अधूरी पांडुलिपि नहीं मिली थी।

एस.टी.डी. : कलकत्ता से दिल्ली-III

"हलो कादम्बरी, कैसी हो ? क्या लिख रही हो—क्या पढ़ रही हो इन दिनों ?"—रूबी दी को खुद अपनी आवाज में इतनी थकान और उत्साह की कमी लगी कि उन्हें लगा कि कादम्बरी निश्चय ही भाँप लेगी कि नानी ने इतने दिनों बाद फोन सिर्फ खानापूरी के लिए किया है।

"ठीक-ठाक हूँ नानी"—कहकर कादम्बरी एक क्षण के लिए चुप रही जैसे सोच रही हो कि कुछ बोले या न बोले। रूबी दी ने हलकी-सी घबड़ाहट का अनुभव किया। ठीक उसी तरह जैसे कादम्बरी की माँ के साथ उन दिनों किया करती थीं, जब वह बड़ी होने लगी थी। रूबी दी का मन खिन्न हो उठा। यह क्या कि पहले तो अपने बच्चों के सामने ऐसे रहो, जैसे कटघरे में खड़े होकर किसी बात की सफाई देनी है और फिर उनके बच्चों के सामने भी वैसे ही रहो।

"पता नहीं क्यों नानी, मैं इधर आपको रोज याद करती रही"—कादम्बरी ने कहा। रूबी दी का मन एकाएक हवा में ऐसे उड़ा जैसे वह नितान्त भारहीन हो गया हो। रूबी गुप्ता, तुम्हारे कान क्या इसी बात को सुनने के लिए तुम्हारे अनजाने हमेशा से नहीं तरस रहे थे ? रूबी दी एकदम चुप हो गईं, जैसे उनके दिमाग में ऐसी अप्रत्याशित स्थिति में बोलने के लायक कोई शब्द न हों। यह क्या कि कोई किसी को याद करे या किसी से प्यार करता हो, लेकिन यह सब बताने के लिए किसी के पास कोई भाषा ही न बची हो; स्मृति के सारे शब्द उथले, खोखले और ओछे लगने लगें। रूबी दी को लगा कि उन्होंने कुछ कहा, तो वह झूठा सिद्ध हो जाएगा, वह सब जो उनके अन्दर हो रहा है।

"मुझे पिछले सप्ताह तेज बुखार हो गया था, नानी। इसलिए मैं छुट्टी लेकर घर पर रही"—रूबी दी के गले से कादम्बरी के कष्ट के अनुमान से एक आवाज-सी निकली, जिसे शायद कादम्बरी ने सुना नहीं, वह कहती रही, "मैं आर. के. नारायण की एक किताब पढ़ती रही—मिस्टर सम्पत, मालगुडी के एक प्रिंटर के बारे में किताब पढ़ती रही और आपको याद करती रही। पता है क्यों ? मुझे लगा नानी, कि उस किताब की दुनिया और मेरी दुनिया में कितना बड़ा फर्क

है। सच पूछें तो मुझे उस दुनिया से बहुत गहरी ईर्ष्या हुई। आपको कैसे समझाऊँ ? दरअसल उस दुनिया में कोई कहीं से उठकर या उजड़कर कहीं नहीं गया है। शायद हजारों सालों से वह दुनिया वैसी-की-वैसी है। वह एक पूर्ण दुनिया है, नानी—छोटी-छोटी चीजों से पूर्ण दुनिया जबकि हमारी दुनिया एक टूटी-फूटी दुनिया है। एक-दो या तीन पीढ़ियों पहले हम कहीं और थे—सैकड़ों या हजारों मील दूर। कुछ और तरह से खा रहे थे, कुछ और पहन रहे थे, किसी और तरह की भाषा बोल रहे थे। हम साबुत लोग नहीं हैं, नानी। हम जैसे रिफ्यूजी हैं, आप समझ रही हैं मेरी बात ?''

रूबी दी कादम्बरी का एक-एक शब्द मन-प्राण से सुन रही थीं और हर शब्द पर उन्हें एक गहरी पीड़ा का अनुभव हो रहा था। इतनी संवेदनशील लड़की है, पता नहीं क्या-क्या सोचती है, क्या-क्या सहती है। टूटी-फूटी दुनिया ? रूबी दी की कितनी ही बंगाली सहेलियाँ हैं, पर रूबी दी को लगता रहता है कि यह बंगाली-हिन्दी भाषी विभाजन कभी पट नहीं सकता। रूबी दी को भी कई बार उनसे ईर्ष्या-सी होती है—कितनी पूरी-पूरी है इनकी दुनिया। कितनी आश्वस्त-सी। रूबी दी को बहुत बुरा लगा था, जब 'कैलकेटा क्लब' से किसी बंगाली का इस आशय से गुमनाम पत्र आया था कि हिन्दी भाषी लोग क्लब को हड़पने जा रहे हैं, इसलिए 'प्रेसीडेंट' पद के लिए खड़े होनेवाले हिन्दीवाले मेम्बर को कोई बंगाली वोट न दे। उन्हें याद है कि उन दिनों उनकी 'कैलकेटा क्लब' की बंगाली सहेलियाँ उनसे मुँह चुराती रही थीं और कादम्बरी की स्थिति तो वाकई विचित्र है। कलकत्ते की हिन्दी भाषी माँ और आधे अंग्रेज-आधे भारतीय पिता। देखने में कादम्बरी न हिन्दुस्तानी लगती है और न यूरोपियन। उसने जिद करके स्कूल के बाद की पढ़ाई भारत में की है। आज की पूरी हिन्दुस्तानी लड़कियों की आधी अंग्रेजी-आधी हिन्दी की खिचड़ी भाषा से उसकी हिन्दी कहीं ज्यादा शुद्ध और खाँटी है। पर न जाने उसे क्या-क्या भेदभाव सहने पड़ते होंगे।

''नानी, आप आज कुछ बोल ही नहीं रहीं ?...मुझे लगता है कि आदमी अपने इतिहास से बच नहीं सकता। उसकी ईमानदारी इसी में है कि वह इतिहास की स्मृतियों में उतरे, उन्हें बचाकर अपने ही जीवन को बचाए रखे''—कादम्बरी एक क्षण के लिए रुकी।

''और वर्तमान ?''—रूबी दी ने यों ही कुछ कहने के लिए कहा।

''हाँ, वर्तमान के प्रति उसकी ईमानदारी इसमें है कि वह अपनी भावनाओं से कन्नी न काटे—किन्हीं मानी हुई धारणाओं के चलते। वह जिए अपनी भावनाओं को पूरी तरह। बिना डरे।'' कादम्बरी चुप हो गई थी। रूबी दी भी चुप रहीं। न जाने कादम्बरी क्या सोचकर यह सब बोल रही है; क्या जाने इन बातों के पीछे कोई घटना कारण हो। कुछ तो है जरूर वरना क्या वह इस तरह

अपने को रिफ़्यूजी कहती ? रूबी दी उसकी बातों को समझ रही हैं, पर अपनी तरह से। न वे कादम्बरी की परिस्थितियाँ जानती हैं, न कादम्बरी उनकी। शायद कादम्बरी वर्तमान की ईमानदारी उस गौतम के साथ रहने में मानती है और वे ? उस लड़की के बारे में सोचने में जिसका नाम सविता है ? रूबी दी ने देखा कि फोन पर एक क्षण की चुप्पी के बाद लाइन अचानक कट गई।

चाय और मुक्ति

रूबी दी सुबह आँखें खोलकर बिस्तर में चुपचाप पड़ी रहीं। सायरा बगल में फ्लास्क में उनके लिए चाय बनाकर रख गई थी, पर आज उनका चाय पीने का मन नहीं हुआ। रोज तो जैसे नींद में ही चाय की हुड़क लग जाती थी कि कब सुबह हो, कब नींद से बाहर आएँ और कब चाय पिएँ। किसे लगती है यह हुड़क, रूबी दी आज तक बहुत माथा-पच्ची करके भी इस रहस्य को समझ नहीं पाईं। कोई है अंदर, जो सोते हुए भी जागता है ? जागृति, स्वप्न और सुषुप्ति के बीच एक समान रहनेवाला...? उन्होंने यह प्रश्न चिन्मय मिशन के स्वामी आत्मानन्द से दो-तीन बार किया। पर भाषा में, शब्दों में की गई व्याख्या कभी उनके अन्दर की भाषा नहीं बन पाई। रूबी दी को लगने लगता कि उनका 'मैं' एक न होकर, दो हैं और उन्हें इस बात से बड़ी परेशानी होती। वेद-वेदान्त-उपनिषदों का सत्व-रज-तमोगुण, मन-बुद्धि-चित्त-अहंकार, द्वैत-अद्वैत आदि भेद बनाकर, उनकी गिनती करके समझने का तरीका रूबी दी की पकड़ में आते-आते रह जाता। उन्हें लगता कि अंग्रेजी की शिक्षा ने शायद उनके दिमाग का ढाँचा कुछ इस तरह बदल डाला है कि उसमें यह तरीका फिट नहीं बैठ सकता।

रूबी दी को आज सुबह-सुबह चाय के नाम पर माँ की याद आई। शायद कल कादम्बरी से की गई बातों का असर होगा। माँ बात-बात पर कहतीं, ये अंग्रेज लोग यहाँ न आए होते, तो ऐसा न होता, वैसा न होता। टट्टी करके धोते तक नहीं, आम खाना जानते नहीं, और तो और यह चाय पीना इन लोगों ने ही तो सिखाया पूरे हिन्दुस्तान को। वगैरह, वगैरह। उनका गुस्सा चाय के प्रति इतना क्यों है, यह रूबी को ठीक-ठीक कभी समझ में नहीं आया। कानपुर में मामाजी के घर में कोई चाय नहीं पीता था, क्या इसलिए ? या फिर इसलिए कि पिताजी ने पूरे अंग्रेजी तरीके से चाय का पानी—दूध उबालने और बनाने का तरीका खुद रसोई के महाराज को सिखाया था और सुबह उठते ही वे नीचे अपनी बैठक के साथ लगे बरामदे में चाय पीने के लिए उतर जाते थे ? या पिताजी की शौकीनी और अंग्रेजियत के खिलाफ माँ ने गाँधीजी के नमक की तरह घर

में चाय को मुद्दा बना लिया था ? शायद माँ अपने छोटे लाड़ले भाई को अंग्रेजों के द्वारा जेल भेजे जाने का प्रतिकार विदेशी वस्त्र न पहनकर, अपने रूप-रंग-शृंगार से अंगरेजनों को पार्टियों में नीचा दिखाकर और चाय न पीकर कर रही थीं। "सौ साल से चाय बाहर भेजते-भेजते इन लोगों की खोपड़ी में यह बात उपजी है कि यहाँ के तैंतीस करोड़ लोगों को चाय पीना क्यों न सिखाया जाए। अखबार में चाय के गुणों का बखान करते हैं नासपीटे, जिससे लोगों को लत लग जाए और इनकी चाय यहाँ भी बिकने लगे। पहाड़ों की चीज है। नीचे के लोग पिएँगे तो गर्मी से उनका कलेजा नहीं जल जाएगा ? " माँ ने अपनी अंग्रेजी की टीचर मिस सूज़ी की सलाह पर अंग्रेजी अखबार पढ़ते हुए चाय का विज्ञापन देख रूबी से कहा था। वे लोग कलकत्ते पर गिरते बमों से बचने के लिए डेढ़-दो साल हरिद्वार में रहकर दूसरे महायुद्ध की समाप्ति पर कलकत्ता लौटे थे और माँ ने आते ही न जाने क्या ठानकर अंग्रेजी सीखने के लिए मिस सूज़ी को खुद पर रख लिया था।

माँ के सामने अपनी शादी और देश की आजादी के बाद ही चाय पीने की हिम्मत कर पाई रूबी, बल्कि तब भी उसे हिचक होती थी, जैसे चाय न पीकर शराब पी रही हो। पर यह चाय का नशा है अजीब ! और सारे नशे बेहोश करते हैं, यह तो होश जगा देता है। रूबी दी ने चाय की पहली सुड़क ली और दिमाग खुलते ही याद आया कि आज बाईस अप्रैल है यानी मिस्टर वियेना की बरसी। क्या इसीलिए उन्हें मिस्टर वियेना की बातें याद आ रही थीं ? रूबी दी अब इस रहस्य में उलझ गईं। क्या सचमुच कोई यह संयोग नियोजित करता है कि आदमी को ठीक वक्त पर कुछ याद आ जाए जिसका दो दिन बाद याद आने पर कोई महत्त्व नहीं होता ? या मिस्टर वियेना की आत्मा ने उन्हें टेलीपैथी से संदेश भेजा है ? जब तक पिताजी की याददाश्त रही, वे जेम्स प्रिंसेप घाट के पीछे गंगा तट पर अकेली खड़ी उस कब्र पर एक लाल गुलाब का गुलदस्ता चढ़ाने जाते रहे। रूबी ने एक बार अपनी शादी के बाद हैरत से पिताजी को कहा था—"आपको मिस्टर वियेना अभी तक याद हैं और उनकी बरसी भी ? छोड़िए न, आज मैं कितने दिन बाद आई हूँ ससुराल से और आप चल दिए गंगा तट पर। आज मैं आपको कहीं नहीं जाने दूँगी।" तो पिताजी ने उसे समझाते हुए कहा था—"नहीं बेटी, ऐसा मत कहो। शाप लगेगा।" "शाप ?" रूबी सन्न हो गई थी। "मिस्टर वियेना को हमने दफनाया। उन्हें याद करनेवाला इस दुनिया में हमारे सिवाय और कोई नहीं है। हम नहीं याद करेंगे तो हमें उनकी आत्मा शाप नहीं देगी ?" मरनेवालों की इतनी फिक्र ! रूबी ने सोचा—इतनी तो जीनेवालों की भी कर लें, तो बहुत है।

अचानक रूबी दी ने मिस्टर वियेना के मरने के साठ साल बाद यह निश्चय

किया कि आज, बाईस अप्रैल, दो हजार ईस्वी के दिन वे मिस्टर वियेना की कब्र पर लाल फूलों का गुलदस्ता चढ़ाने जाएँगी। पर तुरन्त ही खयाल आया—वह कब्र यदि वहाँ नहीं हुई तो ? शहर की पुरानी कब्रगाहों पर बड़े-बड़े स्कूल, अस्पताल बन गए हैं—एक बार किसी अखबार में किसी ने यह सवाल उठाया भी था कि कयामत के आने पर उन कब्रों के मुरदे कैसे उठ खड़े होंगे। उसमें लिखा था कि पार्क स्ट्रीट की एकमात्र बची रह गई कब्रगाह डिरोजियो और विलियम जोन्स जैसी हस्तियों की कब्रों के कारण बची हुई है, वरना करोड़ों रुपए की जमीन क्या अब तक किसी पुरानी भूली-बिसरी दुनिया को रोने को बाकी रहती ? खैर, यदि मिस्टर वियेना की कब्र अब तक बची होगी, तो आज रूबी दी जरूर वहाँ जाएँगी। और फिर उसके बाद वहाँ से 'एडवर्ड मेनशन' के बगल के मकान में उस पेइंग-गेस्टहाऊस में जाकर उस लड़की सविता का पता लगाएँगी कि वह ठीक-ठाक तो है न। इतने दिनों से उनसे मिलने क्यों नहीं आई ? रूबी दी का मन यह निर्णय लेकर एकदम हलका हो गया जैसे कोई भार उतर गया हो।

चाय पूरी खत्म हुई। रूबी दी ने कप वापस ट्रे में रखा कि उन्हें पूरा होश आ गया। क्या 'स्टूपिडिटी' है—अपनी लड़कियों की शब्दावली में उन्होंने सोचा। मिस्टर वियेना से पिताजी का कुछ सम्बन्ध भले रहा हो, उनका उनसे क्या लेना-देना है ? हो सकता है कि पिताजी किसी तरह का पश्चाताप या प्रायश्चित करते रहे होंगे—मिस्टर वियेना और अपनी बहन का जीवन नष्ट करने के लिए। पर आफ्टर आल, वे यानी रूबी गुप्ता किसलिए एक पुरानी कब्र को खोजने जाएँगी ? और किसलिए उस लड़की सविता का पता-ठिकाना खोजने जाएँगी ? एक पच्चीस-छब्बीस साल की लड़की के लिए ऐसी कल्पना भी उनके दिमाग में भला क्यों आई कि वह उस कमरे में अकेली मर सकती है ? उस लड़की को कोई बीमारी तो है नहीं, फिर उनकी इस कल्पना का क्या आधार है ? ठीक है कि देवीदत्त मामा की सोशलिस्ट मित्र शीला परेरा अकेली अपने कमरे में मरी और तीन दिनों तक किसी को खबर नहीं हुई, पर शीला परेरा तो उम्रदार औरत थी। और खैर, उसके साथ तो जो हुआ किसी दुश्मन के साथ भी न हो ! श्रीलंका की नागरिक होने के कारण डेढ़ महीने तक शीला परेरा की लाश मुहम्मद अली पार्क के पीछे 'मोर्ग' में पड़ी गलती रही। जब तक श्रीलंका से उसका क्रियाकर्म करने की अनुमति आई, तो शीला परेरा की जगह दो दुर्गन्ध भरी पोटलियाँ मिलीं, जिन्हें देवीदत्त मामा और उनके दोस्तों ने महाबोधि सोसाइटी से किसी बौद्ध पुजारी को लेकर केवड़ातल्ला श्मशान घाट में जलाया। यह किस्सा याद आया, तो आज भी रूबी दी को एकदम उबकाई आ गई। पर शीला परेरा को उस लड़की से जोड़ना तो कहाँ की बात कहाँ ले जाना हुआ।

उस हस्तरेखाओंवाली लड़की के बारे में पता लगाने का रत्ती भर तुक नहीं

है। एक क्षण के लिए भी उन्हें ऐसा करना दुनिया का सबसे सही और एकदम ठीक काम कैसे लगा था, यह सोचकर रूबी दी को अपने ऊपर आश्चर्य होता रहा। क्या कादम्बरी की बातों से प्रभावित होकर वे इतिहास और वर्तमान से ईमानदारी बरतने चली थीं ? या उम्र के एक मुकाम पर आकर आदमी सचमुच अपने को ढीला छोड़ देता है—क्योंकि उसमें अपने जीवन भर की मानी हुई सारी मान्यताओं और सारे उसूलों की कमाई को पकड़े रहने लायक ऊर्जा नहीं बची रह जाती ? या उनके अकेलेपन ने उन्हें इस मोड़ पर लाकर खड़ा कर दिया है कि वे एक अदना-सी लड़की के लिए अपने को सठियाया हुआ प्रमाणित करने के लिए तैयार हो गई हैं ?

रूबी गुप्ता का संकल्प है एकदम कसकर अपने को पकड़े रहने का। किसी भी हालत में मरते दम तक उन्हें पिताजी की तरह स्मृतियों के गलियारों में भटक नहीं जाना है। यह भी क्या कि यह तक याद न रहे कि वे थिएटर रोड के मकान को बेच-बाचकर अलीपुर में रहने लगे हैं; कि उनकी मित्रमंडली या तो विदेशवासी हो गई है या फिर स्वर्गवासी; कि माँ इतनी बूढ़ी हो गई हैं कि वे उन्हें अपनी पत्नी न समझ अपने से पिछली पीढ़ी की कोई औरत समझ लें। "रूबी, यह किसकी गंजी आ गई देखो। यह तो मेरी नहीं है, मेरी 'क्रेप दी सान्ते रुम्पे' की स्विस गंजियों का एक नया डिब्बा खोल लो। तीन गंजियों से दो-तीन महीने काम चल जाएगा"—पिताजी की बात सुन रूबी को झटका लगता। कहाँ से तीस साल पुरानी बात याद आ जाती है इन्हें। उन गंजियों के डिब्बों में निकलनेवाले गोल छोटे-छोटे शीशों को रूबी जमा करती थी। अभी तक पड़े होंगे किसी डिब्बे में वरना तो उनका नाम रूबी को क्या याद रहता। कभी कहते, "मेरी कुर्सी सड़क पर धूप में रखवा दो। वहाँ बैठकर गीता-पाठ करूँगा। इस घर में तो मैं ठिठुर गया हूँ।" रूबी का दिल भर आता। कैसे कहे कि अब आप चौरंगी पर भाड़े के, बिना धूप वाले घर में नहीं रहते, यहाँ अलीपुर के घर में सड़क पर बैठने की जरूरत नहीं है। घर में ही धूप आती है। कुछ बोलने से कुछ फायदा नहीं। पिताजी कब समय के किस खंड में चले जाएँगे और कब बिलकुल अभी की बातें करने लगेंगे, कोई ठीक नहीं। ऐसे लगता जैसे वे स्मृतियों के खंडहर में रास्ते भूल गए हों और कभी-कभी भूल से सही रास्ते पर आ जाते हों। जब वे अपने जीवन के अच्छे दिनों की बातें करते, जैसे कि थिएटर रोड के घर की बातें, तो रूबी राहत महसूस करती। उसे लगता अभी वे सुख में हैं और वह चाहती कि वे उसी सुख में रहें।

और अब रूबी गुप्ता का इस तरह अपने को भरमने देना ! वह भी एक ऐसी लड़की के लिए, जिससे रूबी गुप्ता का खून का तो छोड़ो, किसी तरह का कोई रिश्ता नहीं। पिताजी को गुजरे हुए समय में आगे-पीछे, इधर-उधर भटकते

देखकर कई बार रूबी को यह सोचकर एक दबी-छिपी तसल्ली होती कि उसका पिताजी से खून का रिश्ता नहीं है। आखिर माँ से ही उसका खून का रिश्ता है—कम-से-कम माँ ने कभी अपने को यह ढील नहीं दी कि कोई कह सके कि वे अपने पुराने अस्तित्व की छाया तक नहीं रहीं। बल्कि वे दिन-ब-दिन उम्र के साथ पक्की होती गई थीं—अपनी धारणाओं में, दूसरों और खुद अपने साथ बरतनेवाली सख्ती में, अपनी आशंकाओं में। कभी किसी दिन उनके अन्दर रूबी के बड़े होते-होते शक पैदा हुआ होगा कि रूबी उनसे नहीं, उनके धन से प्रेम करती है। सारी जिन्दगी वे अपनी इस आशंका से लड़ती रहीं, रूबी को तरह-तरह से ठोंक-बजाकर देखती रहीं। "देखो देवीदत्त, यह क्या लड़की है। कभी यह नहीं कहती कि मुझे यह पसन्द है। मुझे यह चाहिए। यह दिलाना पड़ेगा। इसे कोई शौक ही नहीं है किसी तरह का। अजीब है। इस पर क्या लॉरेटो की ननों का असर आ गया है ?"—माँ रूबी की शादी का दहेज तैयार करते समय अपने छोटे भाई देवीदत्त से कहतीं, जिनकी बीच-बीच में अचानक प्रकट होकर माँ के पास कई-कई महीनों तक रह जाने की आदत थी। देवीदत्त मामा को रूबी की अगर कोई बात पसन्द थी, तो शायद वह यही बात थी। वे कहते, "बाई, जहाँ जितनी ऊपरी सज-धज होगी, वहाँ उतना ही अन्दर से चरित्र का पतन छिपा रहता है।" शायद मामा ने यह बात जर्मनी में फोटोग्राफी सीखने के अपने दौर में कहीं पढ़ी या अपने सोशलिस्ट दोस्तों से सुनी होगी। रूबी को यह सोचकर मामा पर हँसी आती। मामा की किताबी दुनिया की किताबी बातें।

किताबों की दुनिया से असली जिन्दगी कितनी अलग है, पर इस ज्ञान से रूबी को सुख-सन्तोष नहीं होता, कष्ट ही होता है।—क्यों अलग है ? कहाँ है विश्वास ? कहाँ है प्यार ? कहाँ है अपनापन ? उसके कुछ न माँगने पर माँ की तकलीफ में छिपे विश्वास और अविश्वास के झगड़े को रूबी देखती। पर मामा कैसे देख पाते यह सब ? उन्हें क्या यह मालूम था कि बचपन में सात साल की उम्र में रूबी ने टीचर को फूल देने के लिए चार आने पैसे माँगे थे, तो उसे एक थप्पड़ मिला था। और तब से उसने समझ लिया था कि माँ जो अपनी मरजी से देंगी, वह प्यार से देंगी और यदि उसने कुछ माँगा, तो उसे थप्पड़ मिलेगा। लेकिन माँ अन्त में कैसे अपना सारा विश्वास खो बैठीं। मरते समय उन्हें लगने लगा कि उनकी सारी सार-सँभाल उनके पास बचे हुए दो बहुमूल्य हरे पन्नों के टुकड़ों के लिए हो रही है। शायद उन्हें अपनी पति के परिवार के खून की, अपने अजन्मे बेटे की कमी—जो उनका क्रियाकर्म और श्राद्ध करता—इस तरह खलने लगी थी कि अपनी देवरानी का लड़का और उसकी बहू उन्हें रूबी से ज्यादा अपने लगने लगे। रूबी ने तब समझ लिया कि माँ के अविश्वास और विश्वास के ताउम्र झगड़े में कौन जीता और कौन हार गया है। लेकिन यह तो पक्की बात थी कि

माँ ने अपने को अन्त तक कोई रियायत नहीं दी कि उम्र या बीमारी का बहाना पाकर वे कुछ और बन जाएँ, जो वे सारी जिन्दगी नहीं थीं। मरने के पहले अस्पताल में उन्होंने 'रामकृष्ण लंच होम' से रूबी को कहकर इडली मँगवाई और खाकर तुरन्त कहा, "देखो, यह दिन भी देखना पड़ा मुझे। इस मुँह के स्वाद ने मुझे परवश कर डाला।"

रूबी दी ने सायरा के लिए अपने पास रखी घंटी बजाई। सायरा ने बगल के कमरे से झाँककर देखा, तो रूबी दी ने माफी-सी माँगती आवाज में कहा, "एक चाय और पिला दे न।" नहीं, उन्हें अपनी पंच ज्ञानेन्द्रियों, पंच कर्मेन्द्रियों और मन—इन ग्यारहों को जीते-जी बिखरने नहीं देना है। जब तक सारा प्रारब्ध नहीं कटता, यह जीवन बना रहेगा, पर उन्हें अब और प्रारब्ध संचित नहीं करना है। उन्हें अपने मूल स्वभाव को अन्त तक बनाए रखना है—सबके पास, सबके साथ रहते हुए भी सबसे दूर, अपने अकेलेपन में, बिना शिकायत के नितान्त अकेले रह सकने का स्वभाव। उन्हें अपने को किसी तरह की भावना में बहने की बेवकूफी करने की छूट नहीं देनी है।

सायरा ने चाय की दूसरी प्याली लाकर रूबी दी के बिस्तर के बगल की टेबुल पर इस तरह रखी कि कुछ चाय छलककर तश्तरी में गिर गई। रूबी दी ने उसकी ओर प्रेम से देखा। यह नादान अबोध लड़की भी रूबी दी की इस तरह की बातों पर नाराज होती है—इसे पसन्द नहीं कि वे अपने तय किए हुए रास्ते से इधर-उधर भटक जाएँ। सुबह-सुबह चाय की दूसरी प्याली की चाह करना वैसा ही निर्णय है, जैसा कि मिस्टर वियेना की कब्र पर जाने की सोचना या कि उस लड़की सविता की खोज करने की चाह करना।

रंडी की मंडी

रूबी दी ने पैंतीस साल की माया बोस के पुते हुए चेहरे के नीचे आहिस्ता-आहिस्ता कदम रख आती हुई झुर्रियों की ओर देखा। क्यों आती है यह औरत यहाँ 'परामर्श' में पिछले दो सालों से ? क्या करने ? मन बहलाने ? समय काटने ? इसे रूबी दी की तो क्या, इस भरी दुनिया में किसी की सलाह की कोई जरूरत नहीं है। फिर क्यों आ जाती है ? वह भी हर सप्ताह। बिना नागा किए। कोई अगर उनके पास आया हुआ रहे, तो दो घंटे तक बाहर बैठी रहेगी, पर जाएगी नहीं। उनसे भले पाँच मिनट ही मिल पाए, पर मिलेगी जरूर।

इसी तरह इसे बिना नागा किए रोज रात को थिएटर रोड में अरविन्द आश्रम के बन्द दरवाजे के बाहर सज-धजकर खड़ा होना है—वन-वे रास्ते में पूर्व दिशा से आती गाड़ियों की तरफ अपना मुँह किए। जैसे किसी की प्रतीक्षा कर रही हो—मानो अभी-अभी कोई लेने के लिए आनेवाला हो। रूबी दी ने कई बार कालीघाटवाले आदिगंगा के पुल से अलीपुर जाते हुए औरतों को इसी तरह इन्तजार करते हुए देखा है, पर वे हमेशा एक झुंड में होती हैं। एक-दूसरे से कुछ दूर पर खड़ी हुई। पीछे पुल के नीचे उनकी खोली-झुग्गियाँ काली मन्दिर तक फैली हुई दिखती हैं। पर माया बोस नितान्त अकेली और अनिकेत दिखती है। शायद इसीलिए उसे देखकर रूबी दी को हमेशा इसके लिए एक तरह का डर लगा है—कहाँ से आकर यह यहाँ अरविन्द आश्रम के बाहर खड़ी होती है, कौन इसे कहाँ ले जाता है और कहाँ छोड़ता है ? कितनी असुरक्षित है यह औरत कालीघाटवालियों की तुलना में—अलबत्ता गेहुँए रंग को गहरे रंग की गाढ़ी लिपस्टिक से चमकाती, कटे बाल और कान की बड़ी-बड़ी बालियों से फैशनेबल दिखने में प्रायः कामयाब होती, उन लोगों से कितनी ज्यादा टिप-टॉप ! अमीरजादे लड़कों-पुरुषों की गाड़ियों में या होटल के कमरों में उन्हें रुपयों के अनुपात में मजा या सुख देती हुई।

माया बोस जब पहली बार उनके पास दो साल पहले अखबार में 'परामर्श' का विज्ञापन देखकर आई थी—जो रूबी दी हर साल 'परामर्श' के जन्म-दिवस

पर अखबार में देती आई हैं—रूबी दी ने उसे तुरन्त उसी क्षण थिएटर रोड पर खड़ी होनेवाली लड़की के रूप में पहचान लिया था। बहूबाजार के रेडलाइट एरिया में वेश्याओं के बच्चों के लिए स्कूल चलानेवाली अपनी सहेली नीना को एक बार उन्होंने उसके बारे में बताया भी था। तभी रूबी दी को पता चला था कि इन लोगों के खड़े होने की जगह तय होती है—धर्मतल्ला, कालीघाट, न्यू मार्केट, बेहाला...और ये आद्या कहलाती हैं। रोज कलकत्ते के आसपास के कस्बों से आने-जानेवाली ठौर-ठिकाने रहित वेश्याएँ।

माया बोस, दसवीं क्लास पास, नैहाटी के एक रिटायर्ड स्कूल-मास्टर की लड़की का कार्यक्षेत्र थिएटर रोड है। घर से बहुत दूर, शहर के अमीरों का इलाका। मास्टरजी कस्बे के धुँधले बल्ब की रोशनी में देर रात तक किताब पढ़ते हुए सोचते हैं कि थिएटर रोड के कास्मोपोलिटन नर्सिंग होम में लड़की नाइट ड्यूटी करती है। जब नैहाटी की तमाम औरतें सुबह मुँह-अँधेरे उठकर कलकत्ता जाने के लिए 'झी' (दाई) स्पेशल लोकल ट्रेन पकड़ती है, तो वह सादी, सूती ताँत की साड़ी में शहर से कस्बे के लिए स्टेशन पर आकर ट्रेन पकड़ती है। सारी दुनिया सोती है और मास्टरजी की माया जागती है। सारी दुनिया उठती है, तब माया के सोने का समय हो जाता है। उसके बैग में सबसे ऊपर एक नर्स की ड्रेस है। अन्दर क्या है, यह कभी मास्टरजी ने देखने की कोशिश नहीं की।

क्या कर सकती है माया ? इतनी अपढ़ भी नहीं कि घरों में बर्तन माँजकर हाथों को खुरदुरा करे। इतनी पढ़ी हुई नहीं कि नर्सिंग की ही ट्रेनिंग हो। शादी की उम्मीद दूरदराज तक नहीं दिखती। तो फिर यही बचता है। माया बोस ने रूबी दी को चट-पट अपनी स्थिति पहली मुलाकात में ही समझा दी थी। कलकत्ते के गरियाहाट में मौसेरी बहन रूपा शौकिया करती है यह काम। एक रविवार दोपहर में अकेली थी—उसके पति किसी कम्पनी के सेल्स एजेंट हैं और अकसर शहर से बाहर रहते हैं—तो किसी ने भूल से बगल के फ्लैट की जगह उसकी घंटी बजा दी। फिर वह भला-सा दिखनेवाला आदमी इस बात पर अड़ा रहा कि उसे जिससे मिलने के लिए कहकर जिस लड़की की तस्वीर दिखाई गई, वह रूपा ही है। वह यह भी कहता रहा कि वह पाँच सौ की जगह सात सौ तक देने के लिए तैयार है। तब रूपा ने समझा कि कुछ-कुछ उसके जैसी दिखनेवाली बगल की लड़की के घर में कलर टी.वी. और फ्रिज ही नहीं, वाशिंग मशीन और कालीन भी क्यों और किस तरह है। लेकिन माया बोस को घर जोड़ने की कोई माया नहीं है। उसके घर में अब भी कलर टी.वी. नहीं है। वह तो घर चलाती है मास्टरजी का। कई बार देखती है कि मास्टरजी उसके हाथ का दिया हुआ कुछ खाना नहीं चाहते। न जाने किस-किस का खून-टट्टी-मवाद साफ कर आई हो।

माया बोस की कौन-सी जरूरत उनके पास आकर पूरी होती है, यह रूबी

दी आज तक समझ नहीं पाईं। उन्हें इतना जरूर मालूम है कि जिस दिन वह आती है, उस दिन मकान के लिफ्टमैन और दरबान—सबके चेहरों पर उन्हें घर जाते वक्त देखकर एक खास तरह की मुस्कान आती है। शायद इसीलिए माया बोस को देखकर रूबी दी को सहज होने में एक मिनट का वक्त लगता है। गिरी हुई औरत ?—क्या रूबी गुप्ता का सोच बरसों-बरस बाद भी इतना मामूली है, रूबी दी यह बात हर बार सोचती हैं। कादम्बरी ने नेपाल से बम्बई आनेवाली वेश्याओं पर एक डाक्यूमेंटरी बनाई है। शहरों में पैसा कमाकर घर चलानेवाली औरतें उम्र ढलने पर वहाँ लौटकर बाकायदा इज्जतदार महिलाएँ मानी जाती हैं—उसी तरह जैसे रिटायर्ड सैनिक होते हैं। इमरजेन्सी के दिनों में देवीदत्त मामा रूबी की जान अधर में लटकाते जब कलकत्ते में अचानक प्रकट हुए थे, तब बात-बात में जिस-तिस नेता या पत्रकार के लिए कहते, "रंडी की भी इज्जत होती है। उसके भी कुछ उसूल होते हैं। ये लोग तो रंडियों से भी गिरे हुए लोग हैं। इस देश की राजनीति अब रंडी की मंडी बन गई है।" सारी जिन्दगी कुँवारे रहनेवाले मामाजी के मुँह से पति के सामने रंडी शब्द बार-बार सुनना रूबी को बहुत भद्‌दा लगता। एक तो किसी भी क्षण मामाजी के पीछे घर में पुलिस आने का भय रूबी को जकड़े रहता, ऊपर से मामाजी के मुँह से रंडी शब्द सुनते ही रूबी के मन में यह खयाल आए बिना न रहता कि क्या मामाजी कभी किसी रंडी के पास गए होंगे ?

सचमुच है तो यह कितना भद्‌दा और अश्लील शब्द—रूबी दी ने सोचा। सम्भवतः अपनी कथा पूरी करके अन्तिम बार पढ़ते वक्त वे 'रंडी की मंडी' का जुमला कथा से बहिष्कृत ही कर देंगी। बहुत सारे शब्द अंग्रेजी में उतने बुरे नहीं लगते, पर हिन्दी में वे न जाने किस तरह लिखने और बोलनेवाले को खींचकर नीचे ले आते हैं।

कैसा विकृत चेहरा हो गया था उस दिन सविता का, इस शब्द को बोलने वक्त। "हाँ, रंडी, रंडी, रंडी। एक बार नहीं, सौ बार कहूँगा मैं, इस लड़की के लिए यह शब्द"—सविता के बाप ने उसकी दूर की मौसी को कहा था, जो उसकी शादी की बात करने उसके पिता के पास गई थी। "आपको शर्म नहीं आती, बाप होकर आप अपनी अनब्याही लड़की के लिए ऐसी भाषा बोलते हैं।"—सविता की मौसी के कान आश्चर्य, शर्म और घबराहट से गरम और लाल हो गए थे। "लड़की, किसकी लड़की ? कौन बाप ? मेरा कोई सम्बन्ध नहीं है इस लड़की से।" सविता की मौसी उस आदमी को विस्मित होकर देखती रही। सविता ने बहुत कहा था कि मेरे पिताजी से बातें करने से कोई फायदा नहीं होगा। वे कुछ भी कह सकते हैं किसी को किसी के लिए। पर ऐसी बातों की उम्मीद तो क्या, कल्पना तक मौसी ने नहीं की थी।

"बाप तो आप हैं ही इसके। एक वाक्य बोलकर खून के रिश्ते तोड़े नहीं जा सकते"—मौसी ने हार नहीं मानने की ठान ली थी। मौसी की बड़ी-बड़ी आँखों में हलकी-सी पानी की परत थी। सविता ने देखा कि पापा थोड़े ठंडे हो गए हैं। शायद उबाल खाकर। या फिर औरत जात के प्रति, जिसे बांग्ला में कहते हैं दुरन्त, हाँ, दुरन्त आकर्षण के कारण। बचपन से ही सविता ने पिता की इस कमजोरी को जान लिया था। एक कौन थी वह, सोना भाभी, शायद किसी दोस्त की पत्नी या कोई दूर की रिश्तेदारी में भाभी। वह आती और मम्मी का मुँह बन जाता। उम्र में पिताजी से बड़ी, पर कसी-गठी हुई देह। हँसता हुआ आकर्षक चेहरा। एक दिन मम्मी उस सोना भाभी के आने से पापा की फरमाइश पर पकौड़ियाँ तल रही थीं तो सविता ने मम्मी के चौके से बाहर जाने पर घोले हुए बेसन में दो चम्मच लाल मिर्च डालकर उसे मिला दिया था। अब खाए मिर्चें। रोज चली आती है।

सोना भाभी कब, क्यों, कहाँ चली गई, यह सविता को मालूम नहीं, पर उसने राहत की साँस ली। फिर एक दिन मम्मी को फोन पर किसी से बातें करते गुस्से से बड़बड़ाते हुए सविता ने सुना, "बहुत दूध की धुली बनती है। बाप-भाई तक को छोड़ा न होगा और चली है सती-सावित्री बनने। अपने गिरेबान में झाँककर देखा होता। कहती है कि 'इन्होंने' उसकी बारह साल की लड़की को गन्दी तस्वीरें दिखाईं। सोच सकती हो ऐसी बात ?..." सविता ने देखा था कि मम्मी फोन रखकर बहुत देर तक कुछ सोचती हुई चुपचाप बैठी रही थीं। शायद वे भी सविता की तरह यही सोच रही थीं कि पापा ने वे तस्वीरें सोना की लड़की को क्यों दिखाईं।

माया बोस की साप्ताहिक विजिट से माया बोस को कुछ मिले न मिले, रूबी दी को उसने एक ऐसी दुनिया की यात्रा करवा दी थी, जो थिएटर रोड के दफ्तर की कुर्सी पर बैठे-बैठे वे कभी नहीं कर सकती थीं। रूबी दी जानती हैं कि कादम्बरी के स्वर में उनके काम के लिए उपहास का भाव क्यों है। क्या कहा था उसने ? सोशल 'वर्क' नहीं, सोशल जस्टिस ! लेकिन उस छोकरी को यह नहीं मालूम कि रूबी गुप्ता ने इन तीस सालों में हर घाट का पानी चखा है। खुद उनकी सहेली नीना ने, जो बहू बाजार में आठ सालों से वेश्याओं के बीच काम करती है, उन्हें बताया है कि किस तरह सिर्फ कागज पर हवाई रपटें तैयार कर, विदेशी फंड के पैसे पर पलनेवाली कितनी संस्थाएँ आए दिन आसपास उग रही हैं। सब हवाई-जहाजों में सफर करते हैं सेमिनारों में जाने के लिए। किसके पैसे से ? और क्या उनका काम एक भी औरत को वेश्या से औरत का दर्जा दिला सका है या एक भी लड़की को वेश्या बनने से रोक सका है ? नीना उदास होती है, बताती है, "सब कहती हैं, नीना दीदी, हमें कोई नौकरी दिला दीजिए,

तो हम यह काम छोड़ दें। रेट इतने गिरा दिए हैं नई लड़कियों ने कि दस रुपए तक में काम करने को तैयार हैं। कभी-कभी एक ग्राहक भी नहीं मिलता पूरे दिन।...पर रूबी, हम क्या कर सकते हैं। जब तक यह कैंसर की जैसी जानलेवा गरीबी नहीं हटती, यह सब ऊपरी काम है। समुद्र में एक बूँद डालो चाहे मत डालो, उससे क्या।''

माया बोस और रूबी गुप्ता, दोनों की एक जात–औरत, लेकिन कितना अन्तर है दोनों में टेबुल के आरपार! माया बोस जैसे उनके मन की बात भाँपकर भड़क उठी, ''दुनिया हमारा तिरस्कार करती है–वेश्याओं का। क्यों ? दस साल पहले मैं जींस-टी-शर्ट पहनकर शहर के सबसे नामी कॉलेज के बाहर बैग लेकर खड़ी होती थी। कॉलेज की दूसरी लड़कियों के साथ। लड़के उठाते उन लड़कियों को गाड़ी में। अच्छे-भले घरों की लड़कियाँ। वे आपस में कहतीं–'बॉय-फ्रेंड के साथ जा रहे हैं। उसने देखो यह गिफ्ट दिया।' वे सब ठीक हैं दुनिया की नजरों में, हम गलत हैं। थोड़ी उम्र बढ़ने पर मैं बहूबाजार में एक मैडम के घर बैठी। मास्टरजी तब समझते कि अस्पताल में डे-ड्यूटी करती है मेरी लड़की। मैडम खिलाती-पिलातीं, कर्ज तक देतीं। एक बाबू भी था मेरा–वकील बाबू। रोज मेरे लिए आता। उसने एक बार बहुत प्रेम से दारू चखाई। मैं मना करती रह गई। उस दिन मास्टरजी को शायद शक हो गया। कहा कुछ नहीं, पर दब-से गए। दुबले-पतले हिलते हुए हाड़ का पंजर तो वैसे ही हैं। अगले दिन देखा, तो सुबह देर तक सो रहे थे। उठे नहीं। कमरे में देखा, एक किताब खुली पड़ी है। कागज था उसमें उनका लिखा हुआ–औरत हमेशा पवित्र होती है। रजस्वला होकर वह हर महीने पवित्र हो जाती है। शास्त्रों में लिखा है कि पंच कन्याओं–अहिल्या, द्रौपदी, तारा, कुन्ती और मन्दोदरी का रोज स्मरण करने से महापापों का भी नाश हो जाता है।–यह पढ़कर मैंने काम छोड़ दिया। बहुत रास्ते खोजे, पर फिर यही।''

रूबी दी अचम्भे से माया बोस को देखती रहीं। ये मास्टरजी कैसे आदमी होंगे ? अहिल्या, द्रौपदी और कुन्ती की कथाएँ तो रूबी दी ने सुन रखी हैं, पर तारा और मन्दोदरी ? क्या माया बोस जानती होगी ये कथाएँ ? रावण की पत्नी मन्दोदरी का क्या लफड़ा था ?–'लफड़ा' शब्द पर रूबी दी को हँसी आई। उन्होंने तुरन्त अपने को सँभाला। माया बोस को उनसे जो भी मिलता हो, यह वह जाने, पर रूबी दी अपनी ओर से इतना ही कर सकती हैं कि उसे किसी तरह की चोट न पहुँचाएँ। उन्होंने बात को मोड़ देने के लिए यों ही पूछा, ''तुम्हारी मैडम ने कुछ कहा नहीं काम छोड़ने पर ?'' माया बोस के चेहरे पर नफरत की एक छाया आई और चली गई। ''वहाँ एक यूनियन थी वेश्याओं की–देवदासी समन्वय दरबार। मैडम मुझसे नाराज रहने लगी थीं क्योंकि मैं वहाँ मीटिंग में जाने लगी

थी।'' ''अच्छा, अच्छा'', रूबी दी ने कहा। सुनारों और तबलेवालों की दुकानों और छोटे-छोटे मन्दिरों के बीच वहाँ के जमींदारों के नामवाली प्रेमचन्द बोराल स्ट्रीट और नवीनचन्द्र बोराल स्ट्रीट का बहूबाजार का इलाका उनकी नजरों के सामने घूम गया। पाँच-छह साल पहले एक बार नीना के साथ देखी थी यह दुनिया। संयोग की बात कि उसी समय वहाँ पुलिस ने छापा मारा और घरों के बाहर सड़क पर खड़ी औरतों को पकड़ ले गई। यह क्या कि घर के अन्दर वेश्यावृत्ति गैरकानूनी नहीं और उससे एक कदम बाहर ग्राहक के इन्तजार में खड़ा होना गैरकानूनी है ? रूबी दी के आश्चर्य का ठिकाना नहीं था। नीना के चौदह साल के एक विद्यार्थी तापस पाल से रूबी दी ने पूछा था—''क्या बनना चाहते हो बड़े होकर ?'' ''पुलिस बनूँगा बड़ा होकर। मेरी माँ को पुलिस ने मारा है, इसलिए मैं पुलिस को मारूँगा।'' एक और सत्यकाम। अपनी माँ जाबाला का नाम दुनिया से बिना डरे अपने नाम के आगे लगानेवाला। तेरह साल की सुजाता राय ने कहा था, ''मैं तो बड़ी होकर शादी करूँगी।''

रूबी दी ने माया बोस को गौर से देखा। पैंतीस साल की हो चली है माया। इसे भी तो शीशे में अपनी बढ़ती उम्र दिखने लगी होगी। दो साल से तो उनके पास ही आ रही है। कई बार रूबी दी को लगता है कि लोग यदि सोचते हों कि रूबी दी उसे ग्राहक पकड़वाती हैं, तो भी कोई बड़ी बात नहीं। ठीक तब होता जब या तो माया बोस में उनसे मिलने से कोई बदलाव आया होता या फिर उसने यहाँ आना छोड़ दिया होता। उसने रूबी दी से क्यों निरन्तर एक सम्बन्ध जोड़े रखा है, यह रूबी दी सचमुच जानना चाहती हैं। रूबी दी को एक सामाजिक कार्यकर्तृ के तौर पर यह हक नहीं है कि वे किसी को अपने पास आने से रोकें या उससे यह पूछें कि वह क्यों उनके पास आती है, पर फिर भी आख़िर यह सिलसिला कब तक चलता रहेगा ? हर चीज की एक हद तो होती है। ''तुम शादी क्यों नहीं कर लेती माया ? अब तक तुम्हारे पास थोड़ी-बहुत जमा-पूँजी तो हो गई होगी''—रूबी दी ने आज निश्चय किया कि वे माया को कहेंगी कि वह उनके पास बेकार अब और न आए क्योंकि उसे रूबी दी से किसी तरह का कोई लाभ नहीं हो रहा है। माया बोस एकटक रूबी दी की तरफ देखती रही। शायद उसने उस प्रशान्त चेहरे में कुछ बदलाव देखा—वह चेहरा, जो भरी दुनिया में सिर्फ एक था। सबसे अलग। जिसके कारण माया को लगता था कि दुनिया में कोई ऐसा हो सकता है, जो उससे कुछ भी न चाहे। माया ने रूबी दी के चेहरे पर एक बेतरह थकान देखी, जो कह रही थी और नहीं। अब बस।

रूबी दी को माया से कुछ कहने की जरूरत नहीं पड़ी। उसने कहा, ''मैं आज के बाद आपके पास फिर कभी नहीं आऊँगी।'' रूबी दी हतप्रभ रह गईं। ''ऐसी तो कोई बात नहीं कही मैंने,'' उन्होंने अपने को बचाते हुए कहा। ''नहीं,

नहीं, मुझे गलत मत समझिए। मैं आज आपको एक बात बताना चाहती हूँ, जिसे कहने के लिए मैं दो साल से आपके पास आ रही हूँ। पर कह नहीं पाई। किसी से आज तक नहीं कह पाई। आठ साल की उम्र में मेरा जीवन नष्ट किया उस आदमी ने। कोई और नहीं, एकदम करीबी रिश्तेदार है वह। घर में रहनेवाला साँप। मैंने शादी कर ली, तो साँप को कौन पालेगा ? और मुझे उसने विषकन्या बना दिया रूबी दी, मैं क्या किसी के लायक रह गई ?'' रूबी दी का हलक सूख गया। आज तक जीवन में ऐसा कभी नहीं हुआ कि उनके दिमाग में जो बात आई, उन्हें लगा कि उसे मुँह से निकालने पर सृष्टि में प्रलय हो जाएगा। वे धक-धक करते दिल से माया बोस की ओर निर्निमेष देखती रहीं। माया बोस हँसकर उठ खड़ी हुई। ''और कौन रूबी दी, मास्टरजी, रूबी दी मास्टरजी। आपको यह कथा मालूम है कि सृष्टिकर्त्ता ब्रह्मा अपनी पुत्री सरस्वती पर मुग्ध हो गए थे। थोड़ा पानी पीएँगी रूबी दी ?''

उस रात रूबी दी ने एक बहुत विचित्र सपना देखा। उन्होंने देखा कि सविता उन्हें एक घर में ले गई जिसमें नंगे ही नंगे लोग भरे थे। एकदम वस्त्रहीन। उसने रूबी दी से कहा, ''इनसे मिलिए, रूबी दी, ये मेरे पिता हैं। इससे मिलिए, रूबी दी, यह मेरा भाई है।'' उसके बाद रूबी दी को सारी रात एक पल के लिए भी नींद नहीं आई।

सर पर छत
और
एक घटिया डायलॉग

रूबी दी दफ्तर में व्यवस्थित हो ही रही थीं कि बाहर दरवाजे की घंटी बजी। रूबी दी निस्तब्ध हो दरवाजे को देखती रहीं। सविता ने दरवाजे से उनके कमरे के अन्दर झाँका। कल रात के दुःस्वप्न के बाद रूबी दी को सविता का आना इस दुनिया की स्वायत्त व्यवस्था—यदि ऐसी कोई चीज है तो—के न्याय के समान लगा। रूबी दी का मन कुछ इस तरह उद्वेलित था कि उन्हें मन-ही-मन भगवद्गीता का श्लोक दोहराने की जरूरत हुई—...यो सर्वत्रान् अनभिस्नेह...जो कहीं स्नेह कर मन नहीं अटकाता, और इसलिए न किसी स्थिति में प्रसन्न होता है न दुखी, उसकी प्रज्ञा स्थित हो गई है। बरसों से दोहराया जाता श्लोक।

"क्या बात है, तुम आई नहीं कई दिनों से ?" जवाब में सविता कुर्सी पर बैठ अपनी हस्तरेखाएँ देखती रही। "क्या देखती रहती हो तुम, अपने हाथों में ? ज्योतिष वगैरह कुछ जानती हो क्या ?" रूबी दी से आज रहा नहीं गया। यह लड़की अनजाने उन्हें इतना परेशान कर रही है, उनका हक बनता है कि इससे खुलकर दो-चार बातें करें।

"मैं हाथ देखना जानती हूँ।" रूबी दी को अपने कानों पर यकीन नहीं आया। उन्हें मन-ही-मन उम्मीद थी कि इस ओर ध्यान दिलाने से यह लड़की इस तरह अपनी हस्तरेखाएँ देखना छोड़ देगी। कैसी बेहूदी आदत है, हर समय अपनी हथेलियों को खोलकर उनमें आँखें गड़ाए रहना। शायद यह सामनेवाले की आँखों में देखने से बचने का एक तरीका है। किसी मानसिक ग्रन्थि का संकेत भी हो, तो कोई बड़ी बात नहीं। सविता के 'मैं हाथ देखना जानती हूँ' के लिए रूबी दी कतई तैयार नहीं थीं। अचानक एक तरंग में आकर उन्होंने टेबुल के पार अपने हाथ फैला दिए—"अच्छा बताओ, मेरे बारे में बताओ।"

सविता उनके हाथ फैलाते ही कुर्सी से खड़ी होकर उनके हाथों पर झुक गई। रूबी दी भी उसी की तरह गौर से अपने हाथ देखती रहीं। कितने बदल गए हैं उनके हाथ—उम्र अपनी छाप कहाँ नहीं छोड़ती ! "आपके हाथ कितने सुन्दर हैं !" उनसे पन्द्रह साल की उम्र में 'उसने' कहा था और तब वे कितने बरस कितनी-कितनी देर अपने हाथों को उलट-पुलटकर देखती थीं। अब तो हाथों की चमड़ी में भी सूखापन और सिलवटें हैं। रूबी दी ने अपने हाथों से नजरें उठाकर सविता के झुके हुए चेहरे पर टिकाईं, तो उन्हें यह देखकर आश्चर्य हुआ कि सविता के चेहरे पर एक रहस्यमयी मुस्कान थी। "आपके दो माँ-बाप हैं, कृष्ण की तरह। और उनकी ही तरह आप अपने को पालनेवाले माँ-बाप के नजदीक पाती हैं।" रूबी दी के आश्चर्य का ठिकाना नहीं रहा। पर अगले ही क्षण उनके दिमाग में आया कि क्या बड़ी बात है कि इस लड़की ने उनके बारे में इधर-उधर कुछ खोजबीन की हो। "आपको जीवन में सबकुछ कर-धर के भी कभी अपनों का भरोसा-विश्वास नहीं मिला"—रूबी दी इस बात पर एक क्षण के लिए बुरी तरह चौंकीं। पर अगले ही क्षण उन्होंने अपने को सँभालकर अपने हाथ खींच लिए और कहा, "किसे मिलता है इस दुनिया में ?" नहीं, वे इन चक्करों में नहीं उलझनेवाली। उनकी सहेली करुणा घोष कभी लाल मूँगा पहनती है, कभी पीला पुखराज, कभी मोती, कभी गोमेद। आदमी एक बार अपने को इस धोखे में पड़ने दे, तो वह सारे जीवन इसी में पड़ा रह जाता है। और तो और, सुना है कि देश के बड़े-बड़े नेता तक इस चक्रव्यूह में पड़े बिना नहीं रह पाते और फँसकर निकल नहीं पाते। रूबी दी को राँची में एक डॉक्टर ने बताया था कि वह एक मन्त्री का कार्डियोग्राम करने लगा तो भौंचक रह गया—हाथ की आठ अंगुलियाँ तो अँगूठियों से पटी हुई थीं ही, बाँह पर तीन-चार ताबीज, गले में तीन-चार मालाएँ, कमर में कोई गंडा। सारा शरीर गंडों-ताबीजों का रणक्षेत्र बना हुआ था—कौन-सा ताबीज किसको मार रहा था और कौन किसे बचा रहा था, यह ऊपरवाला जाने। रूबी दी को लगता है, जो लालसाओं के पंक में जितना डूबा हुआ होगा, उसे इन ताबीजों से मिलनेवाले भरोसे की उतनी ही जरूरत होती होगी।

रूबी दी इस बात को क्या कभी भूल सकती हैं कि किस कदर पिताजी के पुराने परिचित स्वर्गीय तनसुखराय जौहरी का लड़का सदासुखराम जौहरी उनके हरे पन्नों के पीछे पड़ा था। कहता था कि दिल्ली के एक बहुत बड़े नेता को अपनी ग्रहराशियों को शान्त करने के लिए ठीक उन्हीं पन्नों की दरकार है—अरे भई, यह कोई बात है ! तुम्हें अपने बाप से मालूम था उन पन्नों के बारे में, नहीं तो तुम कैसे उन पन्नों का जुगाड़ करते ? और मुझे बेचने नहीं हैं पन्ने। पर वह हाथ धोकर उनके पीछे पड़ा रहा। पहले कहा, देश का सवाल है। लो भई,

इन पन्नों के बिना क्या देश नहीं चलेगा ? यह भी कोई बात है। मेरा भाग्य तो चला नहीं सके ये पन्ने, इतने बड़े देश को क्या चलाएँगे। फिर कहा, आपने नहीं बेचे, तो आपके लिए परिणाम बुरा हो सकता है। अच्छा, तो अब धमकी पर उतर आए। मेरा और क्या बुरा हो सकता है, जरा देखें तो सही। अच्छी गुंडागर्दी मचा रखी है। फिर अचानक सदासुखराय का फोन आना बन्द हो गया। यह उन दिनों की बात है जब इन्दिरा गाँधी की हत्या के बाद रूबी दी के पति सुधीर के बचपन के दोस्त सरदार पूरणसिंह अपने पूरे परिवार सहित छिपकर उनके घर में रहने के लिए आए थे। रूबी दी ने सोचा कि अब सदासुखराय का फोन आया, तो उसकी धमकी की बात वे सरदारजी को कहेंगी। उन्हें अकेली समझकर उसकी इतनी हिम्मत हुई होगी। पर उसका फोन फिर आया ही नहीं।

"तुमने खुद अपने हाथ में क्या देखा, सो बताओ। मेरी उम्र तक आकर पिछला तो मालूम ही रहता है और आगे बचती है मौत। इसलिए अब क्या पूछना-जानना ?" रूबी दी ने सविता के सामने अपने हाथ फैलाने की भूल को सुधारते हुए कहा। "यही तो मुश्किल है न, रूबी दी। मुझे अपने हाथ में कुछ दिखता, तो फिर बात ही क्या थी। मैं अपने हाथ में कुछ नहीं देख पाती"—रूबी दी को सविता का अफसोस-भरा जवाब सुनकर रत्ती भर आश्चर्य नहीं हुआ। उन्होंने ऐसी ही किसी बात की उम्मीद की थी। अपने मन-मुताबिक जवाब पाकर उन्हें तसल्ली हुई कि अब इस लड़की को आसानी से कुछ और जाना जा सकेगा। "और दूसरों के हाथों में क्या देखा है तुमने ?" रूबी दी ने इस तरह पूछा जैसे उन्हें लड़की की भूत-भविष्य पढ़ने की क्षमता पर बेइन्तिहा भरोसा हो। सविता के चेहरे पर जैसे कोई गूढ़ सत्य टिमटिमाने लगा। "सुनने में बड़ी अजीब-सी बात लगेगी, लेकिन मैंने जब शादी के बाद अगले दिन अपने पति के हाथों की रेखाएँ देखीं, तभी मैं समझ गई थी"—वह आदतन फिर चुप हो गई थी और टेबुल के नीचे देख रही थी। रूबी दी खीझ उठीं। जाहिर है कि यह लड़की उनसे उम्मीद करती है कि वे पूछें कि वह क्या समझ गई थी। उन्हें इस बात से बेहिसाब कोफ्त हुई कि अपने हाथों में जब कुछ दिखता ही नहीं, तो फिर बार-बार टेबुल के नीचे देखने का मतलब ? रूबी दी आगे कोई प्रश्न न करने की ठानकर बिना कुछ पूछे चुप बैठी रहीं। समय धीरे-धीरे सेकेंड-दर-सेकेंड रेंगता रहा।

"उसके हाथों में ठीक मेरे पापा के हाथ जैसी रेखाएँ थीं। यानी दो शादियाँ"—सविता ने अचानक कहा। उफ् ! रूबी दी का मन हुआ कि अपना सिर ठोंक लें। तो इस बेवकूफ लड़की ने पहले ही दिन यह सोच लिया कि उसे वापस लौट जाना होगा। लेकिन इसने यह भी सोचा कि लौटकर कहाँ जाएगी ? "देवर का घर छोड़कर कहाँ जाऊँगी, रूबी ? यहाँ मेरे सिर पर छत तो है रूबी"—उन्हें अपनी निस्सन्तान विधवा सहेली शकुंतला की बात याद आई। आज

पहली बार रूबी दी को इस बात का मर्म समझ में आया।

"वह रोज रात को देर से आता या ऑफिस से जल्दी आकर सज-धजकर चला जाता और कहता कि मीटिंग है। कभी-कभी सुबह चार बजे आता—मैं क्या नहीं जानती कि इतनी रात गए क्या मीटिंग होती है। एक दिन एक रूसी लड़की की अधनंगी तस्वीर उसके पास मिली। मैंने पूछा तो कह दिया, मेरी 'क्लाइंट' है"—रूबी दी सविता की आँखों में पानी की हलकी परत देखती उसकी बातें सुनती रहीं।

"उसने कहा कि उसे एक-से-एक सुन्दर लड़कियों के साथ घूमने की आदत है"—सविता के होंठ दुख और क्रोध से थरथरा रहे थे—"अब आप कहिए कि कोई औरत कैसे ऐसे रह सकती है ? कैसे बरदाश्त कर सकती है यह सब ? सिर्फ 'सर पर एक छत' के लिए ?"

रूबी दी को तुरन्त अपने पिछले सोच के बारे में ग्लानि हुई। पिछले ही नहीं, पिछड़े सोच पर। वाकई उनका सोचने का तरीका एक दकियानूस से अधिक और क्या है ? बजाय इसके कि एक औरत होते हुए वे एक औरत के अधिकारों के लिए सोचतीं, वे किसी पुराने घिसे हुए मुहावरे की लकीर पीट रही थीं। 'अग्निशिखा', 'वामा-शक्ति' जैसी संस्थाओं को पता चला जाए, तो वे लोग उनके दफ्तर के बाहर धरना देकर 'परामर्श' ही बन्द करवा दें। रूबी दी अनमनी हो उठीं।

"सर पर छत ! सर पर छत। सच, रूबी दी पापा के मुँह से यह बात सुनते-सुनते मैं जैसी तंग हुई, वैसी उनकी गालियों से नहीं हुई कभी। मेरे कलकत्ता लौटने के बाद नियम से रोज कालीघाट ले जाते मुझे। कीचड़ में सने काले पाँवों से पसीने से गन्धाते पंडितों और भक्तों के बीच घुमाते रहते। वहीं एक तान्त्रिक के फेर में पड़ गए। मारन-मोहन-उच्चाटन-स्तम्भन और न जाने क्या-क्या बोलते रहते। कभी सुने नहीं थे पहले ये शब्द। वह सब फेल हो गया, तो तान्त्रिक ने कहा कि बकरे की बलि लगेगी। बताइए, शाकाहारी लोग कोई बलि देते हैं ऐसे ? पर माने नहीं। ले गए मुझे भी। चारों तरफ खून-ही-खून"—सविता ने अचानक उस दृश्य का वर्णन करते-करते जोर की उबकाई ली। रूबी दी दंग रह गईं। सविता के पिता का यह पक्ष उनके लिए अनजाना था। तो ऐसा नहीं है कि उस आदमी के अन्दर कहीं एक पिता का दिल न धड़कता हो।

"बलि देने तक मैं उनकी बातें सुनती रही थी। मौसी कहतीं, जो कर रहे हैं, करने दो। आखिर तुम्हारे भले के लिए ही तो कर रहे हैं। भला ? मेरा भला किस चीज में हैं, यह कौन जानता है ? कहते रहते, देखना, शरीर जलने लगेगा, तो दिल्ली से दौड़ा हुआ आएगा कलकत्ता। आएगा, जरूर आएगा। माफी माँगेगा तुमसे नाक रगड़-रगड़कर। मैं सुनती रहती। पहले एक नारियल के खोपरे पर रोली

से आँख-मुँह बनाकर उसकी बलि दी—वह शायद उस रूसी लड़की का प्रतिरूप था। कभी रात एक बजे उठा देते। कहते मन्त्र जपो सारी रात। मैं चुप रही। पर वह खून-वून देखकर मैं टूट गई। मैंने कहा...'' सविता गला रुँधने से चुप हो गई थी। उसकी आँखें इस कदर भर गई थीं कि किसी भी क्षण आँसू टपक सकते थे।

रूबी दी ने सविता के चेहरे से आँखें हटा लीं। वे उन आँखों को और बरदाश्त नहीं कर पा रही थीं। उन्होंने जबरन अपने दिमाग को कहीं और लगाने की, कुछ और सोचने की चेष्टा की। सर पर छत ? सर पर छत ! तभी उन्हें बिना छत के घर में खुले आकाश के नीचे बैठा वह सूनी आँखोंवाला आदमी याद आया। उन्नीस सौ बानबे की ही तो बात है। वे 'वामा स्टडी ग्रुप' के साथ टेंगरा के बस्ती-इलाके में रिलीफ पहुँचाने गई थीं। मस्जिद गिराने की घटना के बाद हुए दंगे में जलाए-तोड़े हुए घरों से कहीं-कहीं उठते हुए धुएँ के बीच अपने घर की गायब छत की जगह से बरसती सूरज की धूप में वह चुपचाप अकेला बैठा था। औरतें, बूढ़े, बच्चे, जवान सब अपनी बातें कह रहे थे—मुँह-अँधेरे इलाके के नामी गुंडों में पुलिस का हिन्दू अफसर भी शामिल था उन लोगों के घरों में आग लगाने में। पर वह अकेला सन्नाटा फैलाता हुआ बिना छत के घर में उजड़ी ईंटों के बीच निःस्पन्द बैठा था। रूबी दी को याद है कि उन्होंने उस चुप्पे आदमी के बारे में पूछकर पता लगाया था कि वह रिक्शा खींचता है। उसका इस तरह बिना छत के घर में बैठे रहना रूबी दी को बहुत दिनों तक याद आता रहा।

आज अचानक इतने दिनों बाद अपनी स्मृति की तस्वीर में रूबी दी ने एकदम स्पष्ट देखा कि वह आदमी और कोई नहीं, मनोरंजन व्यापारी था। रूबी दी अकबका गईं। तो क्या इसीलिए मनोरंजन व्यापारी उनके पूछने पर कि वह कहाँ रहता है, हँस पड़ता था। वे उसे कैसे पहचान नहीं पाईं ? लेकिन सायरा को तो वह मटियाबुर्ज के मुस्लिम इलाके से लाया था, तो क्या वह उन दिनों टेंगरा में रहता था ? इसका मतलब तो यह भी हुआ कि वह मुसलमान है, हालाँकि उसके नाम से उन्होंने उसे बंगाली हिन्दू समझा था। इस बार गैस-सिलिंडर की डिलीवरी देने उनके यहाँ आया, तो वे जरूर उससे पूछेंगी कि क्या वह कभी टेंगरा में रहता था।

अपनी स्मृतियों की टेंगरा की बस्ती के जैसी सँकरी से महा-सँकरी होती गलियों में घूमते रूबी दी इस तरह खो गई थीं कि उन्हें समय-स्थान का ध्यान ही नहीं रहा। रूबी दी को मालूम है कि उनकी स्मृति एक चलनी है—बहुत-बहुत बारीक छेदोंवाली चलनी। उस चलनी से कभी-कभी—बहुत कभी-कभी—कोई बात छनकर गायब हो जाती है और फिर बरसों-बरसों बाद उनके रक्त-मज्जा-धमनियों में घूमती-घामती न जाने कहाँ से पुच्छल तारे की तरह प्रकट हो जाती है। यह

चलनी उन्हें जीवन के एक धोखे में मिली है—राँची के प्रख्यात मनोचिकित्सक डॉ. डेविस के मार्फत। पहले-पहले अपनी स्मृति पर बहुत भरोसा करनेवाली रूबी दी को इसने बहुत परेशान किया था, पर धीरे-धीरे बीतते बरसों ने उन्हें यह अहसास दिलाया कि इस चलनी के बहुत सारे फायदे भी हैं। कभी इस चलनी से छनकर निकल गई किसी बात ने उन्हें कई बरसों के लिए मुक्ति दी है और कभी किसी खोई हुई बात को बरसों बाद पाने ने अनिर्वचनीय आनन्द। आज मनोरंजन व्यापारी के पते-ठिकाने का सुराग लग जाना उन्हें हृदय की कोर तक उल्लसित कर गया।

अचानक रूबी दी ने देखा कि सविता उनकी ओर बहुत ध्यान से देख रही थी। रूबी दी असहज हो उठीं। शायद यह लड़की सोच रही होगी कि इस समाज-सेवा की आड़ के पीछे एक कितना निर्मम, कठोर दिल है। यह अपनी तकलीफ का बयान कर रही है और वे स्मृति के किसी पुच्छल तारे के पीछे घूम रही हैं। पता नहीं कब से यह लड़की उन्हें देख रही होगी और इसने उनके बारे में क्या-क्या निष्कर्ष निकाल लिए होंगे। "तुम क्या चेहरे की रेखाएँ भी पढ़ना जानती हो ?" रूबी दी ने हलके-से हँसकर उससे पूछा। उन्हें यह देखकर राहत मिली कि जवाब में वह भी झेंपकर मुसकराई। "सचमुच यह सब नारियल-बलि, बकरा-बलि से तुम कैसे गुजरी होगी, मैं यही सोच रही थी। हाँ तो, तुमने क्या कहा अपने पापा से उस बलि के बाद ?" रूबी दी ने बातों का छूटा हुआ सिरा फिर पकड़ते हुए कहा।

सविता किसी और लोक में चली गई थी, रूबी दी को प्रश्न पूछते हुए ऐसा लगा। उसे इतने दिनों में जान लेने के कारण रूबी दी समझ गईं कि अब उस कथा को यह लड़की उस छोर से नहीं पकड़ेगी। उनका अनुमान सही निकला। "रूबी दी, आपको मुझे देखकर लगता है कि मैं सेक्स के लिए भूखी लड़कियों जैसी हूँ ?" सविता का प्रश्न सुनकर रूबी दी चकित रह गईं। उन्होंने कुछ न कहकर नहीं कहने जैसी कोई आवाज-सी की। कहाँ यह दुबली-पतली-साँवली छोटी-सी लड़की, अपनी आँखों में दुनिया की ठेस और अपमान समेटे, बूढ़ी दादियों की-सी गम्भीरता लिए और कहाँ उस तरह की लड़कियाँ ! "उसने मुझे यही कहा रूबी दी। वह खुद कहाँ-कहाँ घूम-फिर आता और मुझे पास आने पर यह सब कहता"—रूबी दी के मुँह पर एक प्रश्न आते-आते रह गया। तो क्या यह लड़की अब तक कुँवारी ही रह गई है ? कैसे पूछें ? किसी के घाव के सूखे पप्पड़ को उखाड़कर देखें कि कितना गहरा है ? नहीं, उनसे नहीं पूछा जाएगा।

"मेरा भला किसमें है, रूबी दी, यह मैं कैसे किसको बताती ? पापा मेरा एक ही भला जानते थे रूबी दी, कि मैं किसी तरह वापस लौट जाऊँ। उन्होंने अपनी हैसियत से अधिक खर्च कर मुझे इसलिए पार नहीं लगाया था कि मैं फिर

से इसी पार चली आती। मेरा भाई भी मेरा यही भला जानता था, रूबी दी। लेकिन मैं कैसे किसको बताती कि मेरे शरीर को कितना दर्द दिया उसने। नहीं, रेप नहीं किया उसने मेरे शरीर का। खुद मेरी मर्जी के लिए वह निरे बेमन से सिर्फ दो-तीन मिनट के लिए आता था मेरे पास। उसे एक-से-एक सुन्दर लड़कियों के साथ घूमने की आदत जो थी। और मैं ? मैं इस तरह सूखी हुई रहती कि रेप से भी ज्यादा कष्ट होता था मुझे। यह सब मैं कैसे किसे बताती ?''—रूबी दी की आत्मा दहल गई। अरे विधाता, तूने औरत को क्या सिर्फ पीड़ा झेलने के लिए बनाया—किसी पुरानी फिल्म के घटिया डायलॉग की तरह यह वाक्य उनके अन्दर गूँजकर रह गया। ''लेकिन उसने तो तुम्हें देखकर पसन्द करके शादी की थी।''—रूबी दी को यह देखकर आश्चर्य हुआ कि उनके अन्दर हलकी-सी थरथराहट हो रही थी और उनकी साँसें कुछ तेज-तेज चलने लगी थीं। रूबी दी का वाक्य हवा में टँगा रहा। सविता फिर अपनी हस्तरेखाएँ देखने लगी थी। रूबी दी को अपने ब्लड-प्रेशर की चिन्ता हुई। डॉक्टर को दिखाना शायद ठीक रहेगा। ''मेरे खयाल से उसकी माँ उस पर शादी करने के लिए बहुत दबाव डाल रही थीं। रूसी लड़कियों से वह शादी नहीं करता। उस तरह की शादियाँ क्या टिकती हैं ? इसीलिए।''—सविता की आँखों में फिर चमकता समुद्र लहरें फेंकने लगा था। ''लेकिन तुम्हीं से क्यों ? अपनी मनपसन्द किसी अपूर्व सुन्दरी से क्यों नहीं ?'' रूबी दी ने खिड़की के बाहर थिएटर रोड के उस पार खड़े खंडहर को देखते हुए पूछा। ''जहाँ तक उसका सवाल है, मैं उसके नजरिए से एकदम ठीक चुनाव थी। एक पिछड़े शहर कलकत्ते की लड़की—दिल्ली की तेज-तर्रार लड़कियों से वह क्यों उलझता ? दिल्ली से वापस लौट आने के लिए मेरे पास कोई ठिकाना तक नहीं था। इसलिए उसने सोचा कि मैं वहीं पड़ी रहूँगी—पाँव-पोश बनकर। बाहर जाते समय पाँव पोंछ जाओ। बाहर से आते वक्त फिर पाँव पोंछ लो।''

रूबी दी ने सविता की ओर देखा। उनकी आँखों में कुछ ऐसा था, जिसे सविता ने पहले कभी वहाँ नहीं देखा था। कितनी हिम्मत है इस लड़की में ! यदि ऐसी हिम्मत रूबी गुप्ता में होती, तो क्या उसे अपनी स्मृति को चलनी बनाने के लिए राँची में काँके अस्पताल के नामी मनोचिकित्सक डॉ. डेविस के पास जाना पड़ा होता ?

सोलह छेदोंवाली चलनी

रूबी ने कहीं दूर से आती एक घंटी की आवाज सुनी। कोई उसे जोर-जोर से पुकार रहा था। रूबी को याद आया कि वह रेत पर लहरों से अपने पाँव भिगोती समुद्र के किनारे-किनारे चल रही थी। जोर की लहर आती, तो वह पीछे हट जाती और फिर लहर के लौट जाने पर गीली रेत पर अपने पाँवों के निशान बनाती चलने लगती। लेकिन अचानक न जाने क्या हुआ था—ऐसे लगा था जैसे समुद्र की लहरें सूरज तक ऊँची हो गई थीं और उन्होंने बादलों तक को भिगो दिया था। रूबी ने चीखना चाहा था, पर लहरों ने बिना गीला किए, उसकी चीख समेत उसे निगल लिया था। तो क्या वह मर गई है ? यह घंटी और यह पुकारने की आवाज किसकी है ? रूबी ने आँखें खोलीं, तो दो अजनबी चेहरे दिखाई दिए। कौन हैं ये लोग ? वह कहाँ है ? तभी उनमें से एक चेहरा उसे चिन्ता और प्रेम से भरा हुआ लगा। अचानक उसके दिमाग से धुंध हट गई—अरे, यह तो सुधीर हैं, उसके पति। और ये डॉ. डेविस हैं। वह राँची में डॉ. डेविस के क्लीनिक में लेटी है। उसके सिर पर पट्टी जैसा कुछ लगाया गया था और फिर पाँव में एक सूई दी गई थी। फिर उसे याद नहीं कि क्या हुआ।

उस दिन रूबी ने अपने को बहुत हलका महसूस किया। दोनों लड़कियों के बाल गूँथकर उन्हें अच्छे कपड़े पहनाए। सुधीर, बचपन के उनके दोस्त नीलकान्त, उनकी पत्नी और वह—चारों पूरी शाम ताश खेलते रहे। रूबी ने देखा कि वह बात-बात पर हँस रही थी और सुधीर हर बार उसे बहुत गौर से देखते जा रहे थे। ठीक आठ बजे डॉ. डेविस अैर उनकी संथाली पत्नी ईपी आ गए थे। पिछले एक सप्ताह से डॉ. डेविस रोज शाम को अपने मित्र नीलकान्त के घर आ जाते हैं। उन सबकी खूब जमती है—खासकर रूबी और डॉ. डेविस की। यों भी सभी इस बात को जानते हैं कि सुधीर गुप्ता जितना कम बोलते हैं, रूबी उतना ही अधिक बातें करती है। अकसर रूबी से मिलनेवाले लोगों की उससे इस कदर दोस्ती हो जाती है, कि वे इस दोस्ती को छोड़ना नहीं चाहते। अलबत्ता डॉ. डेविस को रूबी में क्या दिख रहा है कि रूबी के जीवन की छोटी-बड़ी सब तरह की

बातों को वे जानना चाहते हैं–यह रूबी को ठीक-ठीक समझ में नहीं आता। पर वह इस मुद्दे पर ज्यादा मगजमारी नहीं करना चाहती, उसे इतना मालूम है कि छोटी बेटी पैदा होने के बाद से हर शाम को कलकत्ते में होनेवाला प्राणांतक भय–कि कुछ बहुत बुरा घटनेवाला है–डॉ. डेविस से बातें करने से कम होता जा रहा है। इसलिए, वह एक प्रवाह में डॉ. डेविस को अपनी बातें बताए चली जाती है। वे दोनों बाकी लोगों से दूर लॉन में रोज बढ़ते हुए चाँद के नीचे दो कुर्सियाँ डाले बैठ जाते हैं और घर के अन्दर से सबकी हँसने-बोलने-खाना पकाने की आवाजें बीच-बीच में रुककर सुनते रहते हैं।

"सतपीढ़िया शाह की लड़की है। चार-चार घंटे पर साड़ी नहीं बदलेगी, तो भला और कौन बदेलगा ?" सौतेली सास की बात सुन रूबी ने कहना चाहा कि साड़ी पर जेठानी के मुन्ने ने पेशाब कर दिया था, पर फिर वह इरादा बदलकर चुप रह गई। क्या कहना और क्या चुप रहना ? सब एक बराबर। कहा जाए, तो माँजी को उन्हीं के पिछले वचन याद दिलाए जा सकते थे–"सतपीढ़िया शाह की लड़की होऽऽगी। दिखती तो नहीं। न जाने करेगी क्या इतनी साड़ियों का। देखो जरा, कैसी मुसी-तुसी रहती है।"

सतपीढ़िया शाह की लड़की कोई काम सही नहीं कर सकती, यह रूबी धीरे-धीरे समझने लगी थी। सतपीढ़िया शाह–सात पीढ़ियों से राजसी ठाठ में जीनेवाले। उनकी लड़की होना किसी गुनाह से कम नहीं। खासकर जबकि सतपीढ़िया शाह ने मन-मुताबिक दहेज दिए बिना लड़की को ससुराल विदा कर दिया हो।

"नथिंग आइ एवर डिड, वाज राइट"–रूबी ने डॉ. डेविस को कहा। राँची के काँके बाँध की झील डूबते सूरज की किरणों से लाल हो रही थी। रूबी ने अचानक फिर कलकत्तेवाला डर महसूस किया। उसने घबराकर डॉ. डेविस की ओर देखा। गहराती साँझ में बगल में गम्भीर सोच में डूबा हुआ लम्बा अंग्रेज आदमी। डॉ. डेविस को सिर्फ देखने भर से रूबी ने तुरन्त तसल्ली महसूस की। वह वापस उन्हीं गुजरे दिनों की ओर लौट गई, जिनसे डॉ. डेविस न जाने क्यों अब खुद गुजरना चाहते थे।

शादी के जोड़े में गृहप्रवेश करते हुए द्वार पर खड़ी सास के पाँव छूने को झुकते हुए रूबी ने अपनी ओर बढ़ता उनका हाथ देखा। उसने बिना कुछ सोचे सास को सोने की गिन्नियों की थैली पकड़ा दी। माँ ने विदा होते समय कुछ

कहे बिना रूबी को यह थैली पकड़ाई थी। थैली ले ली गई, पर रूबी को लगा कि उस हाथ ने रूबी को धक्का दिया और पीछे हट गया। "माँ को पार्किन्सन्स है न, हाथ काँपने की बीमारी"—बड़ी ननद कान में फुसफसाई। रूबी को नहीं मालूम कि इस बीमारी में धक्का देने के भी कोई लक्षण होते हैं। यह भी उसे उस समय तक नहीं मालूम था कि सतपीढ़िया शाह ने लड़की की विदाई करते समय 'पहरावनी' में दिए जानेवाले नगद रुपयों की जगह सिर्फ रुपयों के कागज दिए थे। उनमें से रुपए रूबी की 'साइन' के बिना नहीं उठाए जा सकते थे और यह खबर वर-वधू की गाड़ी के घर पहुँचने से पहले ही ससुर-जेठ की गाड़ी से वहाँ पहुँच गई थी। अगली सुबह चाय का भारी टी-पॉट हॉल की बड़ी टेबुल पर रखा गया। "भाभी, चाय।" "लेकिन बाई, मैं तो चाय पीती नहीं।" अचानक हवा में जैसे सन्नाटा छा गया। घर के सारे पुरुष और सारी स्त्रियाँ चुप हो गए थे। "चाय नहीं पीती ? तो क्या पीती थी वहाँ ?"—सास का मनुहार करता-सा स्वर आया। "कॉलेज जाने के पहले दूध पीती थी, माँजी, और आने के बाद रस पी लेती थी"—रूबी ने उस स्वर से हुलसकर बताया। "सुन बहू, हमारे घर में सब चाय पीते हैं। दूध-रस पीना हो, तो अभी बाप के घर चली जा"—कड़कदार स्वर गूँजा। बाप रे बाप, जान बची, रूबी ने सोचा। माँ दूध न पीने पर किसी तरह कॉलेज जाने नहीं देती थी। चाहे आँसू ठरककर दूध में गिरें, पर वही दूध पीना पड़ता था। चलो, यहाँ दूध से तो छुट्टी मिली। "चलो, चलो भाभी कमरे में बैठते हैं"—बड़ी ननद ने लगभग खींचकर उठा दिया था।

डॉ. डेविस रूबी की आँखों की गहरी हताशा को देखते रहे—"बाद में मेरी समझ में आया कि सारा घर दूध पीता है और सिर्फ मुझे दूध नहीं दिया जाता। किसलिए ? क्योंकि मैंने कह दिया था कि मैं दूध पीती हूँ, चाय नहीं पीती। बड़ी लड़की पेट में थी, तो डॉक्टरनी ने कहा, आप एनीमिक हैं। खून बनाने के लिए रोज डेढ़ सेर दूध पीना पड़ेगा। अगले दिन देखा तो सुधीर की थाली में दही नहीं था। वे बिना दही के खाना नहीं खा पाते थे। उन्होंने पूछा तो पता चला कि बहूजी ने आपके हिस्से का दूध पी लिया। पहली लड़की हुई, तो मेरे दूध नहीं उतरा। कहा गया, बहू लड़की है तो क्या, तुम्हारी है, उसे प्रेम से दूध पिलाओ, दूध आएगा। तीन दिन तक लड़की भूखी रोती रही। उसे पानी पिलाती रहती। फिर डॉक्टर आया—बच्चे को मारेंगे क्या ? ऊपर का दूध पिलाइए।—अरे वाह, हमारे तो इस तरह दूध आता कि सँभाले नहीं सँभलता। चोली-ब्लाउज भींगे ही रहते। यहाँ देखो, मेमसाहब के पास बच्चे के लिए दूध तक नहीं।"

डॉ. डेविस ने लॉन के दूसरे किनारे पर कुर्सी लगाकर बैठे अपने नए बन रहे नर्सिंग होम के नक्शे का अध्ययन करते हुए मि. गुप्ता को देखा। "मि. गुप्ता ने कुछ नहीं कहा ?" "हाँ, कहा न। कहा कि मेरी माँ मुझे जन्म देकर दो महीने

का छोड़कर मर गई, इन्होंने मुझे पाला। मैं इनसे कुछ नहीं कहूँगा। ये चाहे जो भी करें।" "और तुम्हारे माँ-बाप–लॉर्ड ऑफ सेवन जेनरेशन्स–उन्होंने भी कुछ नहीं कहा ?"–रूबी की आँखें डॉ. डेविस की बातें सुन भर आईं। बचपन में जिस माँ से कुछ न माँगने का निर्णय कर लिया हो, उस माँ से कैसे अपने कष्ट कहती ? रुपयों की जरूरत होती, तो जरूर कहती, पिताजी 'मेरे' एकाउंट से कुछ रुपए उठा लूँ। वे कहते, हाँ, उठा लो। बस इतना ही। ऐसा नहीं था कि वे लोग समझते नहीं थे, पर माँ का सिद्धान्त था कि लड़की के ससुराल में दखलंदाजी नहीं करेंगी। कुछ गड़बड़ हो गई, तो कानपुर में भाभी कह देंगी, बाई के खुद तो बच्चे हुए नहीं, लड़की के लौट आने का दर्द उन्हें क्या मालूम। माँ की अपनी उलझनें थीं, वे उनमें ताउम्र उलझी रहीं।

"इट वॉज वेरी अनफोरचुनेट, कि तुम्हारे पास कोई ऐसा नहीं था–न इधर, न उधर, जो तुम्हारी तकलीफें सुनता"–डॉ. डेविस ने अपने चेम्बर में उसे कुछ रंग-बिरंगे आकारहीन, चेहरेहीन रंगोंवाले कार्ड देते हुए कहा। मॉडर्न एबस्ट्रैक्ट पेंटिंग की तरह के रंग और डिजाइन। क्या-क्या शक्लें दिखती हैं इनमें। कौन-से जानवर ? या आदमी या कुछ और ?–"मुझे इस कार्ड में एक बन्दूक लिए हुए आदमी दिखता है, जो किसी कों कभी भी मार सकता है।" अचानक रूबी रोने लगी थी। सुबक-सुबक कर–"डॉक्टर, डॉक्टर, मेरे जीवन में कुछ बहुत बुरा होनेवाला है। मुझे मालूम है। रोज शाम को मुझे ऐसा साफ दिखता है। इसीलिए मैं कलकत्ते में शाम को एकदम पत्थर हो जाती थी। यहाँ आकर, आपसे बोलकर मैं ठीक हो रही हूँ। लेकिन मेरे हसबैंड को कुछ हो गया, तो मैं क्या करूँगी ? इससे तो अच्छा है कि मुझे ही कुछ हो जाए।"

"मिस्टर गुप्ता। योर वाइफ इज सीरियसली इल। यदि आपने इनका इलाज समय रहते नहीं करवाया, तो आपको एक दिन बुरी तरह पछताना पड़ेगा"–डॉ. डेविस के शब्दों में उनके पति के लिए इतनी हिकारत क्यों है, रूबी ने सोचा। इन अंग्रेजों में यही तो कमी है; थोड़ी-सी बातों से निष्कर्ष निकाल लेते हैं। पूरी तस्वीर बनाने का इनमें धीरज ही नहीं। दो महीने के शिशु को जिस औरत ने मातृवत् पाला, कभी अपने पैदा किए हुए बच्चों और पहले के बच्चों में फर्क नहीं किया, उनकी नाराजगी भले ही बेवजह, बेबुनियाद हो, पत्नी के अधिकारों के लिए उनसे जिरह-बहस करने की अहसानफरामोशी कम-से-कम सुधीर गुप्ता नहीं कर सकते। पर डॉ. डेविस से यह उम्मीद नहीं की जा सकती कि वे एक बहुत कम बोलनेवाले आदमी को कटघरे में खड़ा कर दोषी करार न कर दें। वे सिर्फ कही हुई बातें ही सुन-समझ सकते हैं। इसलिए रूबी गुप्ता की इस हालत के लिए डॉ. डेविस की नजरों में वे जिम्मेवार हैं।

"तुम्हारे परिवार के लोगों के मन में मेरे प्रति प्रेम क्यों नहीं है ? उन लोगों

ने कभी मुझे अपना क्यों नहीं माना ? मेरा क्या दोष है, तुम मुझे इतना तो बता दो''—रूबी ने एक दिन सुधीर से रुँधे गले से पूछा था। हमेशा चुप रहनेवाले, खासकर किसी विवाद से कोसों दूर भागनेवाले पति से रूबी इस प्रश्न के जवाब की कोई उम्मीद नहीं रखती थी। यह प्रश्न था भी नहीं, सिर्फ प्रश्न की शक्ल में कहा गया एक तथ्य था। पर उस दिन सुधीर गुप्ता न जाने किस असहनीय कष्ट के दबाव में बोल पड़े थे—''तुम्हारे में एक नहीं, दो दोष हैं जिनके कारण तुम्हें मेरे परिवार का प्यार कभी नहीं मिल सकता। तुम इतनी समझदार हो, फिर भी चाहती हो...।'' एक नहीं, दो दोष ? यह तो सुना हुआ वाक्य लगता है, रूबी ने सोचा। किसने, कब, ठीक यही बात रूबी गुप्ता से कही है—एक नहीं दो दोष हैं तुममें ? रूबी याद करने की कोशिश करती रही। सुधीर कह रहे थे—''तुम्हारा पहला दोष यह है कि तुम पढ़ी-लिखी हो। औरों की तुलना में तुम अलग हो। दूसरा दोष यह है कि तुम्हारे पास अपना पैसा है, जो और किसी के पास नहीं है।'' अपना पैसा ? अपना ? लेकिन वह तो पिताजी का पैसा है। मेरा कहाँ है ?—ऐ औरत, तूने जब भी किसी भी कोने में पुरुष से अलग अपना कुछ बनाया है, तो तुझे इसकी कीमत देनी पड़ी है। लेकिन रूबी गुप्ता, तुम इस 'अपने' पैसे की, जो कभी तुम्हारा नहीं था और न कभी तुम्हारे हाथ में था, आखिर कितनी कीमत चुकाओगी ? यह तो कहीं का न्याय नहीं है कि आदमी एक-के-बाद-एक लोगों को जीवन भर एक ही चीज की कीमत चुकाता जाए।

''एक नहीं, दो दोष हैं तुममें''—देवीदत्त मामा ने रूबी से कहा था। माँ के डाँटने से रोती रूबी के आँसू बीच में ही ऐसे रुक गए थे जैसे किसी ने टोंटी बंद कर दी हो। ''इसीलिए तुम अपने को भी कष्ट देती हो और दूसरों को भी''—देवीदत्त मामा आदतन बोलते गए थे, बिना यह देखे कि एक पन्द्रह साल की लड़की को इस तरह की बातें कितना आघात पहुँचा सकती हैं। रूबी की पतली नाक के नथुने फूलने-पिचकने लगे थे। बात तो ऐसे करते हैं जैसे खुद एकदम सर्वगुणसम्पन्न, दोषरहित हों। हुँह, हमेशा अपनी बहन का ही पक्ष लेंगे, चाहे गलती किसी की हो। दोनों भाई-बहन हैं बिलकुल एक जैसे, अपने को सदा सही समझनेवाले। खाएँगे पिताजी का, गाएँगे किसी और का। हमेशा पिताजी के दोस्तों को 'मनीबैग्स'—रुपयों की बोरी—कह उनका मजाक उड़ाएँगे। माँ इसलिए पिताजी के ऐसे नामवर दोस्तों को इतनी नीची निगाहों से देखती हैं। इन दोनों की दृष्टि में सारे पैसेवाले लोग जाहिल, असंस्कृत और ओछे लोग हैं और ये खुद अति महान, ऊँचे विचारोंवाले, रुपयों जैसी क्षुद्र चीज के पीछे न भागनेवाले।

''तुमने पूछा नहीं कि तुम्हारे दो दोष क्या हैं ?''—देवीदत्त मामा सारी पृथ्वी की समूची बुराइयों को झाड़-बुहार कर साफ करने के अपने संकल्प पर तुल गए

हैं, रूबी ने समझ लिया। "मैं सोच रही थी मामाजी। मैं सोचने लगी कि कौन-से दो दोष आप बताएँगे क्योंकि मुझे तो अपने अंदर दोष ही दोष नजर आए। सूरदास कहते हैं न...मैं अति कामी कुटिल हूँ, मैं अवगुण की खान...।" मामाजी के चेहरे पर एक क्षण के लिए असमंजस का भाव आया। शायद उन्हें भी रूबी की तरह कबीर का दोहा 'बुरा जो देखन मैं चला...' याद आ गया था। पर उन्होंने अपने को उसी फुरती से सँभाल लिया जैसे हमेशा अपने को सही माननेवाले लोग सँभाल लेते हैं।

"चलो, एक दोष तो तुम्हें बता ही दूँगा। तुम्हारे में पहला दोष यह है कि तुम सोचती हो कि रुपए में बहुत ताकत है"—रूबी का मन हुआ कि खूब जोर-जोर से हँसे। वाह, क्या बात है ! कब कहा है रूबी ने ऐसा ? उसके किस आचरण से मामाजी ने यह निष्कर्ष निकाला है ? या फिर मामाजी अन्तर्यामी हो गए हैं ? जर्मनी से उनके दोस्त बने पंडित उदयशंकर, उनके परिवार और शहर के भद्र बंगाली संस्कृतिप्रेमियों की मंडली हर सप्ताह शाम को जब-तब इस मकान में जमती है। ऐसे लोगों का सत्संग दिलाकर कानपुर के एक देशप्रेमी भाई के साथ होते अन्याय से अवसाद और ग्लानि का अनुभव करती बहन को दूसरे संस्कृतिप्रेमी भाई ने धन्य-धन्य कर दिया है। अब सारे पुराने बन्धु-बान्धव इन लोगों के सामने माँ की दृष्टि में तुच्छ, घिनौने, सिर्फ रुपयों से आदमी की कीमत आँकनेवाले लोग हैं। शेयरों का काम करनेवाले पिताजी किस कोटि में रखे जाएँगे, यह अभी मामाजी और माँ ने निश्चित नहीं किया है। रूबी का हृदय माँ की नासमझी पर पिताजी के लिए दुखता है। शायद देवीदत्त मामा इस बात को भाँप सकते हैं और इसी से वे इस निष्कर्ष पर पहुँचे हैं।

गौरी और शंकर—इस दिव्य जुगल-जोड़ी का अभिनय करते उदयशंकर और उनकी फ्रांसीसी शिष्या सिमकी का नृत्य हवा में साँस खींचनेवाले किस देहधारी को कुछ देर के लिए धरती के गुरुत्वाकर्षण से मुक्त कर ऊपर नहीं उठा देता ? कैसी दिव्य काया है उदयशंकर की ! साक्षात् शिव का अवतार। सात साल की उम्र में यह काम रूबी को सौंपा गया था कि स्टेज के पीछे बैठ उदयशंकर के ताण्डव नृत्य की समाप्ति पर स्टेज पर आकर उन्हें माला पहनाए। रूबी के कान में आज भी निर्वाक् दर्शकों की तालियों की वह घनघोर ध्वनि गूँजती है। वह फ्रॉक पहने उदयशंकर के गले में माला डालने को अपने छोटे-छोटे हाथ उठाती और उदयशंकर उसे गोद में उठा लेते ताकि वह उन्हें पुष्पमाला पहना सके। माँ और पिताजी दर्शकों में सबसे आगे बैठे रहते। गौरी और शंकर की दूसरी जोड़ी। रूबी उन्हें इधर स्टेज से देखती। लेकिन वहाँ कुछ ताल में मेल नहीं, यह वह उस उम्र में भी समझती नहीं, तो भाँप अवश्य सकती थी। उसका कारण उदयशंकर हो सकते हैं, यह उसे कभी नहीं लगा, पर किसी-न-किसी तरह मामाजी

इसके पीछे हैं, ऐसा वह जानती थी।

कितना आसान है किसी आदमी को ऐसा-वैसा मानकर अपने को उससे ऊँचा मान लेना, रूबी ने सोचा। हर मनुष्य किसी माँ-बाप के द्वारा किसी घर में पैदा होता है और यह उसका चुनाव नहीं होता। पर ऐसे सतपीढ़िया शाह के खानदान के वारिस का चुनाव अपनी बहन के पति के रूप में नाना-मामा लोगों ने ही किया होगा; और वह भी एक विधुर का, जिसकी पहली पत्नी प्रसव के दौरान मर गई थी। किस बात के लिए पिताजी मामाजी की नजरों में दोषी हैं—ऐसे खानदान में पैदा होने के लिए ? और पैसे की ताकत का अहसास ? रूबी को कभी नहीं लगा कि पिताजी हर घड़ी इस बात को याद रखते हैं बल्कि लोगों के दिमाग पर ही हर समय यह बात छाई रहती है। पिताजी ने इस पैसे का इस्तेमाल बेशक अपनी शौकीनी के लिए किया है; हमेशा पिताजी से कैसी दिव्य खुशबुएँ आती रहती हैं। माँ रूबी को नीचे पिताजी की बैठक के साथ लगे नहानघर में जाने के लिए मना करती हैं, पर जिस दिन पिताजी खाना खाने के बाद रूबी को वहीं हाथ धोने के लिए कहते हैं, रूबी माँ की परवाह न कर चली जाती है। माँ को उसके हाथों से उठती खुशबू से ठीक पता चल जाता है कि उसने पिताजी का साबुन इस्तेमाल किया है। पता नहीं, माँ का क्यों मन नहीं चलता ऐसे साबुन से नहाने का। पर पिताजी अपने पैसे का इस्तेमाल सिर्फ अपने लिए थोड़े ही करते हैं, कितने लोगों का जीवन भी तो उन्होंने इन पैसों से चलाया है। और तो और, मामाजी को फोटोग्राफी सीखने के लिए जर्मनी पिताजी ने ही भेजा था, उनके लिए तो सम्मान होना चाहिए मामाजी के मन में।

यह तो रूबी गुप्ता को बरसों बाद जाकर समझ में आया कि शेयरों की फाटकेबाजी से मामाजी के सोशलिस्ट आदर्श किसी तरह मेल नहीं खा सकते थे। अब तो रूबी दी खुद इस सदी के अन्त में देख रही हैं कि शेयरों का भाव झूठमूठ में आसमान तक चढ़ाकर और फिर नीचे गिराकर कैसे बड़ी मछलियाँ छोटी मछलियों को बेखटके निगले जा रही हैं। उनके मकान की बाउंड्री पर दुकान लगानेवाला पानवाला अपने सारे जीवन की कमाई के पचास हजार रुपयों को कागज के टुकड़ों में बदल चुका है; रूबी दी की सहेली करुणा घोष के लड़के ने बरसों मर-खप कर जमा किए पाँच लाख रुपए 'इनफोसिस', 'सत्यम' और न जाने क्या-क्या नाम रटते-रटते स्वाहा कर दिए हैं। पिताजी सारे जीवन इस झूले पर बैठे रहे—जब झूला ऊपर होता, तो माँ के लिए हीरे की एक-से-एक सेट लिए तनसुखराम जौहरी थिएटर रोड में हाजिर हो जाता; जब झूला नीचे आता, तो वे सेटें ही नहीं, पुराने झाड़-फानूस तक हवा में गायब हो जाते। यहाँ तक कि रूबी के विवाह के लिए खरीदी गई हीरे की चौकियों की सेट तक यह झूला खा गया क्योंकि रूबी का विवाह जिन दिनों हुआ, उस समय यह झूला पिताजी को

पाताल तक झुला ले गया था। हर आदमी कहीं-न-कहीं मजबूर है अपनी वृत्ति से, स्वभाव से। पिताजी भी थे। पर मामाजी और माँ पिताजी की मजबूरी समझने की चेष्टा क्यों नहीं करते ?

कैसा सुनहरा जीवन दिया पिताजी ने माँ को और रूबी को। जितने दिन भी अच्छे थे, वे क्या कम थे ? छब्बीस दिसम्बर को होनेवाली 'वायसराय कप' की रेस के दिन। 'कुक एंड केल्वी' की दुकान से नायाब घड़ियाँ और ओल्ड कोर्ट हाऊस स्ट्रीट पर 'हैमिल्टन' से अद्भुततम कारीगरी के गहने खरीदने के दिन। ऑक्शन में जाकर पृथ्वी पर बननेवाली एक-से-एक चीजें खरीदने के दिन। गंगा नदी पर मीलों दूर तक स्टीमर पर पिकनिक करते हुए जाने के दिन। चौरंगी में 'फिरपो' रेस्तराँ में खाने के दिन। साड़ीवाला आता, घर पर साड़ियाँ दे जाता। उनके लिए बाजार जाने की कभी जरूरत नहीं होती। बूढ़ा उस्मान दर्जी बरामदे में बैठा-बैठा दुनिया में कहीं की भी कैसी भी डिजाइन की नकल कर एक-से-एक कपड़े रूबी के लिए बना देता। लेकिन इस सारी रईसी के बावजूद जीवन में एक सादगी भी थी—रोजमर्रा के जीवन में नियमित समय पर सादा खान-पान और साधारण सूती कपड़े। और कभी बातों में रुपयों के बारे में कोई जिक्र नहीं। अब के पैसेवाले तो मुँह खोलते हैं, तो उनके मुँह में पैसे टनटनाते रहते हैं। और किस कदर छोटी-छोटी बातों पर कितनी हू-हा ! लड़की सोलह साल की हुई है, क्लब में पार्टी है। लड़का अठारह का हो गया, घर में पार्टी है। लड़के का बोर्ड में नाइंटी परसेंट आया है, होटल में पार्टी है। रूबी गुप्ता भी कलकत्ता यूनिवर्सिटी से अंग्रेजी में गोल्ड-मेडलिस्ट हुई थी—मिठाई मँगवा ली। घर में नौकर-चाकरों, आए-गए मेहमानों सबने खा ली। बस और क्या ? उस रईसी का अर्थ तमाम श्रेष्ठतम उपलब्ध चीजों को भोगने की सुविधा और आनन्द था; अब के लोगों की तरह दुनिया को दिखाने से आनेवाला मजा नहीं।

कितनी अलग थी वह दुनिया, जिसमें रूबी बड़ी हुई और कितनी अलग थी वह दूसरी दुनिया, जिसमें वह इसे छोड़कर गई। एक ही पृथ्वी और एक ही समय में जीती दुनियाएँ। किसी इलेक्ट्रिक शॉक से कम नहीं था इस दूसरी दुनिया से परिचय और इस परिचय ने रूबी से हमेशा-हमेशा के लिए कुछ ऐसा छीन लिया था जो शायद बहुत कीमती था। "माँ तुम जानती हो, मेरी ससुराल में वे लोग सोने के बरतनों में खाते हैं।" सगाई की रस्म के बाद एक बार ससुराल जाने पर रूबी ने माँ को बताया, तो माँ ने सिर पीट लिया था, "अरे पगली, तू दुनियादारी कुछ भी नहीं जानती, कैसे घर-संसार चलाएगी। वे सोने के बरतन नहीं, काँसे के बरतन हैं।"

माँ सोचती रह गई थीं कि रूबी पढ़ने में इतनी तेज होकर भी कैसे इतनी भोली रह गई है कि वह इस तरह की बात सोच भी सकती है कि वे सोने के

बरतन होंगे।

"नीचे चलकर देखो तो सही, तुम्हारे पिताजी ने क्या भेजा है"—शादी के दो महीनों बाद सुधीर ने दफ्तर से लौटकर कहा था। रूबी ने नीचे कुछ शोर तो सुना था, जैसे बहुत-से लोग मिलकर कुछ भारी सामान इधर-से-उधर कर रहे हों। सीढ़ियों से नीचे उतरती रूबी हॉल में लगी बचपन की आदमकद से डेढ़ गुना बड़ी ग्रैंडफादर्स क्लॉक को देखकर ठिठक गई थी—"ओह नो ! हे भगवान, यह राम की मारी घड़ी अब यहाँ रहेगी ? इस घर में ? हर पन्द्रह मिनट में घंटा बजाएगी यहाँ भी ? रूबी को मालूम था कि शादी के समय 'कुक एंड केल्वी' में यह घड़ी मरम्मत-पॉलिश के लिए गई हुई थी और अब पिताजी ने बिना पूछे वहाँ से सीधे इसे यहाँ भेज दिया था। रूबी ने आश्चर्य से देखा था कि पूरे घर को साँप सूँघा हुआ है। इसका कारण उसे देवर से मालूम पड़ा था, "भाभी, यह घड़ी क्या गजब की चीज है ! कहते हैं कि पूरे हिन्दुस्तान में इसका दूसरा जोड़ा नहीं है।" रूबी का दिल तेजी से धड़का था। अब फिर एक बार सतपीढ़िया शाह के बारे में कुछ सुनना पड़ेगा ? आह, कितनी मासूम थी वह दुनिया, जिसमें चीजें थीं, पर उनकी कीमत किसी से कोई न पूछता था, न बताता था। यहाँ हर चीज का मोल जानना-बताना जरूरी है। क्यों पिताजी ऐसे शौकीन हुए ? और हुए भी, तो क्यों इन लोगों का वह सब नेगचार नहीं किया, जो सारी दुनिया करती है। "हम लोग सुधारक हैं। हम यह सब 'दात-तिल' की आलतू-फालतू नेग-रस्में नहीं करेंगे"—माँ ने शादी करते समय पिताजी को निर्णय सुना दिया था। माँ, तुमने क्यों नहीं सोचा कि सुधारक आप लड़के का ब्याह करते समय हो सकते हैं, लड़की का ब्याह करते समय नहीं। आप दुनिया की रस्मों को न मानकर अपने को दुनिया से अलग और ऊपर समझ सकते हैं, पर उससे आप दुनिया से बच नहीं सकते। आपकी इस नासमझी की कीमत कभी-न-कभी दुनिया किसी-न-किसी से वसूल लेती है।

"मिसेज रूबी गुप्ता, आपके घुटनों का दर्द हम पिछले एक महीने से चेष्टा करके जरा भी कम नहीं कर पाए। पर इसका कारण हमारी विधि नहीं, आप खुद हैं। आँखें मूँदकर याद कीजिए और बताइए कि क्या आपके जीवन में कुछ लोग ऐसे हैं, जिन्हें आप अड़सठ साल की उम्र में भी अब तक माफ नहीं कर पाई हैं"—दो साल पहले 'रेकी' द्वारा इलाज करती मिसेज कृष्णमूर्ति ने रूबी दी को कहा था। इस बात को सुनकर रूबी दी के अन्दर एक तूफान-सा उठा। उनकी बन्द आँखों के सामने माँ और सुधीर दोनों आ खड़े हुए थे। उन्हें हटाने के लिए रूबी दी ने आँखें खोल दीं। "अपने से संघर्ष मत कीजिए, रूबीजी। जो आ रहा है, उसे आने दीजिए। उसे रोकिए मत। सच को झुठलाइए मत"—मिसेज कृष्णमूर्ति आँखें बन्द किए कहे जा रही थीं। रूबी दी ने फिर आँखें बन्द कर

लीं। ''देखिए रूबीजी, एक औरत मुझे दिख रही है। छोटे कद की। बड़ी उम्र की बहुत सुन्दर औरत। किनारीवाली सफेद साड़ी पहने हुए। ये कौन हैं ?''—रूबी दी ने कृष्णमूर्ति की बात सुनकर चौंककर कहा, ''वे मेरी माँ हैं।'' ''तो अब आप माँ से अपने मन की सारी शिकायतें कहिए। बिना झिझक के मन-ही-मन उन्हें सबकुछ कह डालिए''—कृष्णमूर्ति के हाथ रूबी दी के सिर को सहला रहे थे।

''माँ, तुमने मुझे पूरे समाज-परिवार के सामने अपनाने की कोई रस्म अदा नहीं की। तुम्हें पता है, पिताजी की वसीयत में इसीलिए मेरे लिए 'पाली हुई लड़की' जैसे अपमानजनक शब्दों का इस्तेमाल वकील ने करवाया। माँ, तुमने मुझे 'गोद' नहीं लिया। क्यों ? ताकि तुम मेरे बचपन से जवान होने तक जब-तब मामी से कह सको, 'बाई, मैंने बिना आपसे पूछे आपका दूध छुड़वाकर आपके कलेजे का टुकड़ा ले लिया। आप सबसे यह बात कहती फिरती हैं। तो अब आप ही रूबी को रख लें।' तुम जानती थीं माँ, कि मामी एक और लड़की की जिम्मेदारी बिलकुल नहीं लेना चाहेंगी और यह सुनकर चुप हो जाएँगी। यहाँ तक कि तुमने मेरी शादी के वक्त भी कन्यादान के हकदार को लेकर झगड़ा होने पर कहा, बाई, रूबी तो आपकी लड़की है। आप करिए कन्यादान। इसे यहाँ से ले जाइए। मुझे इसकी शादी से कोई मतलब नहीं। माँ, तुमने अपनी ननद और खुद के झगड़े में मुझे मोहरा बनाकर रखा। तुमने कभी सोचा कि इससे मुझ पर क्या बीतती है ? मुझे दूसरे महायुद्ध के समय कलकत्ते पर बम गिरने से एक साल सीनियर पढ़ाई के लिए कानपुर रहना पड़ा। तुम लोग बम्बई रहे। पढ़ाई पूरी होने के बाद मामी पूछतीं, बम्बई से चिट्ठी आई थी क्या, क्या लिखा है, तुम्हें कब बुलाएँगे ? अन्त में मैंने पिताजी को चिट्ठी लिखी, मैं जानती हूँ आप लोग मुझे बुलाना नहीं चाहते। पर यहाँ रहने का मेरा मन नहीं है। आपके पास तो बहुत पैसा है। आप मेरी रहने-पढ़ने की व्यवस्था कहीं होस्टल में कर दें। तब जाकर पिताजी ने मुझे बुलाने के लिए चिट्ठी भेजी।

''माँ, तुम्हें इस बात का अनुमान भी है कि तुम्हारे अपने ससुराल के परिवार ने किस कदर मुझे उपेक्षित और अपमानित किया ? तुमने मुझे 'गोद' लेकर अपनी लड़की घोषित करने की रस्म नहीं अदा की थी। वे लोग कैसे समझते कि तुमने मुझे बेटी मान रखा है या दया करके पाल रही हो ? लड़ाई छिड़ने पर बम्बई जाने के पहले जब पिताजी का पूरा खानदान हमारे थिएटर रोड के घर में रह रहा था, तब मैंने परिवार के किसी सदस्य को एक दिन चाचीजी से कहते सुना, ''बासी बचा हुआ इसे खाने दे दो। ऐसे बखत में अनाज फेंको मत। यह खा लेगी। यह 'अपने' घर की थोड़े ही है।'' मेरी शादी के बाद मेरे घरवालों के सामने तुम्हारे खानदान की इस अस्वीकृति ने मेरी कितनी नाक कटवाई, तुम्हें कोई अहसास है ? ताई-चाची के बच्चों की शादी में मुझे घर की लड़की की तरह कभी

न्यौता तक नहीं दिया गया। उस खानदान में हर जीना-मरना-शादी मेरे लिए एक नई ठेस लेकर आता रहा। मेरी जेठानी और सास ने मेरा कितना मजाक बनाया। मुझे पग-पग पर किस तरह जलील होना पड़ा, तुम्हें क्या मालूम ? तुम लोगों की मौत के बाद और पिताजी द्वारा अलीपुर का घर मेरे नाम वसीयत कर जाने के बाद अब जाकर तुम्हारे खानदान ने मुझे तुम्हारी बेटी की तरह स्वीकार किया है। अब मुझे तुम लोगों के श्राद्ध में बुलाने लायक समझा गया है। अब, जब मैं खुद सत्तर साल के करीब की हो चली हूँ। तुम्हारी एक भूल ने मेरे जीवन में कितने काँटे बोए। मेरी कानपुर की बहनों ने मुझसे कितना ज्यादा सुखी जीवन जिया, माँ, यह मैं सोचे बिना नहीं रह पाती। मैं तो न यहाँ की रही, न वहाँ की। मैं कहीं की नहीं रही माँ। मैं यह अब भी भूल नहीं पाती।''

''अब मैं देख रही हूँ कि वे आपसे माफी माँग रही हैं। आप उन्हें माफ कर दें और उनसे आशीर्वाद माँगें। हाँ, वे आशीर्वाद दे रही हैं और हँसते-हँसते विदा ले रही हैं''—रूबी दी ने कृष्णमूर्ति की बात सुन आँखें खोलीं, तो महसूस किया कि तकिया दोनों तरफ आँसुओं से गीला हो गया था। उन्होंने बहुत-बहुत हलकापन महसूस किया, पर साथ ही ऐसी थकान भी, कि उन्हें लगा वे वहीं सो जाएँ।

उस रात रूबी गुप्ता बिना हिले-डुले एकदम भारहीन-स्वप्नहीन नींद सोकर उठीं, तो उन्होंने पाया कि उनके एक घुटने में दर्द बहुत कम है। यदि दूसरे घुटने में भी दर्द इतना कम हो जाए, तो पिछले तीन महीनों से वे जिन बैसाखियों का इस्तेमाल कर रही हैं, उन्हें छोड़ा जा सकता है।

रूबी दी सारे दिन, कुछ भी करते हुए पिछले दिन की घटना—यदि इसे कोई घटना कहा जा सकता है तो—पर विचार करती रहीं। कभी इतने सालों में इस तरह उन्होंने अपने अन्दर की बातों को शब्द नहीं दिए थे, जिस तरह कल दिए थे। यह उस औरत कृष्णमूर्ति का प्रभाव था या उस जापानी विधि 'रेकी' का, जिसमें ब्रह्मांड की ऊर्जा को मनुष्य को आधि-व्याधि से मुक्त करने के लिए बुलाया जाता है, रूबी दी सोचती रहीं। रूबी दी को कोई विशेष यकीन नहीं है, इस तरह की तर्करहित विश्वास पर आधारित प्रणालियों पर, जो इन दिनों धड़ल्ले से चारों तरफ फैली जा रही हैं—रेकी, प्राणिक हीलिंग और न जाने क्या-क्या। कई बार उन्हें लगता है कि विज्ञान जितनी नई ईजादें कर रहा है, आदमी उतना ही कमजोर, कायर और अन्धविश्वासी होता जा रहा है। कई बार लगता है कि यह सब लोगों को मूर्ख बनाकर पैसा बनाने का बाजार का एक और तरीका ही है। पर घुटनों के दर्द से मजबूर होकर 'मरता क्या न करता' सोचकर हर बार

की थैरेपी के सौ रुपए रूबी दी ने मिसेज कृष्णमूर्ति को देने मंजूर किए। रूबी दी का पूरे महीने का बजट चौपट हो गया है—सप्ताह में तीन दिन के हिसाब से एकमुश्त बारह सौ रुपए हवा हो गए हैं। यह सोचते-सोचते रूबी दी ने यह निश्चय किया कि वे अब कृष्णमूर्ति के पास और नहीं जाएँगी। वे खुद अपने-आप 'रेकी' कर अपने पति से बात करेंगी। अगर यह महज भ्रम या कल्पना है, तो भी ठीक है। और कुछ नहीं, तो कम-से-कम अपने-आपसे बातचीत ही हो जाएगी।

रूबी दी रात को खाना खाकर बिस्तर पर लेट गईं और उन्होंने बत्ती जल्दी बुझा दी। सारे दिन उन्होंने इस घड़ी का इन्तजार किया था। उन्होंने अपने पति सुधीर का चेहरा याद करना चाहा, पर बीच में उन्हें अपनी बचपन की प्रिय कवयित्री सरोजिनी नायडू के चेहरे के साथ उनके संग्रह 'द ब्रोकन विंग'—टूटा पंख—की एक कविता की पंक्तियों के भाव की याद आ गई—"जीवन और धरती आसन्न वसन्त का इन्तजार कर रहे हैं/पर ऐ बुलबुल, तुम यह टूटा हुआ पंख क्यों लिए हुए हो ?" क्या शिकायत करें सुधीर से ? जब जीवनभर ही कुछ कह नहीं पाईं, तो अब उनके जाने के बाद क्या कहें ? एक टूटे हुए पंख के साथ ही रूबी ने सुधीर के साथ जीवन शुरू किया था। पर सुधीर ने कभी उस ओर इशारा तक नहीं किया—इतना बड़प्पन, इतनी ऊँचाई पर जो व्यक्ति पहले ही दिन आसीन हो गया, उससे रूबी क्या कह पाती ? यह तो अब जाकर रूबी को समझ में आया है कि यह बड़प्पन सुधीर का स्थायी भाव था और यही उनके जीवन में सारे कष्टों का बीज था।

पत्नी के पहले प्रेम को जानकर भी जिसने कभी—पहले दिन से अन्तिम दिन तक—न उसे शक की दृष्टि से देखा और न असम्मान की दृष्टि से, उस आदमी के आगे पूरी तरह झुक गई थी रूबी। सगाई होने के बाद एक पत्र में रूबी ने अपने प्रथम प्रस्फुटित निश्छल प्रेम और उस प्रेम की प्रताड़ना से अपनी बदनामी का जिक्र करते हुए सुधीर से प्रार्थना की थी कि यदि वे इन बातों के लिए उसे माफ न कर सकें, तो बातें बढ़ने से पहले अपना सम्बन्ध तोड़ लें। पर सुधीर ने बहुत सहानुभूति से रूबी के पिता के मित्र डॉक्टर अहमद के पुत्र डॉक्टर आदिल के प्रति रूबी के भावों को समझा था। आदिल ऐन मौके पर समाज और भविष्य से डरकर पीछे हट गया था—यह कहकर कि इस समय एक मुस्लिम लड़के का एक हिन्दू लड़की से विवाह दोनों तरफ के लोगों को भड़का सकता है।

उन्नीस सौ छियालीस के कलकत्ता के हिन्दू-मुसलमानों के दंगे और विभाजन के समय का खून-खराबा बहुत पुरानी घटनाएँ नहीं थीं और लोगों के दिलों के घाव अभी भी रिस रहे थे। आदिल को किसी कट्टर हिन्दू संगठन की तरफ से

एक हिन्दू लड़की को बरगलाने के लिए धमकी भरा पत्र मिला था। यह एक पत्र रूबी के समस्त वजूद से बड़ा सिद्ध हुआ था। आदिल रूबी को बिना बताए विलायत चला गया। रूबी की सारी कविताएँ, जो वह सरोजिनी नायडू की तर्ज पर इस्लाम के सौन्दर्य को इनसान मात्र की प्रार्थना बनाते हुए लिखा करती थी–'हम आपका सिजदा करते हैं, हे करुणामय/ ऐ जीवन, काल, भाग्य के विधाता/ऐ बहती हवाओं, समुद्रों के मालिक/या हमीद, या हफ़ीज़'–हमेशा-हमेशा के लिए उसके दिल की तरह ही हजारों-हजारों चुभती हुई किरचों में बदल गई थीं। वे सारे आदर्श-भरे सपने, कि आदिल इस्लाम पर कायम रहेगा और वह अपनी कृष्ण-भक्ति पर, और यह अन्तर उनके प्रेम को कम न कर बढ़ाता रहेगा, महात्मा गाँधी के ऐसे ही बेबुनियाद सपनों की तरह मिट्टी में मिल गए थे। ऊपर से यह बात कि वह आदिल से ठुकराई गई है, न जाने कैसे चारों तरफ फैल गई थी।

आदिल के विलायत जाने का समाचार जिस घड़ी रूबी को मिला, उसके अस्तित्व को इस कदर धक्का लगा कि उसके शरीर के साथ एक विचित्र बात हुई। पन्द्रह दिन पहले ही मासिक स्राव से उसे छुट्टी मिली थी, पर यह बात सुनते ही वहीं खड़े-खड़े उसे फिर खून का स्राव होने लगा। नतीजा यह हुआ कि उसका अगला मासिक पन्द्रह दिन बाद न होकर एक महीने बाद हुआ। उन अन्तिम पन्द्रह दिनों तक माँ ने उसे एक कमरे में बन्द करके रखा। रूबी का दिमाग आदिल के धोखे से इस कदर सन्न था कि माँ क्यों चिल्ला रही हैं, क्यों उसे मार रही हैं, क्यों रो रही हैं, यह वह समझ नहीं पा रही थी। हाँ, उसने एक मुसलमान से प्रेम किया, पर अब तो कोई बात ही नहीं, माँ के लिए डरने की; उसके साथ भागकर उन्हें बदनामी नहीं दिलाई है उसने, फिर माँ क्यों ऐसे कर रही हैं ? वह यह बात कभी-कभी सोचती, फिर उसका दिमाग अचेतप्राय हो जाता। पन्द्रह दिन बाद मासिक स्राव होने पर माँ ने उसे गले से लगा लिया था और खूब रोई थीं। तब जाकर रूबी को समझ में आया था कि माँ को किस बात का डर था। वह हँस पड़ी थी। माँ, उसने मेरा हाथ तक कभी नहीं पकड़ा, तुमने ऐसा सोच भी कैसे लिया ? पर माँ-बेटी की यह बात दीवारों ने नहीं सुनी, पहले की बातें दीवारों ने बाहर फैला दी थीं। शादी के दो साल बाद अपनी जेठानी के मुँह से इसका जिक्र सुन रूबी 'कृष्ण-कृष्ण' कहकर रह गई थी। कैसे कोई किसे जवाब दे सकता है इस तरह की बातों का ? जनकपुत्री सीता तक जब अपना प्रमाण नहीं दे पाई थी, तो रूबी की क्या हस्ती ?

सुधीर का कद रूबी की नजरों में जेठानी की बात से और भी अधिक ऊँचा हो गया था, हालाँकि घोर सामीप्य के क्षणों में भी रूबी को ऐसा हमेशा लगता, जैसे वह सुधीर को पूरी तरह नहीं पा सकती। उसे अन्दर किसी ऐसी अतृप्ति

का आभास होता कि उसे लगता वह हनुमानजी की तरह अपना कलेजा चीरकर सुधीर को दिखा दे—तुम्हारे सिवाय वहाँ और कोई नहीं है। एक पुराने घाव का निशान है, पर वह भी लगभग मिट चुका है। उसका मन होता कि सुधीर उससे कभी कुछ पूछें और वह विस्तार से उन्हें सारी बातें बताए। पर ऐसा कभी नहीं हुआ। शायद सुधीर के अन्दर अपने भावों को प्रकट करने के रास्ते दो महीने की उम्र में अपनी माँ के मरने के साथ ही मिट गए थे और उनके अन्दर की बातें बिना रास्तों के बियाबान में भटककर खो जाती थीं। धीरे-धीरे पहली बेटी के जन्म के साथ रूबी की वह अतृप्ति कम होने लगी थी और यदि वह कहीं दबी बैठी भी थी, तो अपना मुँह चुराए छिपी रहती थी।

सुधीर ने सारा जीवन लोगों के लिए घर, फैक्ट्री और पुल बनाने के अपने पेशे में झोंके रखा। अपने काम से अधिक बढ़कर उनके लिए कभी कुछ नहीं हुआ। कई बार रूबी के मन में आता, एक संयुक्त परिवार और साझे काम में एक आदमी इतनी जी-तोड़ मेहनत करे, इसका उसे क्या फायदा ? मिलेंगे तो सुधीर को वही ढाई सौ रुपए हर महीने, जिसमें आधा रुपया सिगरेट के खर्च में ही धुआँ हो जाता है। बाकी के खर्च चलाने के लिए रूबी कहाँ से रुपए लाती है, इस बारे में सुधीर को सोचने की जरूरत नहीं थी। सुधीर जैसे इन सब दुनियावी तुच्छ बातों से ऊपर थे। रुपए कहीं से आएँ, काम चलना चाहिए। छोटी-छोटी किल्लतों की छोटी बातें रूबी न सुधीर से कर सकती थी और न माँ-पिताजी से। साड़ी में माँड़ नहीं लगी, इस्तरी के बिना कपड़े आ गए, साबुन की कमी से कपड़े साफ नहीं धुले, किसी महीने डॉक्टर का खर्च लग गया—ऐसी बातें करने में भी रूबी को ओछापन लगता। पिताजी से कहकर बीच-बीच में चेक काटकर रुपए उठा लेती और जीवन चलता रहता। साथ ही चलती रहतीं सतपीढ़िया शाह के ऊपर घुमा-फिराकर इशारे में कही गई व्यंग्य-भरी बातें। नहीं, जीवन इतना घटिया नहीं होना चाहिए, रूबी को बार-बार लगता। मुश्किल यह कि ऐसा महसूस होना बरस-दर-बरस बीतने पर भी कम नहीं हो पाया। न ही वह अपने आसपास की एक अजीब तरह की हिंसा की आदी हो पाई, जो बीच-बीच में सुधरते-बिगड़ते रिश्तों के आर-पार हमेशा प्रकट-अप्रकट बनी रहती थी। मैंने क्या बिगाड़ा है किसी का ?—यह प्रश्न रूबी के कलेजे में एक फाँस की तरह अटका रहता।

शिकायत ? क्या शिकायत करे वह सुधीर से ? जो जीते-जी अपनी पत्नी के हक के लिए, अपने बच्चों के हक के लिए खड़ा नहीं हो सका, उससे अब शिकायत करने से फायदा ? जिस दिन सुधीर ने एक मिनट में बिना किसी से पूछे अपने सारे जीवन की कर्म-तपस्या को यह कहकर लात मार दी थी—"छोटी माँ, आपने मुझे दो महीने की उम्र से पाला, मैं आपका ऋण तो चुका नहीं सकता,

इतना जरूर कर सकता हूँ कि कम्पनी में अपनी चार आने की हिस्सेदारी को अपने छोटे भाई मुन्ना के लिए छोड़ देता हूँ", उस दिन भी यह बात सुनकर रूबी इतना भर कह पाई था—"अच्छा, देखा जाएगा। आज प्याज की पकौड़ियाँ बनाई हैं, पहले खा तो लो।"

जेब में कुल पन्द्रह सौ रुपए लेकर अगले दिन दफ्तर से घर आ गए थे सुधीर। कितने बड़प्पन का अनुभव कर रहे थे, यह रूबी ने अंदाजा लगाना चाहा, पर उसका मन मर गया था। चार आने की हिस्सेदारी के लिए नहीं, अपने जेठ के मुँह से सुने किस्से से मरा था वह मन, उस पति के लिए जिसके पास दिल की बात अपनी जीवनसंगिनी को बताने के लिए कोई रास्ता तक नहीं था। दफ्तर से लौटने के लिए रोज की तरह पैकार्ड गाड़ी में बैठने लगे थे, तो छोटा भाई मुन्ना बोल पड़ा था—"बड़े भैया, यह गाड़ी बाबू ने मेरे जन्मदिन पर खरीदी थी।" "ठीक बात है, इसके पेट्रोल का खर्चा भी मैं कहाँ से उठाता। अच्छा हुआ, जो तुमने कह दिया मुन्ना"—कहकर सुधीर गाड़ी से उतर गए थे।

नहीं, रूबी दी को सुधीर से कोई शिकायत नहीं है। सुधीर जैसा जीवन जी सकते थे, उन्होंने वैसा ही जिया। पत्नी ने जैसा चाहा, वैसा नहीं पाया, तो इसमें सुधीर का क्या दोष ? बड़ी भाभी हमेशा कहती रहती थीं—"सुधीर बाबू किसी से कोई दोस्ती-यारी रखते नहीं। न कहीं किसी के घर शादी-ब्याह में जाते-आते हैं। इन्हें तो कोई जानता भी नहीं। रूबी तुम्हारी लड़कियों की शादी कैसे होगी, मुझे तो बहुत चिन्ता होती है।" इस बात से सचमुच भयभीत होकर रूबी ने सुधीर को लोगों से मिलाने की, दोस्ती करवाने की कई बार चेष्टा की, और हर बार थककर हार मान ली। संयोग की बात कि दोनों लड़कियों की शादी सुधीर के मरने के बाद हुई और दोनों ही की उनकी अपनी-अपनी पसन्द से, जात-बिरादरी के बाहर। एक बार, सिर्फ एक बार सुधीर मरने के बाद रूबी को सपने में दिखाई पड़े थे। पार्क स्ट्रीट के 'फ्लूरीज' का दृश्य था वह। रूबी को एकदम हकीकत की तरह याद है कि सड़क पर खड़े होकर पार्क स्ट्रीट से 'फ्लूरीज' के शीशों से रूबी देख पा रही थी कि सुधीर हर टेबुल पर जा-जाकर अनजाने गैर लोगों को हाथ जोड़कर नमस्कार कर रहे थे और पूछ रहे थे कि आप कैसे हैं ? रूबी ने सड़क से ही शीशों के पार से देखा था कि कुछ लोग उनकी बात का जवाब नहीं दे रहे थे और कुछ 'अच्छे हैं' कहकर सुधीर के मुड़ने के बाद मुँह बिचकाकर हँस रहे थे, जैसे लोग पागलों पर हँसते हैं। रूबी का दिल सपने में मुँह को आ गया था, उसके आँसू उसके गले से ढरकते हुए ब्लाऊज को भिगो रहे थे, वह सड़क पर खड़ी सुधीर को रोकना चाह रही थी, पर सुधीर अपने में मशगूल न उसे देख पा रहे थे और न शीशों के कारण उसकी आवाज सुन पा रहे थे।

उस सपने की स्मृति ने हर बार की तरह आज भी रूबी दी को अन्दर तक हिला दिया। नहीं, उन्हें सुधीर से रत्ती भर भी शिकायत नहीं है। बल्कि उन्हें अपने आपसे शिकायत है कि उन्होंने सुधीर को दूसरों की बातें सुन बदलने की चेष्टा कर कितनी तकलीफ पहुँचाई। वरना ऐसा सपना उन्हें क्यों आता ! सुधीर अपने पेशे के, अपने संयुक्त परिवार के और फिर अपने बच्चों के होकर रहे, तो यह उनकी मर्जी थी। और यदि रूबी दी की दोनों लड़कियों ने अपने पिता की तरह सामाजिकता से एकदम कटकर रहना चाहा और रूबी दी की लोगों से मेल-जोल और दोस्ती रखने की इच्छा को उनकी प्रदर्शनप्रियता और 'फाइव स्टार' होने का लक्षण माना, तो इसमें भी सुधीर का. क्या दोष था ? शायद यही सतपीढ़िया शाह की लड़की होने की अन्तिम कीमत थी, जो रूबी को चुकानी थी।

रूबी दी यह सोचते-सोचते एकदम गहरी नींद सो गईं। अगले दिन सुबह उठने पर तीन महीनों के बाद पहली बार वे बिना बैसाखियों के चलकर बाहर आईं। तब से उन्हें अब तक बैसाखियों की जरूरत नहीं हुई।

डॉ. डेविस जैसे नामी चिकित्सक के मुँह से रूबी के लिए 'सीरियसली इल' सुनकर सुधीर सचमुच घबड़ा गए थे। वे जानते हैं कि रूबी ने बहुत-कुछ सहा है। बचपन का हादसा, किशोरावस्था का हादसा और फिर शादी के बाद हर पल छोटी-छोटी क्षुद्रताओं के छोटे-छोटे हादसे। कई बार उनके मन में कचोट होती है कि ऐसी पत्नी के लिए वे कुछ भी नहीं कर पाए। पर जीवन ऐसा ही है। हर आदमी अपने हिस्से के दुख अपने तरीके से सहता है। कोई चारा नहीं। वे कुछ नहीं कर सकते रूबी के लिए। पर दूसरी बेटी के जन्म के बाद रूबी में कुछ गहरा परिवर्तन देख रहे हैं। पहले तो उन्होंने सोचा कि बेटा न होने का दुख है—घर में, बाहर में लोग कुछ-न-कुछ कह डालते हैं इस बारे में। हर समय खोई-खोई क्यों रहती है रूबी ? शाम होने के बाद तो एकदम बुझ जाती है। इसीलिए अपनी तबीयत और आराम की जरूरत का बहाना कर राँची आने की योजना बनाई। वे मन-ही-मन समझ रहे थे कि रूबी को कुछ हो गया है। शायद बच्चे के पैदा होने के बाद शारीरिक कमजोरी के साथ मानसिक कमजोरी भी होती है—'पोस्ट-बेबी ब्लूज'—कहते भी हैं अंग्रेजी में। पर डॉ. डेविस से रूबी के लिए 'हाइली सुसाइडल'—गम्भीर रूप से आत्महत्या की प्रवृत्ति लिए—सुनकर सुधीर दंग रह गए थे। बात यहाँ तक पहुँच गई और उन्होंने कभी ध्यान तक नहीं दिया इसकी किसी बात पर। बेचारी अकेली सहती रही—न जाने क्या-क्या। कुछ कहती भी तो नहीं आजकल। शुरू-शुरू में शिकायतें करती थी, उसे दूध न दिए जाने का किस्सा उन्हें मालूम है। पर शायद उनके रूखेपन के कारण ही अब चुप लगा

जाती है। सुधीर गुप्ता ने निश्चय किया कि वे राँची में रुककर रूबी का पूरा इलाज करवाएँगे। काम जाए भाड़ में।

रूबी को इलाज के लिए इलेक्ट्रिक शॉक दिए जाएँगे, इस बात ने सुधीर को इस कदर दहलाया था कि रूबी को कहने की वे हिम्मत नहीं कर पाए। बस जो वे देख पाए थे, वह रूबी का उन पर विश्वास था। उनके साथ डॉ. डेविस के चेम्बर में जाकर वह आराम से इंजेक्शन लगवाकर बेहोश हो जाती। कभी-कभी पूछती जरूर कि जागने पर यह घंटी की आवाज क्यों सुनाई पड़ती है। शायद उसका अवचेतन मन इस बारे में जानता था, पर वह चेतन मन से कुछ कहता नहीं था। कुल सोलह इलेक्ट्रिक शॉक लगाए गए रूबी को। जब बाद में जाकर रूबी को पता चला कि डॉ. डेविस के यहाँ जो घंटी सुनाई पड़ती थी, वह शॉक लगाने के बाद उसके खत्म होने की घंटी थी, उसने सुधीर से इतना ही कहा—"इसीलिए मैं कोई-कोई बात एकदम भूल जाती हूँ। ऐसे लगता है, मेरी स्मृति में सोलह छेद हो गए हैं, उनमें से कोई-कोई बात एकदम छनकर निकल जाती है।"

एस.टी.डी. : दिल्ली से कलकत्ता-II

"हलो नानी, मैं कादम्बरी। तुम्हारी एक चिट्ठी मिली थी। मेरी तबीयत अब ठीक है बिलकुल। वापस उसी तरह दौड़-भाग रही हूँ। बल्कि एक ऐसा प्रोजेक्ट मैंने लिया है, जिसमें तुम्हारी भी बहुत दिलचस्पी होगी। सॉरी नानी, मैंने चिट्ठी का जवाब नहीं दिया। असल में मैं चिट्ठी लिख ही नहीं सकती। ज्यादा-से-ज्यादा कम्प्यूटर पर ई-मेल भेज सकती हूँ। पर वह अंग्रेजी में होता और तुम्हारे पास तो कम्प्यूटर भी नहीं। कहो, कैसा चल रहा है 'परामर्श' ?"—कादम्बरी एक साँस में धड़ाधड़ बोल रही थी।

रूबी दी के दिमाग से 'परामर्श' चूँकि कोसों दूर था, वे एक मिनट के लिए कुछ जवाब नहीं दे सकीं। "नानी, तुम्हारी तबीयत ठीक है न ?"—कादम्बरी के पूछते ही रूबी दी कह पड़ीं, "कादम्बरी, तुम्हें याद है न, तुमने मुझे एक बार लिखने के लिए कहा था ? कहानी या उपन्यास लिखने के लिए ?"

"हाँऽऽ। कहा था न। पर तुम कविता लिखने लग गई थीं। ठीक ही है नानी। एक आदमी के जीवन में ऐसा होता भी क्या है कि उस पर कोई कथा लिखी जा सके। हर आदमी के अपने छोटे-छोटे दुख हैं, किसी और को उससे क्या लेना-देना ? एक जीवन के 'सैम्पल' से किसी समय की, युग की कहानी तो कही नहीं जा सकती।"—कादम्बरी की बात सुन रूबी दी का मन एकदम रसातल में चला गया। उन्होंने वहाँ से किसी तरह उसे उठाने की चेष्टा की।

"लेकिन फिर भी कादम्बरी, क्या हर आदमी का दुख दूसरे आदमियों के दुख जैसा ही नहीं होता ? क्या इसीलिए आदमी कोई कहानी-उपन्यास पढ़कर या फिल्म देखकर रो नहीं पड़ता ?" रूबी दी की साँसें कुछ तेज चलने लगी थीं।

"होता था, नानी, यह सब पहले के लोगों में पहले के किस्से-कहानियाँ पढ़कर होता था। अब नहीं। अब तो आपके दुख को किसी एक खास टाइप का होना चाहिए, तभी उसकी कोई कीमत है। जैसे दलित-दुख, स्त्री-दुख, सर्वहारा-दुख या 'सबाल्टर्न' दुख। अब सच पूछो, तो तुम्हारे जीवन में क्या दुख रहा होगा ? आइ मीन, तुम्हारे पास हमेशा पैसा था, और कम भी था, तो भी

देश की आधी आबादी से तो बहुत ज्यादा था''—कादम्बरी बहुत मीठे स्वर में समझाती हुई बोल रही थी, जैसे उसे इस बात का भय हो कि रूबी दी को किसी बात का बुरा न लग जाए। बुरा तो रूबी दी को लगा जरूर—बुरा क्या, वही पुराना घाव टीस पड़ा—उन्हें फिर उसी चीज का मोल चुकाना पड़ रहा है, जिसकी कीमत वे न जाने कितनी बार दे चुकी हैं।

''तुम्हारी बात तो सही है कादम्बरी''—रूबी दी ने कहा ताकि कादम्बरी को उनके मन की तकलीफ का अहसास न हो।

''देखो नानी, आदमी-आदमी की स्थिति के फर्क से ही तो बात बनती है या नहीं बनती है। मैंने तुम्हें अपने प्रोजेक्ट की रिपोर्ट कूरियर से भेज दी है। कल सुबह मिल जाएगी। तुम पढ़कर देख लो, फिर बात करेंगे''—कादम्बरी ने इस तरह हँसते हुए कहा जैसे कोई बड़ा रहस्य कल खुलनेवाला हो।

रूबी दी चकित हो गईं। आखिर ऐसा क्या लिखा होगा कादम्बरी ने, जिसमें उनकी दिलचस्पी हो—और इतनी कि वह उन्हें कूरियर से भेजकर फिर फोन से सूचना दे।

''अरे छोकरी, अभी तो रात के साढ़े ग्यारह बज रहे हैं! अभी तो दस-ग्यारह घंटे बाकी हैं रिपोर्ट मिलने में। बता न, क्या लिखा है तूने ?''—रूबी दी से रहा नहीं गया।

''सस्पेंस नहीं रहने दोगी नानी ? अच्छा सुनो, मैंने देवीदत्त मामा के जीवन पर एक रिपोर्ट लिखी है। हो सकता है कि मैं उन पर कभी एक उपन्यास लिखूँ। अभी तो मैंने जितना आसानी से मिल सका, उतना भर पता किया। हो सकता है, मैं इस काम के लिए कलकत्ता भी आऊँ। हो क्या सकता है, मुझे आना ही है। तुम्हारी मदद से बहुत-कुछ पता चल सकता है। है ना ?''—कादम्बरी ने अपनी बात कहकर हमेशा की तरह लाइन काट दी थी।

रूबी दी फोन रखकर सोचती रहीं। कादम्बरी कितने दिनों से इस काम में लगी हुई होगी ? शायद इसीलिए वह बीच में काफी दिन कानपुर रहकर आई थी। देवीदत्त मामा इमरजेन्सी के बाद सन् अठहत्तर में जनता दल की सरकार बनने के बाद ऐसे लापता हुए कि कभी कहीं प्रकट ही नहीं हुए। अब तक जिन्दा तो क्या होंगे। हालाँकि अठहत्तर साल की उम्र में भी साठ क्या, पचपन साल से ज्यादा के लगते नहीं थे। 'अच्छा, अच्छा'—रूबी दी को अचानक समझ में आया—कि ऐसा क्यों था कि अकसर कादम्बरी से बातें करते हुए उसकी भाषा से उन्हें देवीदत्त मामा की याद आती थी।

एक अदृश्य आदमी

रूबी दी ने कादम्बरी की रपट का शीर्षक पढ़ा, तो उन्हें अचम्भा हुआ। अदृश्य आदमी ? अच्छे-भले दिखते थे देवीदत्त मामा, इकहरा गठा हुआ तन्दुरुस्त शरीर था। हाँ, अन्त में जरूर अदृश्य हो गए, पर वह तो मरने के बाद हर कोई हो जाता है। यह बात अलग है कि सुभाषचन्द्र बोस की तरह किसी ने उन्हें मरा हुआ देखा नहीं। खैर, रूबी दी ने सोचा, और उस पतली-सी रपट के शीर्षक का पन्ना पलटकर उसे पढ़ना शुरू किया—

"एक अदृश्य आदमी, देवीदत्त, जिनके जन्म के साथ पिछली शताब्दी शुरू हुई थी, को इस नई शताब्दी की शुरुआत में याद करने का कोई महान कारण नहीं है। यह शुरू में ही इसलिए कहना जरूरी है क्योंकि हमारे देश के लोगों को महान आत्माओं और महान कारणों, कार्यों और परिणामों की सदियों से नहीं, तो पिछले सौ सालों से जरूर खोजने की आदत पड़ गई है। उन्हें याद करने का एक छोटा-सा कारण ही लेकर चलें, तो श्रीमान देवीदत्त ने नोस्ट्रेडेमस की तरह जो एकमात्र काली भविष्यवाणी इस देश के भविष्य को लेकर आज से पच्चीस साल पहले की थी, वह एकदम सच निकली। आज से पच्चीस साल पहले, जब देश को दूसरी आजादी दिलाने के लिए देवीदत्त जैसे लोग बेचैन हो रहे थे, तभी देवीदत्त ने यह कह दिया था कि इस देश को दूसरी ही नहीं, एक तीसरी आजादी की जल्दी ही जरूरत पड़ेगी। जैसा कि समझनेवाले समझ सकते हैं—और समझ के लिए उन्हें गाँधी (मोहनदास करमचन्द नहीं, फिरोज गाँधी के परिवार की) और गोडसे—दोनों की परम्परा से मुक्त होना होगा—कि आज वह समय आ गया है।"

इस पहले पैराग्राफ को पढ़कर रूबी दी की समझ में नहीं आया कि वे हँसें या रोएँ। क्या लड़की है यह कादम्बरी ! कैसी ऊटपटाँग बातें लिखती है। इतने झक्की तो देवीदत्त मामा भी नहीं रहे होंगे। किससे सीखी है इसने इस तरह की बातें ? देश को दूसरी आजादी मिली, रूबी दी को पता भी नहीं चला ? कादम्बरी तो पच्चीस साल पहले पेट में थी, उसे पता चल गया और उन्हें कानोकान खबर

तक नहीं हुई ? तभी रूबी दी के दिमाग में एक कौंध चमकी--अच्छा, अच्छा, इमरजेन्सी की बात कर रही है। इमरजेन्सी के खिलाफ अब तो कादम्बरी क्या, सभी बोल रहे हैं, पर उन दिनों तो कितने ही लोग कहते थे, देखो क्या कमाल हो गया, सारी ट्रेनें एकदम ठीक समय पर चलने लगी हैं। इस देश को ऐसे ही एक शासक की जरूरत थी, अब तो इस देश पर साक्षात् दुर्गा शासन कर रही है। वगैरह, वगैरह। देवीदत्त मामा जरूर 'रंडी की मंडी' कहते फिरते थे--यह भी कहते थे कि इस जुमले के दो अर्थ हैं। कौन उनसे माथा लगाता। और अब यह तीसरी आजादी की जरूरत कैसे आ गई ? अब तो लोगों को कोई खौफ नहीं कि पुलिस बेबात पकड़कर अन्दर कर देगी, न ही अखबारों में कुछ छापने या 'किस्सा कुर्सी का' जैसी फिल्मों के रिलीज होने पर कोई रोक-टोक है और न ही जबर्दस्ती सड़कों से कुँवारे लड़कों और आदमियों को पकड़कर उन्हें सन्तान पैदा करने के नाकाबिल बनाया जा रहा है, तब यह तीसरी गुलामी कहाँ दिख रही है कादम्बरी को ? दिमाग तो नहीं फिर गया इस लड़की का ? इसी चिन्ता के साथ रूबी दी ने आगे पढ़ना शुरू किया--

"बहरहाल, अब श्रीमान देवीदत्त उर्फ एक अदृश्य आदमी के जीवन के बारे में कुछ लिखने से पहले उनके स्वभाव के बारे में यह जान लेना जरूरी है कि देवीदत्त ने अपना जीवन किसी एक सिद्धान्त के पीछे दंड-बैठक करते नहीं बिताया, जैसा आमतौर पर लोग बिताना पसन्द करते हैं। ऐसे ही लोगों की शब्दावली में उन्हें सनकी, झक्की या बेपेंदे का लोटा कहा जा सकता है। देवीदत्त हर समय किसी पूर्ण आदर्श या सिद्धान्त की तलाश में थे। पूर्णता को पाने की यही छटपटाहट उन्हें इस देश और दुनिया के तमाम तथाकथित या वास्तविक महान नेताओं के पास ले जाती रही। देवीदत्त सब जगह थे। अलबत्ता वे अदृश्य रहना पसन्द करते थे, इसलिए किसी तत्कालीन आन्दोलन पर लिखी किताब में और किसी तस्वीर में आप उन्हें खोज कर नहीं निकाल सकते। वह भी तब, जबकि फोटोग्राफी करना उनका पेशा था और इसकी ट्रेनिंग के लिए वे जर्मनी तक गए थे। दूसरे महायुद्ध में अंग्रेजी फौज में एक फोटोग्राफर की हैसियत से भरती होना उनके इस पेशे के प्रति निष्ठा के कारण था, न कि अपने भूतपूर्व गुरु एम.एन. रॉय के कांग्रेस को भारत के 'नवजात फासीवाद की प्रतिनिधि' मानकर अंग्रेजों के साथ सहयोग करने की नीति के कारण। एम.एन. रॉय के मार्क्सवाद को छोड़ने के पहले ही देवीदत्त मार्क्सवाद और एम.एन. रॉय दोनों से छुट्टी पाकर आगे बढ़ गए थे। बल्कि यह कहना शायद ज्यादा ठीक होगा कि वे वापस वहीं लौट आए थे जहाँ से वे चले थे--यानी कि महात्मा गाँधी से वापस महात्मा गाँधी तक।"

रूबी दी कादम्बरी के लिखे हर शब्द को विस्मय के साथ पढ़ रही थीं। वाकई

कोई आदमी किसी आदमी को इतने नजदीक के साथ के बावजूद कितना कम जानकर पूरी जिन्दगी निकाल सकता है। देवीदत्त मामा के पास कोई अपना साजो-सामान नहीं था, यह रूबी दी को पता था। न ही उन्होंने अपना कोई घर बसाया। एक वही पुराने बक्से में गिनती के दस-पाँच कपड़े लिए सारी जिन्दगी न जाने कहाँ-कहाँ घूमते रहे। रूबी दी को याद है कि जितनी बार वे कलकत्ते आते, माँ उनके कपड़े आते ही सिलवातीं और यदि वे दो-तीन महीने रह जाते, तो जाते समय भी सिलवाती थीं। उस बक्से में ही उनका रोलीफ्लैक्स कैमरा था, जो शायद पिताजी ने उस जमाने में पाँच सौ रुपए में उन्हें खरीदकर दिया था। लेकिन अपनी फोटो तो उन्होंने जरूर खिंचवाई होगी कभी-न-कभी। रूबी दी झटके से उठीं और गोदरेज की आलमारी से माँ-पिताजी के पुराने फोटो का बड़ा एलबम निकाला। अभी वे कादम्बरी की बात को गलत साबित कर देंगी। लेकिन रूबी दी को पूरा एलबम पलटने पर भी कहीं देवीदत्त मामा की कोई तस्वीर नहीं मिली। उदयशंकर के साथ पूरे परिवार की तस्वीरें थीं, यहाँ तक कि देवीदत्त मामा के ऐंग्लो-इंडियन फोटोग्राफर मित्र गार्नी नीस की भी तस्वीर थी, पर देवीदत्त मामा का कहीं कोई पता न था। सचमुच जैसे वे कभी थे ही नहीं। रूबी दी ने एक लम्बी साँस लेकर आगे पढ़ना शुरू किया—

''लखनऊ की कांग्रेस में सोलह साल की उम्र में महात्मा गाँधी के प्रथम 'दर्शन' ने देवीदत्त के अन्दर भारत के आम आदमी की तरह किसी 'पहुँचे हुए' साधु-फकीर के पास पहुँच जाने की जनम-जनम की आकांक्षा को जैसे पूरा कर दिया। उसके बाद देवीदत्त को अपने जीवन की सफलता अपना बोरिया-बिस्तर बाँधकर गाँधीजी के पीछे घूमने में ही मालूम पड़ी। करीब-करीब पाँच साल के इस परिव्राजन ने देवीदत्त को चम्पारन से शुरू करके देश के चारों कोनों के चक्कर लगवा दिए। चम्पारन में नीलहे साहबों के तीनकठिया राज की समाप्ति ने देवीदत्त का यह विश्वास पक्का कर दिया कि उन्होंने सही आदमी का पल्ला पकड़ा है। अहमदाबाद में साबरमती के किनारे 'एक-टेक' वृक्ष के नीचे लगनेवाली मजदूर हड़तालियों की सभाओं में देवीदत्त उस वृक्ष की तरह अटल जमे रहे। खेड़ा सत्याग्रह में प्याज की फसल उखाड़कर 'डुंगली चोर' (प्याज के चोर) कहलानेवाले मोहनलाल पंड्या के साथ जेल जानेवालों में देवीदत्त सबसे आगे थे। लॉर्ड चेम्सफोर्ड के निमन्त्रण पर गाँधीजी के साथ-साथ देवीदत्त भी प्रथम महायुद्ध की कांफ्रेंस में दिल्ली गए। वहाँ अंग्रेजी की जगह हिन्दुस्तानी में बोलने के लिए लोगों के बधाई देने पर गाँधीजी का मातृभाषा की दुर्दशा के लिए दुख-कष्ट को देखकर उन्होंने व्रत लिया कि वे हमेशा हिन्दी-हिन्दुस्तानी में ही बात करेंगे।''

रूबी दी का दिमाग आश्चर्य से भन्नाने लगा था। उन्होंने कादम्बरी की रिपोर्ट

परे रखकर आँखें मूँद लीं। ये सब तो रूबी गुप्ता के भी जनमने के पहले की बातें हैं। इस लड़की ने इन सब बातों का भला कैसे पता लगा लिया ? क्या देवीदत्त अपनी किसी डायरी में यह सब लिखकर उस दो बित्ते की लड़की के लिए छोड़ गए थे ? और लिख भी गए हों, तो कादम्बरी को क्या मालूम कि ये सब बातें सच हैं या झूठ ? क्या कानपुर में वह डायरी कादम्बरी के हाथ लग गई ? तभी वह कह रही थी न, कि आदमी-आदमी के फर्क से ही बात बनती है या नहीं बनती है—बात—यानी कहानी-किस्से की बात। रूबी गुप्ता ने एक बार फिर देवीदत्त मामा के प्रति वैसी ही शिकायत का अनुभव किया, जैसी वे बचपन से करती रही थीं। देवीदत्त मामा कलकत्ते आते, और माँ कैसे सारी घर-गृहस्थी का क्रम उनके लिए बदल डालतीं—वही सब्जी बनती, जो देवीदत्त मामा खाते। और कोई खाए या न खाए। देवीदत्त मामा को भिंडी बहुत पसन्द थी, तो लो, रोज खाने में भिंडी खाओ। आज तक रूबी दी भिंडी को हाथ नहीं लगा पातीं। एक वही सब्जी है, जिससे आज तक उनकी चिढ़ बनी हुई है जबकि अब वे बैंगन और करेला भी खाने लगी हैं। देवीदत्त, देवीदत्त कहते-कहते माँ का मुँह सूखता रहता। ऐसा भाई-बहन का प्रेम कभी देखा न सुना। पिताजी की तो भला माँ को ऐसी परवाह कभी नहीं थी। और अब यह कादम्बरी न जाने कहाँ से भूले-बिसरे देवीदत्त मामा को फिर उनके जीवन में ले आई है। मेरी माँ को मुझसे दूर किया सो किया, मेरी नातिन को भी मुझसे दूर कर दिया। रात के आज ग्यारह बजें या तेरह, रूबी गुप्ता को कादम्बरी को यह बताना ही पड़ेगा कि उन्होंने अपने बचपन से देवीदत्त मामा को हमेशा अंग्रेजी ही छाँटते सुना। कौन-सा हिन्दी-हिन्दुस्तानी का आजीवन व्रत देवीदत्त मामा ने लिया था, ईश्वर जाने, रूबी गुप्ता तो इतना जानती हैं कि देवीदत्त मामा को अपनी अंग्रेजी पर बड़ा गर्व था। वाकई वे उच्चारण और भाषा की शुद्धता के हिसाब से नहीं भी तो, अपने शब्द-भंडार से अंग्रेजों की अंग्रेजी को मात देते थे। उनके लिखे 'ड्राफ्ट' का कोई मुकाबला नहीं था। एक बार लॉरेटो स्कूल की वाद-विवाद प्रतियोगिता के विषय 'कागज कोयले से ज्यादा महत्त्वपूर्ण है' पर देवीदत्त मामा से लिखवाकर रूबी गुप्ता ने पूरे स्कूल में धाक जमा ली थी। कितनी खुश थीं माँ उस दिन—इसलिए नहीं कि रूबी को इनाम मिला था, इसलिए कि यह उनके प्यारे भाई देवीदत्त के कारण मिला था। रूबी दी ने एक लम्बी उसाँस ली। जीवन ऐसा ही है। छोटी-छोटी बातें हैं, पर आदमी भूलता नहीं। ये छोटी बातें ही जीवन को बनाती हैं या बिगाड़ती हैं। कोई क्या करे ? उन्होंने आगे पढ़ना शुरू किया—

"जिस समय रौलेट बिल को ऐक्ट के रूप में छापने की खबर मिली, देवीदत्त गाँधीजी के साथ मद्रास में थे। गाँधीजी ने देवीदत्त को देशव्यापी हड़ताल के सिलसिले में स्वामी श्रद्धानन्द और हकीम अजमल खान साहब के पास दिल्ली

भेजा, जहाँ वे खुद बम्बई से होते हुए पहुँचनेवाले थे। चूँकि गाँधीजी को दिल्ली पहुँचने के पहले ही गिरफ्तार कर लिया गया, देवीदत्त खुद-ब-खुद डॉ. सत्यपाल और डॉ. किचलू से मिलने अमृतसर चले गए। पर उनके वहाँ पहुँचने के पहले ही वे दोनों भी गिरफ्तार हो चुके थे। 13 अप्रैल, 1919 के दिन जलियाँवाला बाग में शहीद होने से जिस कारण देवीदत्त बच गए, वह थी गाँधीजी से मिली पेचिश। प्रथम विश्वयुद्ध में अंग्रेजी फौज के लिए सिपाहियों की भरती करते-करते जब महात्मा गाँधी पेचिश के कारण एक दिन में तीस-चालीस दस्त करके मौत के दरवाजे तक पहुँच गए थे, तब देवीदत्त ने सच्चे हृदय से ईश्वर से प्रार्थना की थी कि गाँधीजी की पेचिश उन्हें लग जाए और यह महात्मा इस देश का उद्धार करने के लिए बचा रहे। तभी से देवीदत्त को पेचिश की शिकायत रही और यह कभी घटती कभी बढ़ती, तभी छूटी जब महात्माजी का साथ छूटा। अमृतसर में बिजली-पानी के भयंकर अभाव के कारण देवीदत्त ने शायद कुछ ऐसा पानी पी लिया था कि वे उस दिन मरोड़ के साथ पतले दस्त करते-करते जलियाँवाला बाग नहीं पहुँच सके थे। पर शायद उस कत्लेआम ने देवीदत्त के अन्दर कुछ ऐसा बदल दिया कि अहमदाबाद के मजदूरों के एक सरकारी अफसर के कत्ल करने पर गाँधीजी के सत्याग्रह को समाप्त करने के निर्णय पर वे क्षुब्ध हो उठे। इस तरह कोई एक घटना कहीं घट जाए और सत्याग्रह टाला जाता रहे, तब तो भारत को स्वराज मिलने से रहा। फिर भी इसके बाद अहमदाबाद में रहकर देवीदत्त 'यंग इंडिया' के सम्पादन में सहायता करते रहे। पर चौरी-चौरा में जनता पर गोली चलानेवाले पुलिसवालों को थाने के साथ जलाए जाने की घटना पर जब गाँधीजी ने असहयोग आन्दोलन स्थगित कर दिया, तो देवीदत्त ने 'हद हो गई' कहकर गाँधीजी और पेचिश दोनों से मुक्ति पा ली।''

उफ् ! रूबी दी ने सोचा। देवीदत्त मामा का यह 'हद हो गई' कहना क्या तब चालू हुआ था ? यानी उनके जन्म लेने के भी सात साल पहले। चौबीस घंटे में कम-से-कम एक बार तो देवीदत्त मामा किसी-न-किसी बात में हद होती देख ही लेते थे। खासकर रूबी की तो हर बात हद के पार उन्हें लगती ही थी। बहुत देर तक कोई किताब पढ़ती रही, तो 'हद हो गई'। बहुत हँस ली, तो 'हद हो गई'। गुस्सा होकर मुँह फुलाए बैठी रही, तो 'हद हो गई'। दूसरे महायुद्ध के दिनों में कलकत्ते पर बम गिरने से पिताजी और माँ कुछ दिन हरिद्वार रहकर बम्बई पहुँचे और रूबी कानपुर में सीनियर कैम्ब्रिज करने के बाद वहाँ से बम्बई गई थी। रास्ते में ट्रेन में कोई पड़ोसी लड़का मिल गया था। अब भी रूबी दी को उसका नाम तक याद है—अशोक। उन दिनों माँ-पिताजी, बम्बई में देवीदत्त मामा के चर्चगेट के फ्लैट में ही ठहरे थे, जो उन्हें फौज की नौकरी के कारण अंग्रेजी सरकार की तरफ से मिला हुआ था। वह राम का बन्दा अशोक बम्बई

पहुँचकर एक दिन रूबी से मिलने बिन बुलाए चर्चगेट के फ्लैट पर चला आया। देश की आजादी की हवा में बहकर शायद वह भी आजादखयाल हो रहा था। देवीदत्त मामा ने उसे देखकर धीरे से कहा था, "यह तो हद की हद हो गई।" अब तो वह बात याद करके हँसी आती है, पर उस समय तो उस लड़के अशोक के सामने देवीदत्त मामा को एकदम बुत बने बैठे देखकर रूबी का दिल काँपता रहा था कि कहीं वे उस लड़के की छीछालेदर न कर डालें। रूबी के दिल में बाद में कई बार यह बात आई थी कि यदि अपनी रूबी नामवाली प्रेमिका से मामा ने जर्मनी में शादी कर ली होती, तो क्या पता उस अच्छे-भले लड़के के प्रति उनका ऐसा रवैया न होता। जर्मनी ? जरूर कादम्बरी ने आगे जर्मनी के बारे में लिखा होगा—उत्सुकता से भर कर रूबी दी ने आगे पढ़ना शुरू किया—

"गाँधीजी के पीछे पाँच साल लगाकर देवीदत्त अचानक खाली हो गए थे। कुछ दिन कलकत्ते में 'बोर्न एंड शेपर्ड' कम्पनी से जुड़कर अपने बचपन के शौक फोटोग्राफी के पीछे लगे रहे। फिर चले जर्मनी अपने शौक को जीविका का आधार बनाने, पर वहाँ उनकी भेंट अपने अगले गुरु एम.एन. रॉय उर्फ मानवेन्द्रनाथ रॉय से हो गई। उन्हें एम.एन. रॉय में वह प्रखर बौद्धिकता दिखाई पड़ी जो गाँधी में सिरे से गायब थी। इसी की आँच में देवीदत्त ने गाँधी के मध्ययुगीन, पिछड़े, प्रतिक्रियावादी विचारों को ही नहीं देखा-समझा, बल्कि अपने बचपन की बिना जाँची ऊलजलूल धार्मिकता को जला डाला। कठोपनिषद के यम-नचिकेता संवाद से प्रेरित कंचन-कामिनी से मुक्त रहने के अपने व्रत के बाद के आधे हिस्से को निभाने का उन्हें कोई तुक नहीं नजर आया। फलतः रूबी मॉरगन नाम की एक आधी भारतीय-आधी यूरोपीय महिला से उनके गहरे सम्बन्ध बने। रूबी और देवीदत्त की यह जुगलजोड़ी एम.एन. रॉय के पीछे, या कि कहा जाना चाहिए, उनके बदलते विचारों के पीछे बिलकुल छाया की तरह लगी रही। 1923 में चित्तरंजन दास ने गाँधी के अहिंसावाद का पिछलग्गू बनकर एम.एन. रॉय को ऐसा निराश किया, कि उन्होंने कांग्रेस के भीतर-भीतर कम्युनिस्टों का एक छिपा गुट बनाकर काम करते रहने का अपना पुराना इरादा छोड़ दिया। 1924 में भारत में कम्युनिस्ट पार्टी की स्थापना की कार्यवाही में 'सत्यभक्त' का साथ देने के लिए देवीदत्त को एम.एन. रॉय ने भारत भेजा, पर बात कुछ जमी नहीं। उसके बाद कलकत्ते रहकर देवीदत्त अपने गुरु को उनकी प्रतिद्वन्द्वी बनती जा रही ब्रिटिश कम्युनिस्ट पार्टी की गतिविधियों की रिपोर्ट भेजने का काम करते रहे। पर यहाँ उनसे एक ऐसी भूल हो गई, जिसने उनका जीवन फिर बदल डाला। हुआ यह कि गुरु-सेवा के जोश में ब्रिटिश कम्युनिस्ट पार्टी के एक जासूस को कलकत्ते में 1927 में गिरफ्तार करवाने में पुलिस की मदद देवीदत्त ने एम.एन. रॉय से, जो कि उस वक्त चीन में थे, बिना पूछे कर डाली। गुरु नाराज हुए सो तो हुए,

इस बात से देवीदत्त और रूबी के सम्बन्धों में भी दरार पैदा होते-होते खाई पैदा हो गई। देवीदत्त के इस तर्क से कि 'दुश्मन के साथ दुश्मन जैसा व्यवहार गलत नहीं है,' रूबी मॉरगन की चिढ़ बढ़ती गई।''

हे भगवान् ! क्या इतिहास इस तरह अपने को दोहराता है ? रूबी दी को वह घटना ऐसी-की-ऐसी याद है जैसे कल की बात हो—1965 के भारत-पाक युद्ध के बाद की बात है जब लालबहादुर शास्त्री का नाम और 'जय जवान जय किसान' देश के बच्चे-बच्चे की जुबान पर था। युद्ध में भारत की विजय के नशे में मनोज कुमार की बनाई फिल्म 'उपकार' देखकर वे लोग घर लौटे थे—माँ, पिताजी और रूबी। देवीदत्त मामा उन दिनों कलकत्ता आए हुए थे और उन्होंने फिल्म देखने जाने से इनकार कर दिया था, जैसा कि रूबी की समझ में कोई देशद्रोही ही कर सकता था। अलबत्ता इससे फायदा यह हुआ था कि चूँकि सुधीर कलकत्ते के बाहर गए हुए थे, रूबी दोनों बेटियों को देवीदत्त मामा के पास छोड़ गई थी। घर लौटने पर अलीपुर के घर के बाहर भीड़ देखकर उन लोगों के दिमाग से 'भारत-कुमार' और 'मेरे देश की धरती सोना उगले, उगले हीरे-मोती' का भूत एकबारगी उतर गया था। हुआ यह था कि देवीदत्त मामा ने एक नौकर को कुछ चोरी कर ले जाते हुए रंगे हाथों पकड़ लिया था और उसे बाँधकर पुलिस को फोन करने में लगे थे। दोनों लड़कियाँ दहाड़ें मार-मारकर रो रही थीं। माँ-पिताजी के हजार बार समझाने और अनुनय-विनय करने के बावजूद और नौकर के रो-रोकर हजार बार माफी माँगने के बावजूद देवीदत्त मामा नहीं माने थे और चोर को पुलिस को पकड़ाकर ही दम लिया था। रूबी दी को बिलकुल ज्यों-का-त्यों याद है कि देवीदत्त मामा ने नौकर के प्रति माँ-पिताजी के दयाभाव को गरीबों का खून चूसनेवालों की सड़ती हुई करुणा और न जाने क्या-क्या कहा था और 'चोर को दंड मिलना ही चाहिए' के सिद्धान्त पर अड़े रहे थे। इस तर्क से रूबी ने पहली बार भाई-बहन के सम्बन्धों में दरार देखी थी। अगले दिन देवीदत्त मामा लापता हो गए थे और माँ ने एक साल बाद उनके अगली बार प्रकट होने तक उनका एक बार नाम तक नहीं लिया था।

रूबी दी को देवीदत्त मामा के इतिहास का वृत्तान्त पढ़कर आज वह घटना फिर याद हो आई—ईश्वर जाने कि देवीदत्त मामा का वह आचरण गाँधीवाद, मार्क्सवाद या उनके बाद के दिनों के लोहियावाद—न जाने किस आधार पर उचित था ? या कि देवीदत्त मामा बरसों पीछे खोई हुई किसी रूबी को यह बताना चाह रहे थे कि अब भी वे वही करते हैं, जो उन्हें सिद्धान्ततः ठीक लगता है ? रूबी दी इतना सब इतिहास पढ़ते-पढ़ते थक चली थीं—देश की राजनीति या इतिहास में हमेशा से उनकी इतनी ही दिलचस्पी रही थी कि चालू बहसों पर चार आदमियों के बीच बोलने लायक जानकारी भर रहे। पर फिर भी रूबी दी से कादम्बरी की

रिपोर्ट आगे पढ़े बिना नहीं रहा गया–

"इसी बीच बर्लिन में देवीदत्त की मुलाकात जवाहरलाल नेहरू से भी हुई थी और वे उनके व्यक्तित्व से देश के बाकी नौजवानों की तरह बेतरह प्रभावित हुए थे। यह प्रभाव कुछ ऐसा था कि आगे चलकर नेहरू की राजनीति के कट्टर विरोधी होने के बावजूद दिल-ही-दिल में देवीदत्त का नेहरू से एक तरह का लगाव बना रहा। नेहरू के कारण ही देवीदत्त ने पाया कि वे फिर गाँधी के बारे में सोचने लगे हैं और जब 1929 में मास्को में एम.एन. रॉय को 'कम्युनिस्टों का कॉमरेड' होने के बजाय 'गाँधी का कॉमरेड' बताकर 'कोमिन्टर्न' से निष्कासित किया गया, तो देवीदत्त चकरा गए। उन्हें लगा कि क्या सारे रास्ते गाँधी की तरफ ही जाते हैं या कभी-न-कभी किसी-न-किसी टेढ़े-मेढ़े गलियारे से उधर ही पहुँचा जाते हैं ? लेकिन पूर्णता क्या कहीं नहीं है, क्या निरतिशय पूर्णता कोई चीज नहीं है, क्या उन्हें कभी कोई ऐसा नहीं मिलेगा जहाँ उनकी अटल टेक हो सके ? कुछ दिनों तक ऐसा सोचकर देवीदत्त इतने हताश हो गए कि उन्होंने निश्चय किया कि अब वे न किसी को खोजेंगे न किसी के पीछे भागेंगे, अपने को हवा में डोलते पेड़ से टूटे पत्ते की तरह छोड़ देंगे। इस तरह डोलते हुए वे बम्बई पहुँचे, जहाँ उन्हें अनायास किसी अज्ञात फिल्म में बतौर कैमरामैन नौकरी मिल गई। पर संयोग कि यह पूरे विश्व की बदहाली 'क्रैश ऑफ ट्वेंटी नाइन' का दौर था, इसलिए वह फिल्म कभी पूरी नहीं हुई। यहाँ यह बताना शायद जरूरी है कि देवीदत्त किसी तरह यात्रा का जुगाड़ बैठाकर एक बार रूबी से मिलने अन्तिम बार बर्लिन गए थे, पर उसके मिलने से इनकार कर देने के कारण उनकी मुलाकात रूबी के बजाय दो ऐतिहासिक शख्सियतों से हो पाई–एक थे जर्मनी के उभरते हुए नाजीवाद के मुखिया एडोल्फ हिटलर, जिनको भाषण देते हुए देवीदत्त ने देखा और सुना और दूसरे थे राममनोहर लोहिया, जिनके नसीब में श्रीमान देवीदत्त का आखिरी आकर्षण होना लिखा था।"

वाह कादम्बरी, तुमने तो देवीदत्त मामा को पुराणों के दत्तात्रेय मुनि का चेला बना दिया, जिसने चौबीस गुरु बनाए थे–रूबी दी ने मन-ही-मन कादम्बरी से कहा। उन्होंने अपने सोचने की शुरुआत व्यंग्य भाव से की थी, पर उनका मन एकाएक नितान्त खिन्न हो उठा। रिसर्च पेपर लिख रही है यह लड़की ? लेकिन उसे यह मालूम नहीं कि रिसर्च पेपर ऐसे लोगों पर लिखे जाते हैं, जिनके जीवन के तथ्य सार्वजनिक रूप से जाने हुए होते हैं। यह तो मन से कुछ भी जोड़ लेना हुआ। वह भी इसलिए कि कोई प्रमाणित नहीं कर सकेगा कि यह सब कोरा झूठ या मनगढ़ंत किस्सा या फिर बुद्धि-विभ्रम है। पर यह कमाल आखिर है किसका ? खुद कादम्बरी का या देवीदत्त मामा का ? क्या देवीदत्त मामा किसी

कादम्बरी जैसे भोले शोधार्थी के लिए अपने जीवन का एक मनगढ़ंत वृत्तान्त लिखकर छोड़ गए हैं जिसमें वे इतने अहंकारहीन हैं कि देश-विदेश के बड़े-बड़े नेताओं के साथ एकदम नजदीक रहते हुए भी अदृश्य बने रहे। यदि कोई व्यक्ति सचमुच ऐसा हो ही, तो वह यह सब लिखकर क्यों रखेगा ? फिर उसमें और ऐसे लोगों में अन्तर ही क्या हुआ, जो अपने नाम के जिक्र की कटिंग अखबारों-पत्रिकाओं से काटकर उनकी स्क्रैप-बुक बनाकर रखते हैं ? और देवीदत्त मामा में ऊपर से सरल—यहाँ तक कि कभी-कभी एकदम निरीह दिखते हुए भी कितना अहंकार भरा था, यह क्या रूबी दी से छिपा है ? यदि सचमुच उन्होंने इन बड़े-बड़े नेताओं का साथ पाया होता, तो न जाने कितना बढ़ा-चढ़ा के सारी दुनिया को, और न भी तो अपनी बहन को, बताते न फिरते ? रूबी दी खिन्न मन से—कि कैसे कादम्बरी भुलावे में आ रही है—आगे पढ़ने लगीं—

''श्रीमान देवीदत्त के आगे के दस साल, यानी दूसरे महायुद्ध के शुरू होने के पहले तक का समय एक धुन्ध में घिरा है। इन दस सालों में वे कभी प्रकट होते, कभी न जाने कहाँ गायब होते ज्यादातर कलकत्ता में रहे। ऐसा मालूम पड़ता है कि ये दस साल उन्होंने राजनीति से दूर रहकर अपने फोटोग्राफी के पेशे में ही लगाए। संयोग से जर्मनी में भारत के नृत्य-सम्राट उदयशंकर से मित्रता हो जाने के कारण कलकत्ते की कला-संस्कृति की दुनिया में उनकी उठ-बैठ हो गई थी। गाँधी के 1930 के नमक-सत्याग्रह की यात्रा पर एक फिल्म देवीदत्त ने खींची जरूर, पर यह काम भी उन्होंने गाँधी के चेले न होकर एक फोटोग्राफर की हैसियत से ही किया। देवीदत्त ने पक्का निश्चय कर लिया था कि महात्माजी की यात्रा, उनका नमक बनाना, रास्ते के गाँवों के लोगों से प्रेम से मिलना, सभाएँ करना, प्रार्थना करना यह सब वे कैमरे से ही उतारेंगे, अपने हृदय से नहीं। उसके बाद की उनकी खींची हुई तस्वीरों से एक आश्चर्यजनक बात सामने आती है—और वह है नेहरू और उनके परिवार में उनकी दिलचस्पी। इसी क्रम में कलकत्ते के माहेश्वरी भवन में 2 जनवरी, 1931 को खींची गई नेहरू की माँ स्वरूपरानी की भाषण देते हुए तस्वीर है और पंडित मोतीलाल की एक तस्वीर है जिसमें वे एक आरामकुर्सी पर अधलेटे बीमार-से लग रहे हैं; 1932 में इलाहाबाद में आनन्द-भवन में कमला नेहरू की विजयलक्ष्मी पंडित, कृष्णा नेहरू और शामकुमारी नेहरू के साथ तस्वीर है। किन्तु सबसे अद्भुत तस्वीर है लखनऊ के 1936 के कांग्रेस अधिवेशन में जुलूस की भीड़ से चारों ओर से घिरे हुए घोड़े पर सवार जवाहरलाल की। जाहिर है कि ये सब तस्वीरें न कहीं छपाई गईं और न ही खुद देवीदत्त ने कभी इन्हें फुरसत में पलटकर देखा।

राजनीति के पचड़ों और पूर्ण आदर्श की उथल-पुथल से दूर रहकर देवीदत्त ने कैमरे की आँख से दुनिया को देखने का फैसला किया था। अब उनके लिए

जीवन की असलियत पर आधारित, लेकिन ठोस असलियत से दूर सिनेमा की दुनिया को दर्ज करने का काम बिलकुल अनुकूल था। दूसरे महायुद्ध के पहले के दस सालों में रिलीज हुई बम्बई की हिन्दी फिल्मों की धुँधली पड़ती टाइटिलों में आप चाहें, तो उनका नाम खोज सकते हैं। पर अशोक कुमार-देविका रानी की 'अछूत-कन्या' हो या व्ही. शान्ताराम की 'अमर-ज्योति' या 'दुनिया ना माने' या 'आदमी', आपको उनमें देवीदत्त होते हुए भी नहीं मिलेंगे, क्योंकि हर बार उन्होंने एक नए नाम का अपने लिए इस्तेमाल किया। वे कभी देवीदत्त उर्फ निवारण बाबू थे; कभी देवीदत्त उर्फ भवानी बाबू; कभी देवीदत्त उर्फ भवतारण बाबू। और हर बार 'सहायक कैमरामैन' थे—वह भी सिर्फ वहीं जहाँ उन्हें अपना नाम देना ही पड़ा क्योंकि असली सहायक कैमरामैन की आत्मा उन्हें इस तरह अदृश्य होने देने की गवाही नहीं दे रही थी।''

रूबी दी ने लम्बी साँस छोड़कर पन्ना पलटा, तो देखा कि आगे के पन्ने पर कुछ लिखा हुआ नहीं है। तो कादम्बरी ने उन्हें अपनी रिपोर्ट का एक हिस्सा मात्र भेजा है, ताकि वे पहले इतनी बातें पचा लें, तब आगे की जानें। हालाँकि रूबी दी के पास इस बात का कोई प्रमाण नहीं है, पर उनकी छठी इन्द्रिय उन्हें बता रही है कि कादम्बरी यह बात अच्छी तरह जानती है कि उसकी नानी की अपने इस 'दिग्विजयी'—या शायद दिग्भ्रमित—मामा से कभी नहीं बनी। जाहिर है कि कादम्बरी ने अपनी माँ से खोद-खोदकर बहुत सारी बातों का पता लगाया होगा और उसकी माँ ने यह सूचना उसे सबसे पहले दी होगी। दुश्मन का दुश्मन अपना दोस्त होता है—इस सिद्धान्त के अनुसार कादम्बरी की माँ यानी रूबी गुप्ता की बड़ी बेटी गौरी को बचपन से ही देवीदत्त मामा से बेहद लगाव रहा था। जब भी देवीदत्त मामा अपनी बहन के पास कलकत्ता आते—और गौरी के पैदा होने के बाद वे शायद इसीलिए ज्यादा आने लगे थे—तब-तब गौरी हमेशा उतने दिन अपनी नानी के घर रहकर वहीं से स्कूल आना-जाना तक करती थी। बरसों बाद भी आज तक रूबी दी के मन से यह सन्देह कभी नहीं मिट पाया था कि गौरी ने शान्तिनिकेतन में रहकर विश्वभारती विश्वविद्यालय में पढ़ाई करने की केवल प्रेरणा ही देवीदत्त मामा से नहीं पाई थी, बल्कि वहाँ के कला-विभाग में युगांडा से ईदी अमीन द्वारा निष्कासित होकर पढ़ने आए एक आधे गुजराती-आधे अंग्रेज लड़के का स्वयं वरण करने की हिम्मत भी उनसे पाई थी। शायद अब जाकर कादम्बरी के मार्फत ही यह रहस्य भी खुलेगा। पर न भी खुले, तो क्या, रूबी दी ने थकान से सोचा। जीवन बीत जाता है, तब छोटे दुख हों या बड़े दुख, छोटे सुख हों या बड़े सुख, सब धुँधले और व्यर्थ-से लगने लगते हैं। जो बातें आदमी के लिए जीने-मरने का सबब होती हैं, वे भी सब यों ही आई-गई हो जाती हैं।

तो अब रूबी गुप्ता को क्या करना चाहिए, रूबी दी ने सोचा—अपनी कथा आगे लिखनी चाहिए या नहीं—एक ऐसे जीवन की कथा, जिसमें कुछ भी खास नहीं है ? क्या किसी को इसे पढ़कर रूबी गुप्ता से सहानुभूति होगी या उन्हें लगेगा कि यह खाए-पीए-अघाए लोगों का नया शगल है कि वे मामूली हकीकतों का बयान कर अपना कद बढ़ाने की मूर्खतापूर्ण चेष्टा में लग जाएँ ? क्या अपनी यह कथा रूबी दी कादम्बरी को भेजकर देखें कि उसकी क्या प्रतिक्रिया होती है ? या इसे फाड़-फूड़कर कूड़े के ढेर में फेंककर रूबी दी को वापस अपनी उसी आमफहम जिन्दगी में लोगों का 'परामर्श-उद्धार' करने लौट जाना चाहिए ? कोई सविता, कोई माया बोस, कोई आभा जैन—किसी को उनकी थोड़ी-सी ही सही, जरूरत हो सकती है। वे किसी के काम आ सकती हैं, इसी में उनके जिन्दा रहने की शेष रह गई परिपूर्णता है, यह बात उन्हें कादम्बरी को समझाने की जरूरत क्यों बाकी रह गई है ?

कोथाय आलो, कोथाय ओरे आलो !

रूबी दी को 'परामर्श' के दफ्तर जाते हुए आज अचानक अपना जीवन ठीक वैसा दिखाई पड़ा, जैसा वे जानती थीं कि दूसरे लोगों को दीखता होगा पर वे जिसको उसी तरह देखने से आज तक बचती आ रही थीं। एक खटारा ऐम्बेसेडर में बहरे राधाचरण ड्राइवर—जिसे कोई बात समझाने के लिए जोर-जोर से चिल्लाना पड़ता हो—और एक विचित्र वयहीन लड़कीनुमा औरत—क्योंकि सायरा की उम्र का अंदाज लगाना असम्भव था कि वह तेरह की है या तीस की—के साथ बैठी एक बूढ़ी जिद्दी औरत, जो यह मानने के लिए तैयार न हो कि संसार उसके बिना एकदम ठीक-ठाक चल सकता है।

क्या सचमुच उनका जीवन एकदम निरर्थक था—उनकी पढ़ाई, उनकी 'समाज-सेवा', 'वामा स्टडी ग्रुप' के मार्फत लेखकों-पत्रकारों-फिल्मवालों जैसे असाधारण मनुष्यों को जानने की चेष्टा, कविताएँ लिखना—क्या यह सब अपने रोज सिकुड़ने को मजबूर अहंकार को किसी तरह फुलाने-बहलाने की कोशिश मात्र थी ? तो क्या रूबी गुप्ता के पति सुधीर और उनकी दोनों बेटियों का उनके काम, उनकी सहेलियों, उनकी संस्थाओं के प्रति मौन हिकारत का भाव जायज था ?

सुधीर ने सिर्फ एक वाक्य से उनका नाता उस दुनिया से तोड़ दिया था, जिसमें उठ-बैठ का अधिकार रूबी को कलकत्ते के सबसे पुराने रईस खानदान की पुत्री होने के नाते सहज मिला हुआ था—"जिन लोगों के घर से तुम्हारे लिए चाय-पानी के बुलावे आते हैं, मैं उनके लिए घर बनाने के लिए तपती धूप में घंटों बाहर खड़ा रहता हूँ और कोई एक गिलास पानी के लिए भी नहीं पूछता।" यह सुनकर क्या रूबी गुप्ता ने एक मिनट तक का समय लगाया था उस दुनिया को छोड़ने में ? पिताजी के साथ जिन घरों में वह बचपन से जाती रही थी और जिन स्नेहपूर्ण सम्बन्धों के पीछे कहीं यह भाव नहीं था कि उनकी हैसियत क्या है, उन सबसे एक झटके से रूबी ने अपने को दूर कर लिया था। उसे अपने पति के साथ खड़ा होना है, अब वह सतपीढ़िया शाह की बेटी नहीं, एक साधारण

आदमी की पत्नी है। लेकिन इस निर्णय के लिए क्या उसे कभी शाबाशी मिली ? उसे तो मिली सोलह छेदोंवाली एक स्मृति की चलनी—रोज-रोज की छोटी-छोटी हिंसाओं से जूझते हुए, रोज यह सोचते हुए कि जीवन में यही कुछ सत्य नहीं है—हो नहीं सकता—कुछ और भी है जीवन में—या होना चाहिए था।

डॉ. डेविस से इलाज के बाद रूबी के जीवन में वह नया मोड़ शुरू हुआ था, जिसे रूबी दी अब उनके अपने जीवन के अपने सत्य की खोज या अपने निजी अर्थ की खोज कहती हैं। किसी जमाने की वह कब की मरी हुई, अंग्रेजी साहित्य में कलकत्ता विश्वविद्यालय से गोल्ड-मेडलिस्ट रूबी फिर साँस लेने लगी थी। जिस घर में उसके सारे गुणों को दुर्गुण मानकर उसे उम्रकैद के चौदह सालों से भी ज्यादा सजा भुगताई गई थी, उस घर के बाहर उसकी अपनी दूसरी नई जिन्दगी की सुबह उसे चकाचौंध कर गई थी। सुधीर के अपनी छोटी माँ को बड़ी भाभी के सामने कहे गए शब्द उस सुबह को रोशन कर रहे थे—"मैं नहीं जानता कि उसे क्या तकलीफ है इस घर में और क्यों है। मैंने जानने की कभी कोशिश भी नहीं की। पर अब मुझे उसे नया जीवन देना ही होगा। यह उसका अधिकार है और मेरा कर्त्तव्य भी।"

वासुमणि और उसके पास चर्च के प्रांगण में आनेवाले वे सारे बेसहारा, असहाय स्त्री-पुरुष रूबी को एक ऐसी वस्तु दे गए थे, जो उसे पूरे चालीस साल के जीवन में कहीं नहीं मिली थी। उन्हें रूबी की जरूरत थी—रूबी को पहली बार पता चला कि उसमें जन्मजात प्रतिभा है कि वह दूसरों के कष्ट को भाँप ले, उन्हें समझ सके और उन्हें शान्ति, सांत्वना और सम्बल दे सके। खुद वासुमणि ने किसी क्षण में अपने स्वभाव के विपरीत जाकर उसे कहा था, "तुममें कुछ ऐसा है कि तुम्हारे पास आनेवाला हर व्यक्ति राहत महसूस करता है, देयर इज समथिंग सूदिंग इन यू—मुझे भी कभी-कभी एकदम ऐसा लगता है, खासकर जब मैं खुद परेशान होता हूँ।" लेकिन संसार का आठवाँ आश्चर्य कि रूबी की यह 'सूदिंग क्वालिटी'—दूसरों को तनावरहित बनाने की क्षमता—की भनक तक उसके सबसे नजदीक के लोगों को नहीं पड़ी। बल्कि इसका बिलकुल उलटा हुआ—कादम्बरी की माँ गौरी के बड़े होते जाने के साथ-साथ उनका आपस का तनाव इस कदर बढ़ता गया था कि हर क्षण ऐसा लगता है कि वे लोग एक अन्दर से धधकते हुए ज्वालामुखी पर बैठे हैं और वह किसी भी क्षण फूट पड़ेगा। "तुम्हें मेरे स्कूल आने की कोई जरूरत नहीं; तुमने चाचाजी के सामने क्यों कहा कि मैं पढ़ने में तेज हूँ; तुम्हारी सहेली मुझे बधाई दे रही थी कि मुझे स्कूल-शील्ड मिली है, उससे तुमने मेरे बारे में बात क्यों की ?"—तमाम छोटी-छोटी बातें। बल्कि हर बात पर एक बात। सुधीर चुप रहते, छोटी लड़की जया चुप रहती। बस गौरी और रूबी दी चालू रहतीं। रूबी दी समझाने की चेष्टा करतीं, पर अन्त

में या तो भभक पड़तीं या फफक पड़तीं। कहाँ भूल हुई उनसे, यह उन्हें कभी पता नहीं चल पाया। गौरी के बचपन में एक बार रूबी दी को इस बात का दुख उठा था कि कहाँ गौरी रिक्शे में स्कूल आती-जाती है और कहाँ वे रॉल्स-रॉयस में स्कूल जाती थीं; बड़े होने पर गौरी ने घोषणा कर दी कि वह बस से स्कूल-कॉलेज आना-जाना करेगी—उसे गाड़ी में बैठने में शर्म आती है। रूबी दी जितनी बार गाड़ी में बैठतीं उन्हें गौरी की यह विचित्र बात याद आती।

वासुमणि की 'गुड फ्रेंड्स सोसाइटी' के लिए चन्दा इकट्ठा करते-करते रूबी गुप्ता कब उन्हीं लोगों से जुड़ गई, जिनका घर बनाने सुधीर धूप में प्यासे खड़े रहते थे, यह उन्हें कभी पता नहीं चला। दरअसल वही लोग थे, जो सब ओर थे और वही लोग थे जो समाज के उत्थान के लिए पैसे देने को तैयार थे। वही लोग थे जिन्हें साहित्य की, राजनीति की, कला की, अख़बारों की, फिल्मों की बड़ी-बड़ी हस्तियों को बुलाने और सुनने में रुचि थी। वही लोग थे, जो रूबी गुप्ता को जानते थे और उसके कहने पर कुछ करने को तैयार थे। 'ऑल फॉर अ गुड कौस—एक सत्कार्य के लिए सबकुछ'—किस तरह व्यंग्य से मुँह टेढ़ा कर गौरी ने उनसे कहा था, जब उन्होंने अपने परिचितों-सहेलियों को फोन करके वासुमणि के किसी प्रोजेक्ट के लिए दस मिनट में ही बीस हजार रुपए इकट्ठे कर लिए थे। रूबी दी अवाक् रह गई थीं गौरी का मुँह देखकर। उन्हें पता था कि गौरी यूनिवर्सिटी से एक चार पन्नों की सस्ती पत्रिका निकालने के लिए पैसे इकट्ठा करना चाहती है। पर कोई जुगाड़ नहीं बैठ रहा। गौरी को यह कहने की कभी रूबी दी की हिम्मत नहीं पड़ी कि वह चाहे, तो उनसे रुपए ले सकती है। कह देतीं, तो न जाने कैसा प्रलय आ जाता।

ऐसा नहीं था कि रूबी दी इस बात को लेकर कोई मुगालते में थीं कि उनकी सारी सहेलियाँ अपनी तुलना में उनकी मामूली आर्थिक हैसियत के बावजूद उन्हें सिर्फ प्रेमवश इज्जत-मान दे रही हैं। 'वामा स्टडी ग्रुप' के लिए बरसों-बरस की गई मेहनत, हर काम में आगे रहना, बढ़िया अंग्रेजी 'ड्राफ्ट' बनाने की उनकी क्षमता, एक रईस खानदान से उनका सम्बन्ध—ये सारी बातें इस इज्जत में शामिल हैं, यह रूबी दी को मालूम था। ठाकुरपुकुर में कैंसर के मरीजों के लिए ठहरने-खाने का सेंटर बनाने का प्रोजेक्ट आया, तो रूबी दी ने उसमें अपनी जान लगा दी। वे कभी-कभी सबसे कहतीं—'अरे तुम लोग तो जवान हो, तुम्हारे पास बढ़िया एयरकंडीशंड गाड़ियाँ हैं, कम-से-कम सप्ताह में एक दिन ठाकुरपुकुर जाने का जिम्मा लो। सप्ताह में तीन बार पचासों किलोमीटर इस खटारा ऐम्बेसेडर में जाने-आने में मेरी कमर टूट जाएगी।' पर किसी के कानों पर जूँ नहीं रेंगी। बस कभी कोई शानदार आयोजन होता, तो सब पहुँचने में एक-दूसरे के आगे होना चाहते। रोज की गधाखटनी में किसी की दिलचस्पी नहीं थी।

रूबी दी कभी-कभी गौरी को समझाना चाहतीं कि वे इन लोगों के साथ हैं, तो किसी तरह की 'सोशल क्लाइम्बिंग'—विशिष्ट वर्ग तक पहुँचने—की इच्छा के कारण नहीं हैं। वे इन लोगों के साथ हैं क्योंकि उन्हें मालूम नहीं कि वे और कहाँ या और क्या हो सकती हैं। कई बार गौरी से उन्होंने अपने ऐसे अनुभवों का साझा करना चाहा, जब खुद उन्हें इन लोगों की हर आदमी को सिर्फ उसके बैंक-बैलेंस से तौलने की क्षुद्रता को झेलना पड़ा था। जब रूबी गुप्ता 'वामा स्टडी ग्रुप' की 'प्रेसीडेंट' बनीं, तो पहले की प्रेसीडेंटों की परम्परा का निर्वाह करते हुए उन्होंने पूरी 'कमिटी' को अपने घर खाने के लिए आमन्त्रित किया। तब एक पिछली प्रेसीडेंट ने, जिनके पति शहर के नामी उद्योगपति थे, नाक-भौं चढ़ाकर पूछा था, "आप रहती कहाँ हैं ?" "अलीपुर"—सुनकर वे चौंकीं, फिर कहा, "अपना मकान है या भाड़े का ?" अपनी सारी जिन्दगी में सब तरह के लोगों को झेलकर भी रूबी गुप्ता इस तरह के प्रश्न के लिए तैयार नहीं थीं। उनके मुँह से निकला—"न अपना, न भाड़े का।" "क्या मतलब ?" श्रीमती एक्स-प्रेसीडेंट ने आश्चर्यचकित होकर पूछा था। "जी, ऐसा है कि मैं अपने पिता के मकान में रहती हूँ, पर उन्हें भाड़ा नहीं देती, इसलिए।" "कौन हैं आपके पिताजी ?" नाम सुनकर वे अत्यन्त उत्साह से पिछली दो पीढ़ियों से रूबी दी के परिवार से घनिष्ठ सम्बन्धों की गाथा गाने लगी थीं। गौरी को यह किस्सा सुनाकर रूबी दी उससे अपने कष्ट का साझा करना और उसकी सहानुभूति पाना चाहती थीं, पर उन्होंने हैरत से जाना था कि उनका हर कदम उन्हें गौरी से दूर ले जाता है या गौरी को एक कदम पीछे हटा देता है।

रूबी जितना बाहर की दुनिया के साथ खुलती जाती, सुधीर उतना ही अपने अन्दर की दुनिया में धँसते जाते। गौरी की सहानुभूति पिता के साथ थी, शायद इसलिए रूबी दी दोषी बनती जातीं। रूबी दी उनकी निगाहों में दुनिया की कृपादृष्टि पाने के लिए उसके पीछे दौड़ रही शख्सियत थीं और वे लोग उस दुनिया से बहुत ऊपर उठे लोग। रूबी दी उन्हें समझाना चाहतीं, अपना हाथ आगे बढ़ातीं कि देखो, गुमनाम होकर जीने में कोई तुक नहीं है, पर वे लोग उनके उठे हुए हाथों की तरफ हिकारत से देख मुँह फेर लेते। बड़ी भाभी के यह कहने पर कि तुम्हारे बच्चों की शादी भला कैसे होगी, सुधीर को तो कोई जानता तक नहीं, रूबी ने सुधीर को अपने खोखल से निकालने के लिए जी-जान लगा दी, पर उसके कभी कुछ हाथ नहीं लगा। बस हाथ आई गौरी की अपनी बिलकुल अलग दुनिया बनाने की जिद और जया की घोर चुप्पी।

पति की अचानक मृत्यु ने रूबी को एक नहीं, कई तरीकों से तोड़ा था। दोनों लड़कियों की शादी किए बिना सुधीर चले गए थे, इसलिए वे निरर्थक चेष्टाएँ रूबी की आत्मा पर भार बन गई थीं, जो उसने सुधीर को एक सामाजिक

प्राणी बनाने के लिए की थीं। गौरी पिता की मृत्यु पर शान्तिनिकेतन से आकर कुछ दिन रहकर अचानक वापस लौट गई। ऐसे वक्त में भी गौरी का उनसे सहानुभूति न होना रूबी दी के दिल में कहीं बहुत गहरे चुभ गया था। वे देखतीं कि गौरी उनसे कोई बात नहीं करना चाहती। कोई बाहर का आदमी आता, तो आती, फिर अपने कमरे में घुसकर बन्द हो जाती। उसके जाने की तय तारीख से एक सप्ताह पहले अचानक लौट जाने के लिए बोरिया-बिस्तर बाँधने पर रूबी दी को कोई आश्चर्य नहीं हुआ था। उन दोनों का दुख एक समान गहरा था, पर उस पर कोई पुल बनाना उन दोनों को नहीं आता था। उनके बीच पुल शायद सुधीर ही बनाते रहे थे, और अब कुछ नहीं हो सकता था। वह बिना कुछ बोले उसी तरह चली गई थी जैसे वह हर बार जाती थी। गौरी के जाने के महीने भर बाद शान्तिनिकेतन से आई उसकी एक सहेली से यह सुनकर रूबी दी स्तब्ध रह गई थीं कि गौरी को कुछ ऐसी बीमारी हो गई है कि वह बोल नहीं पाती—या तो वह भाषा भूल गई है या उसकी आवाज को कुछ हो गया है।

शान्तिनिकेतन जाकर रूबी दी को इस राज का पता चला था कि गौरी समय से पहले ही क्यों कलकत्ते से चली गई थी—इसी राज में उसकी विचित्र बीमारी का भी बीज था, यह समझते रूबी दी को देर नहीं लगी थी। गौरी ने रूबी दी को फोन पर किसी को कहते सुन लिया था, "गौरी का कलकत्ते में रहना या न रहना एक बराबर है। वह कोई सांत्वना तो मुझे दे नहीं सकती।" गौरी ने जब उन्हें यह बात बताई तो रूबी दी के पास उसे गले लगाकर फूट-फूटकर रोने के अलावा और कोई रास्ता नहीं बचा था। उस रोने में आत्मग्लानि भी थी और नियति पर क्रोध भी। उस रुदन ने गौरी को पहली बार उनके बहुत करीब ला दिया था। पर बहुत जल्दी वे दोनों रिश्तों के उसी पड़ाव पर वापस लौट गई थीं, जहाँ शायद उनका डेरा गौरी के जन्म के साथ ही डल चुका था। गौरी ने एक दिन अचानक कहा, "तुमने मुझे कभी प्रेम ही नहीं किया क्योंकि मैं पापा की तरह साँवली थी। मुझे माँ का प्रेम नहीं मिला।" रूबी दी ने इस आक्षेप से तिलमिलाकर कहा था, "तुम्हें तो सिर्फ माँ का प्रेम नहीं मिला। मुझे तो न माँ का प्रेम मिला, न बेटी का।"

इस संवाद का सन्दर्भ गौरी का अपने जीवनसाथी का चुनाव था। अंग्रेज-से दिखनेवाले उस पीले बालोंवाले गुजराती पिता और ब्रिटिश माँ की सन्तान में गौरी को क्या गुण दिख रहे थे, यह रूबी दी के लिए समझना बहुत मुश्किल था। पर मुश्किल तो उनके लिए गौरी को समझना सदा ही रहा था। एक तो चित्रकार, जिसकी रोजी-रोटी का ठिकाना होना आसान नहीं, ऊपर से युगांडा से ईदी अमीन द्वारा निष्कासित लन्दन में शरणार्थी परिवार का लड़का, जिसकी हर बात में युगांडा की नील नदी का जिक्र रूबी दी को प्रलाप की तरह लगता। कभी उसके

मुँह से उन्होंने लन्दन का नाम तक नहीं सुना, जहाँ उसके माँ-बाप शायद अब भी रह रहे होंगे। जब बात करता, तब नील नदी और युगांडा की, जहाँ से उन लोगों को रातो-रात फेंका गया था।

"उसके हर चित्र में नील नदी बहती है, माँ"—गौरी ने उन्हें कितने फख्र के साथ बताया था। रूबी दी को उन विचित्र चित्रों की विचित्र आकृतियों और रंगों को देखकर यों भी कुछ समझ में नहीं आया था। यह बात सुनकर तो उनका रहा-सहा दिल भी बैठ गया। "लेकिन गौरी, क्या आदमी को अपने अतीत को भूलकर आगे नहीं बढ़ना चाहिए ?'—रूबी दी जानती थीं कि गौरी के साथ विवाद से बचने के लिए किसी फलसफे में बात को लपेटकर भले ही कुछ कहा जा सकता है। गौरी एकदम तमक गई थी—"नहीं, आदमी को अपने अतीत से हर पल जुड़ा रहना चाहिए। मैं उन लोगों को बिलकुल नीच और खोखला मानती हूँ, जो अपने अतीत को भूलकर खुश रहना अपनी जिन्दगी का मकसद मानते हैं।" रूबी दी चुप रह गईं। क्या कहें ? कैसे समझाएँ अपने इस खून को कि बेटी, जिन्दगी सिर्फ एक बार मिलती है। कैसे इसे दिल से लगाकर इसकी सारी जायज-नाजायज शिकायतें एक थैली में भरकर उसका मुँह बाँधकर बहुत दूर कहीं फेंक दें ? उन दोनों के बीच यह कैसी वैतरणी नदी बह रही है जिसे पार करना रूबी दी के किसी पुण्य से सम्भव नहीं होता। तभी गौरी ने अचानक उन्हें वह बात कही थी, जिसकी फाँस रूबी दी के कलेजे में हमेशा के लिए रहनेवाली थी—उन्होंने उसे कभी प्रेम नहीं किया, क्योंकि वह साँवली थी—अपने पापा की तरह !

रूबी दी को उसी समय याद आया कि पिछले सप्ताह पिताजी के पुराने मुनीम थिएटर रोड के बन्द पड़े मकान के बारे में खबर लाए थे : पुलिस ने मकान पर छापा मारकर सारे कमरों के दरवाजे खोलकर देखा था कि कहीं कुछ फरार बदमाश उसमें छुपे हुए तो नहीं हैं। रूबी दी को उस बन्द कमरे का खयाल आया जिसमें उनकी बुआ इसलिए जल मरी थी क्योंकि वह एक विधर्मी अंग्रेज से शादी नहीं कर सकी थी। न जाने क्यों रूबी दी को लगा कि उस बरसों से बन्द पड़े कमरे के खुलने और गौरी की इस नई जिद के बीच कोई सम्बन्ध है। उसी घड़ी उन्होंने निश्चय कर लिया था कि वे गौरी को इस बेमेल विवाह के विरुद्ध अब एक शब्द भी नहीं कहेंगी। वह चाहे जो करे। न जाने सुधीर होते तो क्या करते, पर अब वे बिलकुल मुँह सिल लेंगी।

सायरा ने उनका हाथ पकड़कर हिलाया तो रूबी दी होश में आईं—'परामर्श' का दफ्तर आ गया था और जीवन में पहली बार किसी को उन्हें होश दिलाने के

लिए झकझोरने की जरूरत पड़ी थी। उस झुके हुए दसमंजिले मकान में लिफ्ट के बाहर गलियारे में झूलते बदसूरत तारों और पान की पीक से रँगे दीवारों के कोनों को देखती हुई रूबी दी लिफ्ट के लिए खड़ी रहीं। अचानक यह सारी गन्दगी, यह सारी बदसूरती उनकी आत्मा पर प्रेत की तरह सवार हो गई। रूबी दी को लगा कि यदि वे एक मिनट और यहाँ खड़ी रहीं, तो उनका दम घुट जाएगा। ऐसा अनुभव तो उन्हें गन्दे नालों से घिरे बस्ती के इलाकों में काम करते समय भी नहीं हुआ था क्योंकि शायद वहाँ पहले से मालूम था कि ऐसा ही होगा। आज ही वे इमारत की को-ऑपरेटिव सोसाइटी को पत्र लिखेंगी कि सब कोनों में गणेश-लक्ष्मी-कृष्ण-राधा आदि देवी-देवताओं के चित्र लगवा दिए जाएँ। लोगों को कहीं थूकने और पेशाब करने से रोकना हो, तो इसके अलावा और कोई चारा नहीं। पता नहीं, इस देश में आदमियों को कितना पेशाब आता है, जहाँ-तहाँ खड़े हो जाएँगे पेशाब करने। रूबी दी को एक अद्भुत दृश्य याद है जब उन्होंने देखा था कि एक मजदूरिन सड़क पर खड़ी थी और अचानक उसके चारों तरफ पानी का एक चक्कर बन गया था और वह दूर हटकर खड़ी हो गई थी। बहुत देर बाद रूबी दी को समझ में आया था कि उसने खड़े-खड़े पेशाब कर दिया था। सड़क पर कहीं भी दीवारों पर देवताओं के चित्र बने हों, तो अब समझ में आ जाता है कि यह जगह कभी सार्वजनिक शौचालय रही होगी।

रूबी दी लिफ्ट से बाहर निकलीं, तो उन्होंने कुछ हैरत, कुछ खेद और कुछ थकान के साथ देखा कि मनोरंजन व्यापारी एक औरत के साथ दफ्तर के बाहर खड़ा था। उन्हें देखते ही उसने अपनी पीली आँखों से मिलते-जुलते रंग के पीले दाँत निकाल दिए। सायरा उसके पास दौड़कर चली गई और वह भी एक क्षण के लिए रूबी दी को भूलकर उसके सिर पर हाथ फेरता कुछ-कुछ बुदबुदाता रहा। रूबी दी ने मनोरंजन व्यापारी के साथ खड़ी औरत को देखा, तो उन्हें लगा कि उसे उन्होंने पहले भी कहीं देखा है। कहीं यह सायरा की माँ तो नहीं ?—एक क्षण के लिए रूबी दी के मन में यह बात आई कि कहीं वे लोग सायरा को वापस ले जाने तो नहीं आए ? रूबी दी उदास हो उठीं। क्या है यह—उन्होंने अपने से पूछा, प्रेम ? सुविधा ? आदत ? उन्हें कोई जवाब नहीं मिला। पर सायरा उस औरत की तरफ देख भी नहीं रही, उन्होंने ध्यान देने पर देखा। नहीं, सायरा से इसका कोई ताल्लुक नहीं। तो क्या यह आदमी फिर उनके लिए कोई नई मुसीबत ले आया है ? रूबी दी ने यह सोचते-सोचते साधारण सूती साड़ी पहने उस औरत के चेहरे पर बीतते बरसों के साथ खुदी आड़ी-टेढ़ी दुख की लकीरों को देखा। इतनी लकीरें तो वक्त ने उनके सत्तर साल के चेहरे पर भी नहीं खोदी होंगी। धूप और धूल से बना चेहरा या जीवन में किसी तरह की उम्मीद न बचने से बना चेहरा। रूबी दी को सिहरन हुई। उफ़, इस दुनिया में इतना दुख क्यों

है ! अब खुद उनके अन्दर भी शायद इस दुनिया के बदलने की कोई उम्मीद नहीं बची है। इसीलिए ऐसी थकान महसूस हो रही है। अचानक रूबी दी की स्मृति से छनकर देवीदत्त मामा की कही एक बात न जाने कहाँ से चली आई। जिन्ना जब पाकिस्तान बनने के एक साल बाद मरा, तो देवीदत्त मामा ने कहा था, चालीस की उम्र के बाद किसी को नेतागीरी नहीं करने देनी चाहिए। तब तक आदमी इतना घाघ हो जाता है कि वह यह मानकर चलने लगता है कि आदर्शों में कुछ नहीं रखा। जो आदमी कभी मुसलमानों को समझाया करता था कि हिन्दू भले कितने ही ज्यादा हों, पर लोकतन्त्र में मुसलमानों को क्या खतरा, आगे चलकर उसी ने देश के दो टुकड़े करवाए। चालीस के बाद ? वे तो अब सत्तर के बाद हैं। तो क्या अब उनके रिटायर होने का समय आ गया है ?

"अब क्या कर रहे हो मनोरंजन ?" रूबी दी ने मनोरंजन व्यापारी के उम्ररहित चेहरे को देखते हुए पूछा। वह घनी मूँछों की झाड़ी में हँसी छुपाता कुछ देर चुप रहा। "गाड़ी चलाता हूँ रूबी दी, आपकी सहेली के यहाँ"—रूबी दी के आश्चर्य की सीमा न रही। कहाँ रिक्शा खींचनेवाला और कहाँ गाड़ी चलाना ! कैसा करतब है ! "किस सहेली के यहाँ ?" कुछ अविश्वास के साथ उन्होंने पूछा, "अपर्णा बनर्जी के घर।" ओहो, रूबी दी के दिमाग में सारी बातों के सूत्र सही तरह से जम गए। आज ही सुबह के अखबार में खबर पढ़ी थी कि अपर्णा बनर्जी के घर में दो साल से काम करनेवाली चौदह साल की लड़की कल्याणी हालदार ने उनके चौके की सीलिंग से लटककर आत्महत्या कर ली। लड़की की माँ का सिर्फ चेहरा बड़ा करके पूरी रपट के साथ अन्दर के पृष्ठों में मौजूद था। मनोरंजन व्यापारी के साथ खड़ी औरत का चेहरा इसीलिए रूबी दी को इतना जाना-पहचाना लगा था। इस खबर से रूबी दी को अपनी सहेली पर ज्यादा गुस्सा इसलिए आया था कि खुद एक समाज-सेविका के घर इस तरह का कांड होना कितना अशोभन था। अपर्णा बनर्जी नशाखोर पतियों द्वारा मारी-पीटी जानेवाली या मालिकों द्वारा यातना पानेवाली दाइयों के लिए एक संस्था चलाती थी और इससे बड़ी विडम्बना क्या हो सकती थी कि अब उस पर ही कल्याणी को आत्महत्या के रास्ते पर ले जाने का आरोप था। किसी के अन्दर की बात का कुछ पता चलता है ? ऊपर से सब भले बने रहते हैं—रूबी दी ने अखबार पढ़कर सोचा था। अपर्णा के पति अब एक बड़ी एडवरटाइजिंग एजेंसी में मैनेजर थे और कभी नक्सलवादियों के साथ सहानुभूति रखने के कारण पुलिस द्वारा दो दिन के लिए पूछताछ के लिए जेल भी ले जाए गए थे। उनकी अपनी इकलौती लड़की मुनमुन भी तेरह-चौदह साल की थी—कल्याणी हालदार की ही हमउम्र। रूबी दी को याद है कि अपर्णा कल्याणी को अपनी लड़की की तरह ही अच्छे कपड़े—भले ही उसकी उतरन हो—पहनाती थी और दाई-सी न दिखनेवाली लड़की का परिचय

उसने 'झी' (दाई) न देकर बांग्ला में 'काजेर लोक' के सम्मानसूचक पद के साथ रूबी दी को दिया था। अखबार में खबर थी कि अपर्णा बनर्जी ने स्वीकार किया था कि उस रात उसने कल्याणी पर अपनी लड़की के दो दिन बाद आनेवाले जन्मदिन के लिए लाए हुए कुछ बिस्कुट और रंग करने की पेंसिलें चुराने का आरोप लगाया था और माँ काली की तस्वीर को हाथ लगाकर सच बोलने के लिए मजबूर किया था।

क्या पता इस अखबारी खबर के पीछे कुछ और राज छिपा हो—रूबी दी ने सामने बैठी कल्याणी हालदार की माँ की ओर देखते हुए सोचा। अभी तक वह एक अक्षर भी नहीं बोली थी। रूबी दी को अपनी ओर देखते देख उसका चेहरा कई तरह से बदला। फिर उसने कहा, ''दादा-बोउदी कल्याणी को बहुत प्यार करते थे।'' दादा-बोउदी यानी अपर्णा के पति और अपर्णा। प्यार करते थे यानी कोई बलात्कार नहीं हुआ, कोई हत्या नहीं हुई। तभी रूबी दी को याद आया कि खबर में यह भी था कि कल्याणी का पोस्टमार्टम उसके पिता की उपस्थिति में किया गया था ताकि जनता पुलिस पर यह आरोप न लगा सके कि वह पैसेवालों के साथ मिली हुई है। उफ़, क्या गुजरी होगी उसके पिता पर—कल्याणी की माँ को देखते हुए रूबी दी ने सोचा। ''तुम लोग कहाँ के रहनेवाले हो ?''—रूबी दी के स्वर में अपार सहानुभूति थी। ''दक्षिण चौबीस परगना के। लेकिन हम लोग पंचाननतल्ला की बस्ती में रहते हैं।'' रूबी दी को बालीगंज और ढाकुरिया रेलवे-स्टेशनों की रेललाइन के सहारे-सहारे गन्दे खुले नालों और हर तरफ कूड़े के ढेरवाली वह विराट बस्ती याद आई, जहाँ वे कभी वामा स्टडी ग्रुप के साथ बच्चों को स्मॉल पॉक्स का टीका दिलवाने के लिए बीस-पच्चीस बरस पहले गई थीं। अपर्णा से उनकी दोस्ती तभी हुई थी।

''आत्महत्या क्यों की कल्याणी ने ? यदि उसे नौकरी पसन्द नहीं थी, तो वह कहीं और काम कर सकती थी''—रूबी दी ने कल्याणी की माँ को यह बात कहते हुए मनोरंजन व्यापारी की ओर देखा। ''इसलिए तो यह आई है आपके पास। इसी बात का जवाब जानने के लिए''—मनोरंजन व्यापारी ने कहा। उसकी आँखों में कुछ ऐसा भाव था कि एक क्षण के लिए रूबी दी का मन उचाट हो गया। क्या एक तरह की नफरत थी यह ? क्या वे आँखें कह रही थीं कि तुम लोग सब एक जैसे लोग हो—तुम और तुम्हारी सहेलियाँ ? यदि वह उनके बारे में यही सोचता है तो फिर क्यों आया है यहाँ पर—रूबी दी ने उदासी से सोचा।

''देखो मनोरंजन, तुम मेरे पास सायरा को रखवा गए। मैंने उसे रख लिया। उसमें कुछ गुण हैं और दोष भी। मैं ऐसा तो नहीं कह सकती कि मैं उसे कभी डाँटती नहीं। यदि अपर्णा का यही दोष है, तो मैं उसे अपराधी नहीं ठहरा सकती''—रूबी दी को लगा कि यदि मनोरंजन उन्हें एक अलग बिरादरी में

डालकर देख रहा है, तो उन्हें उसी जगह से उससे बात करनी चाहिए। इस तरह मनोरंजन का उन्हें देखना रूबी दी को कहीं अन्दर तक काट रहा था, पर रूबी दी ने जीवन में हर बार पाया था कि सबकुछ करके भी 'वे लोग'—बस्तियों में रहनेवाले लोग—हैसियत में उनसे कमतर लोग—कभी उन्हें अपने में शामिल नहीं करते। कर ही नहीं सकते। बीसियों बार रूबी दी के मन में यह प्रश्न उठा है कि आखिर ये लोग, जिनके लिए वे अपने को खपाती हैं, इस बारे में क्या सोचते हैं कि वे उन लोगों के लिए क्यों मर-खप रही हैं। रूबी दी जानती हैं कि वे अहसानमन्द होते हैं, पर फिर ऐसा होने के लिए उनसे नफरत ही करते हैं, प्रेम नहीं। इनका आदर, मान, प्रेम, कृतज्ञता सब ऊपरी-ऊपरी होता है, अन्दर से नहीं आता। रूबी दी को यह अहसास हर बार कष्ट देता है, पर इस कष्ट से कोई मुक्ति नहीं, यह भी रूबी दी अच्छी तरह जान गई हैं। वे कभी उनमें से एक नहीं हो सकतीं।

मनोरंजन व्यापारी हँसा। उसकी हँसी एक रहस्य थी। रूबी दी ने उस रहस्य को खोलने की कोई चेष्टा नहीं की। जाने दो कि कौन क्या सोचता है उनके बारे में। यह सोचने पर कष्ट ही कष्ट है। आप किसी को भरोसा नहीं दिला सकते—न घरवालों को, न बाहरवालों को। सब जगह आपको 'स्यूडो'—नकली, झूठा, जाली, बनावटी—होकर ही जीना पड़ेगा। इधर भी, उधर भी। इस 'स्यूडो' शब्द ने उन्हें घनघोर पीड़ा दी है। गौरी के बोले हुए शब्दों में सबसे अधिक मारक शब्द था यह। आज तक रूबी दी यह शब्द ध्यान में आने पर तिलमिला उठती हैं। मनोरंजन व्यापारी उन्हें गौर से देख रहा था और अचानक रूबी दी को लगा कि वह उनका कष्ट समझ रहा है।

"आपकी बात छोड़िए रूबी दी, सायरा की बात छोड़िए। आपकी सहेली अपर्णा बनर्जी ने कल्याणी को घर की लड़की की तरह रखा। उस पर अपना पूरा घर, अपनी लड़की तक का जिम्मा छोड़ देती थी वह। उसको इतने अच्छे कपड़े पहनाती थी कि कल्याणी का रंग यदि थोड़ा और साफ होता, तो कोई यह बता न पाता कि उसकी लड़की कौन है और कल्याणी कौन है। अमीरों के कपड़े दिल से उतर जाएँ, तो नए-नए भी उतरन हो जाते हैं। कल्याणी की शादी में पूरा खर्च उठाने का वादा किया था आपकी सहेली ने। उसे सोने के लिए एक खटिया दे रखी थी—अलग एक कोठरी दे रखी थी। गन्दे बस्ती-पाड़ा में छह प्राणियों के साथ उतनी ही बड़ी कोठरी में रहनेवाली, रेललाइन पर खेलनेवाली, शराबी पिता और लड़ते-झगड़ते पड़ोसियों को देखकर बड़ी होनेवाली कल्याणी को एक सपना दिया आपकी सहेली ने—साफ-सुन्दर, सजे-धजे जीवन का सपना।"

रूबी दी को अचानक बात समझ में आ गई। बंगाली पल्ली-ग्राम की लड़कियाँ अमीरों के घर झाड़ू-पोंछा, चौका-बरतन, खाना पकाने, बच्चों को पालने

आती हैं, और शहर की हवा खाई नहीं कि गाँवों के लिए बेकार हो जाती हैं। उन्हें अपना पिछला जीवन पिछड़ा और दमघोंटू लगने लगता है। वे न इधर की रह सकती हैं और न उधर की रह पाती हैं। दोष किसी का नहीं है कल्याणी की मौत में—न कल्याणी का, न अपर्णा का। दोष है गरीबी का, जो इन लड़कियों को अपने घर से उखाड़कर ऐसे सपनों की दुनिया में ढकेल देती है, जो कभी सच नहीं हो सकती। कल्याणी को अपनी लड़की के बराबर दरजा देनेवाली अपर्णा को उससे चोरी कर बिस्कुट खा जाने का अपराध काली की तस्वीर पर हाथ रखकर स्वीकार करवाने की जरूरत थी, पर यदि उसकी लड़की ऐसा करती, तो वह खुश होती कि बच्चे ने मनपसन्द चीज खा ली।

"मनोरंजन, तुम जानते ही हो कि क्यों ऐसा हुआ। जो झूठा सपना अपर्णा ने कल्याणी को दिया था, वह उसने खुद जब चूर-चूर कर दिया तो कल्याणी का दिल टूट गया"—रूबी दी ने यह कहते हुए कल्याणी की माँ के लकीरों भरे चेहरे को देखा। रूबी दी की बात सुनकर वह रोने लगी थी—पहले धीरे-धीरे, फिर तेज होते-होते फूट-फूटकर, जैसे कोई बाँध टूट गया हो। उसकी बन्द आँखों से आँसुओं की धाराएँ नदियों की तरह बह रही थीं और गरदन से नीचे गिरती उसकी साड़ी की किनारी को भिगो रही थीं। ऐसा रोना रूबी दी ने सत्तर साल में शायद ही कभी देखा था।

"यह कल से रोई नहीं थी, रूबी दी"—मनोरंजन व्यापारी ने उसे देखते हुए कहा। रूबी दी उसके रोने से सम्मोहित-सी उसे देखे जा रही थीं। कल्याणी की माँ ने अचानक चुप होकर आँखें खोल दीं। रूबी दी उसकी आँखों के लाल डोरे देखती रहीं। कल्याणी की माँ ने बांग्ला में कहा, "कल्याणी ने रंग-पेंसिल चुराई थी ताकि वह बोउदी की लड़की के जन्मदिन पर उसे एक चित्र में रंग भरकर भेंट दे सके।" रूबी दी के मन में आया, तुम्हें कैसे मालूम, पर उन्होंने कुछ कहा नहीं। यह बात सच हो भी हो सकती है, नहीं भी। इससे कोई फर्क नहीं पड़ता। मरने के बाद अपनी लड़की की छवि को यह माँ मैली नहीं रहने देना चाहती। पर यह बात यदि सच है—यदि अपर्णा को यह बात मालूम पड़े, तो उसे कितना पछतावा होगा—तो कैसा हृदय विदारक सच है यह ! हम कितने क्रूर हैं या कितने क्रूर हो सकते हैं, हम खुद नहीं जानते। रूबी दी को गौरी का अपने पिता की मृत्यु के बाद बोली खो बैठना याद आया। कारण वे खुद थीं, गौरी की माँ होकर भी। कितना कष्ट दिया अनजाने-अनचाहे उनकी बात ने गौरी को। यह सोचकर रूबी दी की आँखों में पानी आ गया। दुनिया में किसी कष्ट का कोई माप-जोख नहीं हो सकता।

मनोरंजन ने कल्याणी की माँ को जाने के लिए खड़ा कर लिया था। रूबी दी भी उठ खड़ी हुईं—उस औरत के दुख के सम्मान में। खड़े होने पर उन्हें अपने

बचपन के खंडहर में वीपिंग विलो का वृक्ष दिखाई पड़ा, जो दरअसल कभी का ठूँठ हो चुका था। आदिल से धोखा खाकर वे इस औरत की तरह ही रोई थीं—यह उन्हें अचानक याद आया। मनोरंजन व्यापारी भी उधर ही देख रहा था। "तब आप अठारह साल की थीं और मैं आठ साल का"—उसने कहा। रूबी दी के आश्चर्य की सीमा नहीं रही। यह आदमी है या जादूगर ? इसे कैसे मालूम कि उनके जीवन में अठारह साल की उम्र में क्या हुआ था ? "आपके घर में माली का काम करनेवाले लाली का बेटा हूँ मैं।" रूबी दी को लगा कि वे एक सपना देख रही हैं—उस सपने में उन्होंने लाली के साथ किसी आठ बरस के लड़के को खोजने की चेष्टा की पर वह उन्हें नहीं मिला। रूबी दी को पूरे बचपन यह समझ में नहीं आया था कि वे लोग माली को लाली कहते थे या लाली सचमुच में उसका नाम था। उन्हें याद आया कि लाली को यह पूछने पर वह कभी जवाब नहीं देता था, हमेशा हँसकर रह जाता था। अच्छा, अच्छा, अचानक रूबी दी को मनोरंजन व्यापारी के जाति-धर्म का सम्भावित सच समझ में आया—लाली कभी हिन्दू लगता था, कभी मुसलमान। शायद वह 'लालबेगी' था—एक तुर्की सन्त लाल बेग के मुरीद, जो कभी हिन्दू रहे थे और अब आधे हिन्दू लगते थे और आधे मुसलमान।

रहस्य-कथा

रूबी दी ने दर्द और नींद के कोहरे से देखा कि सायरा रंग-पेंसिलें लेकर खड़ी-खड़ी हवा में रंग भर रही है। उसके सामने कोई कैनवास नहीं था, जैसा कि गौरी के सामने रहा करता था, जब वह कभी चारकोल लेकर या रंगीन ट्यूबें और ब्रश लेकर इसी तरह खड़ी-खड़ी रंग भरती थी। सायरा के सामने कोई कागज भी न था और न ही कोई दीवाल तक थी, जिस पर उसके भरे हुए रंग टिक सकें। नीमपागल हो गई क्या यह लड़की ? रूबी दी परेशानी से सोचने लगीं। तभी रूबी दी ने देखा कि सायरा के रंग हवा में टिकने लगे हैं। जैसे ही ऐसा हुआ, उसने रंग-पेंसिलें छोड़कर गौरी की ऑयल ब्रश उठा ली। अरे, यह बहुत महँगी है, तुम्हें पता नहीं, रूबी दी ने कहना चाहा। पर तब तक सायरा ने एक के ऊपर एक कई रंगों की नदियाँ बना दी थीं। पर उसकी नदियों में एक में भी सफेद पानी नहीं था, जैसा कि गौरी के पति स्टीव की नील नदी में हुआ करता था। रूबी दी ने देखा कि स्टीव सायरा के चित्र के बगल में खड़ा होकर लड़के-लड़कियों से भरी एक क्लास को लेक्चर दे रहा है। स्टीव ने उन्हें देखा, तो मुसकराकर उसने उन्हें पीछे बैठने का इशारा किया। रूबी दी लड़के-लड़कियों के सिर और पीठ देख सकती थीं, पर उनका मन था कि वे उन्हें सामने से देखें। उनके आँख, नाक, मुँह, दाँत सब देखें। पर स्टीव के इशारे पर उन्हें पीछे बैठना पड़ा।

"हम जो बनाते हैं, वह हमारे अन्दर पहले बना होता है। हमारे सुख-दुख तरह-तरह के रंगों में घुल-मिल, हमारी आँखों में देखे हुए सारे दृश्यों को तरह-तरह के रंगों में बदलकर उन्हें हमारी स्मृतियों के रंग में आकारहीन तरीकों से सजाते रहते हैं। पर इस बनने और सजने में कोई तर्क नहीं होता। उसका कोई कारण नहीं होता कि वह इसलिए ऐसा बनता है। मैं नील नदी का बेटा हूँ। वह मेरी ही नहीं, मेरे पूर्वजों की स्मृति से मेरे अन्दर बह रही है। मेरे एक दूर के परदादा जेम्स ग्रांट नील नदी के उत्स की खोज में युगांडा की लेक विक्टोरिया तक आए थे। तब से नील नदी कभी रुई के खेतों में बदलकर और कभी कॉफी के बीजों में बदलती, कभी सात पहाड़ियों की नगरी कम्पाला में बदलती और कभी बर्फ

से ढके रुवेनजोरी पहाड़ों में बदलती मेरे अन्दर बह रही है।'' अरे, स्टीव फिर वही प्रलाप करने लगा है—रूबी दी ने सोचा। सायरा का चित्र क्यों नहीं समझाता कि यह लाल रंग की नदी, यह सूरजमुखी पीले रंग की और यह मटमैली नदी क्या हैं। तभी सायरा पीछे पलटकर उन्हें देखकर मुसकराई। रूबी दी ने देखा कि उसने अपने निछोह गोरे चेहरे पर दो काली आँखों के बीच माथे पर सुर्ख लाल रंग की एक बहुत बड़ी बिन्दी लगा रखी है। उसका बौना शरीर सफेद बदरंग सलवार-कुरती से ढका था, पर उसके गले में लाल रंग की सुर्ख चुन्नी लिपटी थी और उसकी छातियों का उभार बहुत आकर्षक लग रहा था। तब गौरी ने गुस्से से कहा, ''यह गोरी है और मैं साँवली हूँ। पर जान-बूझकर तुमने मेरा गलत नाम गौरी रखा। मेरा नाम काली क्यों नहीं रखा ?'' रूबी दी ने धीमे से कहा, ''काली रखती, तब भी तुम गुस्सा होती कि काली नाम मुझे चिढ़ाने के लिए रखा।'' तब स्टीव ने कहा कि युगांडा में अब भी मुफुमबिरो पहाड़ों में ऐसे ज्वालामुखी हैं, जो अब तक अन्दर-ही-अन्दर सुलग रहे हैं। रूबी दी ने कहा, ''भारत में भी अंडमान-निकोबार में एक है, मैंने 'कौन बनेगा करोड़पति' में अमिताभ बच्चन से सुना है। गुनीता रानी 'लक्षद्वीप' कहनेवाली थी, अमिताभ ने उसे इशारा कर दिया कि उसे नौ लाख तीस हजार का नुकसान हो जाएगा। उन्हें तो पैसे देने ही हैं, नहीं तो कौन देखेगा 'करोड़पति' ?'' गौरी फिर गुस्से से बोली, ''जब तुम्हें मालूम है सब फिक्सिंग है तो क्यों देखती हो ?'' रूबी दी ने देखा कि कादम्बरी खड़ी थी और उसके सामने देवीदत्त मामा कह रहे थे—इसलिए क्योंकि यह सोचती है कि पैसे में बहुत ताकत है। यह नहीं जानती कि लालच में उससे भी बड़ी ताकत है। तभी अमिताभ बच्चन पूरे देश की सड़कें, सिनेमा हॉल, रेस्टोरेंट एक घंटे के लिए खाली करवा सकता है। वह देश का लालच भुना रहा है। अभी विदेशियों को लालच, नीम, हल्दी, बासमती बेचा जा रहा है, उसके बाद धूप बेची जाएगी। रूबी दी को हँसी आ गई। उन्हें देवीदत्त मामा पर हमेशा आ जाती थी रोकते-रोकते। धूप भी बेची जा सकती है ?

रूबी दी की आँखों पर धूप पड़ी, तो उनकी आँखें खुल गईं। थिएटर रोड के मकान से निकाले पुराने स्टेन्ड ग्लास को लगाकर बनाई खिड़की के नीले-हरे-सफेद काँचों से छनकर पूरब से धूप उनकी आँखों पर गिर रही थी। कितने बज गए ? यह कैसा विचित्र सपना देख रही थीं रूबी दी या कि वे एक सपना बुन रही थीं—रात को दर्द की गोली से उपजे नशे की आधी जागृति, आधी नींद में बुना जाता सपना। कल 'परामर्श' के दफ्तर से लौटते समय लिफ्ट का तल कुछ नीचा होने के कारण उन्हें झटका लगा था। रात तक कमर और एक घुटने में दर्द इतना

बढ़ गया था कि रूबी दी को पहले दर्द की एक गोली, फिर दूसरी कम्पनी की दूसरी गोली और फिर एक काम्पोज की गोली नींद के लिए लेनी पड़ी। यह तो सब मन से लिया, पर अब पैसे बचाने से काम नहीं चलेगा। डॉक्टर को फीस देनी ही पड़ेगी। 'परामर्श' के दफ्तर के बाहर नोटिस लगानी पड़ेगी कि एक महीना दफ्तर बन्द रहेगा। रूबी दी ने आँखें घुमाकर देखा कि उनकी चाय का फ्लास्क पड़ा है। पर उन्हें लगा कि वे उठ नहीं पाएँगी। जिस चीज का डर हमेशा बना रहा था, वही बात हो गई। दूसरों पर निर्भर जीवन का डर। इतने में सायरा के कदमों की आहट सुनाई पड़ी। रूबी दी ने देखा कि वह बड़ी-सी सुर्ख बिन्दी लगाए, बदरंग सलवार-कमीज पर लाल सुर्ख चुन्नी लिए कमरे में घुसी। रूबी दी आश्चर्य से एक क्षण के लिए जड़ हो गईं। "कहाँ से ले आई यह चुन्नी ?"—उन्होंने थूक निगलकर पूछा। "माँ"—कहकर उसने इशारा करते हुए दरवाजा दिखाया। रूबी दी ने शाम को सुना था कि सायरा की माँ पहली बार उससे मिलने आई थी, पर दर्द और बेचैनी के कारण उन्होंने उसे मिलने के लिए अन्दर नहीं बुलाया था। और टिक्की ? "मुसलमानों में तो टिक्की लगाते नहीं"—रूबी दी ने पूछा। सायरा अपनी टिक्की को हाथ लगाकर हँसती रही। "अरी मरजानी, अब यह नया चक्कर क्या है ?"—रूबी दी इस विचित्र जीव की अक्षमता पर तरस खाने, भयभीत होने और गुस्सा करने के बीच झूलती रहीं। शाम से ही ऐसे घूम रही होगी और उन्होंने नींद के नशे में इसे देखा होगा, पर उन्हें याद नहीं रहा। तभी उनके बुने हुए सपने में इसी वेश-भूषा में चली आई होगी।

सायरा ने सहारा देकर उन्हें बैठाया, चाय ढालकर दी और खाली कप लेकर चली गई। रूबी दी उसे जाते हुए लेटकर देखती रहीं। उनके अन्दर से कुछ उठ रहा था, जो उनकी आँखों से बाहर आना चाहता था। नहीं, हार मानने से नहीं चलेगा। कृष्ण फिर उनकी परीक्षा ले रहे हैं—चिन्मय मिशन के स्वामीजी क्या नहीं कहते थे कि चरम संघर्ष के क्षणों में ही परम सत्य की गहन अनुभूति होती है। इतने सालों से रूबी दी भगवद्गीता पढ़-पढ़ा रही हैं—कभी कोई पढ़नेवाला मिल गया, तो उसे पढ़ाया भी है—आज समय आया है जब वे खुद अपने बारे में जान पाएँगी कि वह ज्ञान उनके अन्दर पेर पाया है या ऊपर-ऊपर बह गया है। उन्होंने पच्चीसों बार अपनी गीतापाठी छात्राओं के लिए इस बात को दोहराया है कि व्यास ऋषि ने एक विराट महाकाव्य को मनुष्य के अन्दर निरन्तर चलते संघर्ष के रूपक में हमारे लिए बदल दिया : गीता जीने की वह कला है जो बताती है कि वेदना और संघर्ष के समय आदमी किस तरह टूटकर बिखर न जाए।

डॉक्टर के जाने के बाद पूर्ण विश्राम लेने की उसकी सलाह पर रूबी दी ने एक आश्चर्यजनक शान्ति का अनुभव किया। लो, सारी भाग-दौड़ एक महीने

के लिए खत्म हुई। कभी कोई पुरानी सहेली बाहर से कलकत्ता आई है, उससे मिलना है; कभी कोई बाहर जा रही है, उससे मिलना है; कभी किसी ने अपने पति के शहर से बाहर जाने पर यूँ ही एक 'गेट-टुगेदर' रखा है, उसमें जाना है; कभी वामा स्टडी ग्रुप ने हाल में नाम किए किसी लेखक को बुलाया है, उसे पढ़कर उसमें जाना है, वगैरह-वगैरह, यह सब खत्म हुआ। अब देखें कि उनसे मिलने कितने लोग आते हैं। कुछ ठीक होकर एक गीता-क्लास भी चला सकती हैं जिसमें कई लोग आएँ और एक साथ पढ़ें। यह सोचते-विचारते रूबी दी एक मिनट के लिए उत्साहित हुईं, फिर उदास हो गईं। शरीर की विश्रान्ति के साथ मन की विश्रान्ति कहाँ हुई ? वे आत्माराम कहाँ हो पाईं—अपनी ही आत्मा में रमनेवाला जीव। उन्हें हर वक्त इतने लोगों की जरूरत क्यों है ? भले ही वे यह सोचकर अपने को शाबाशी दे लें कि दुनिया से और दुनिया के लोगों से प्रेम ही तो कर रही हैं, पर आध्यात्मिक दृष्टि से यह प्रेम सिर्फ मोह-ममता-अपमान, उथल-पुथल पैदा करने के अलावा और कुछ नहीं करता। सत्तर साल काटने के बाद भी उनकी यही गति-मति है, तो क्या एक सौ चालीस साल की होकर उन्हें मोक्ष मिलेगा ?

रूबी दी ने निश्चय किया कि वे किसी को फोन नहीं करेंगी। किसी को आने के लिए नहीं कहेंगी। कोई खुद फोन करे या मिलने आए, तो कृष्ण की मर्जी। वे अपनी 'मर्जी' को ही खत्म कर देंगी : अपने मन को, जो सारी जिन्दगी यही सोचता रहा है कि यह करके विश्राम लेगा, वह करके विश्राम लेगा। मन तोता है, वह स्थिर नहीं रह सकता—कहीं पढ़ी थी यह बात। पर उनके पति सुधीर का मन तोता नहीं था क्या ? दिल की बीमारी होने के बाद कई बार महीनों बिस्तर पर इसी तरह पड़ा रहना होता था, पर उन्हें कभी बेचैन नहीं देखा। रूबी दी बाहर से आतीं तो हँसकर कहते, रूबी गुप्ता देश का उद्धार कर आई। उनके कहने के पीछे हो सकता है व्यंग्य या क्षोभ रहा हो पर कहीं गहरा स्नेह भी था। लेकिन गौरी के कहने में खाली क्षोभ रहता था। तो क्या गौरी ने यह चीज सुधीर से ही ली थी ? जो सुधीर नहीं कह पाते थे, गौरी क्या वही कहती रही थी ? रूबी दी परेशान हो उठीं। जानती हैं कि इस समुद्र-मन्थन से विष-ही-विष निकलेगा। पर उनका दिमाग है कि बाज नहीं आता। अब क्या बैठे-बैठे या पड़े-पड़े यही सब खँगालती रहेंगी। सारी बीती-बिताई बातें। क्या पड़ा है इनमें।

रूबी दी ने निश्चय किया कि उनके कमरे से लगे बरामदे में रखे बैठक के चौड़े गद्दे पर लेटे रहना ठीक रहेगा। वहाँ से उनके छोटे-से बगीचे की हरियाली और पुराने पेड़ दिखते रहेंगे। सुधीर और वे हमेशा वहीं बैठकर चाय पीते थे। रूबी दी के मन में आया कि सुधीर से अब वे जितना लगाव महसूस करती हैं, उनके मरने के पच्चीस साल बाद, वैसा शायद उनके जीते-जी महसूस नहीं कर

पाई। या किया भी हो, तो अभिव्यक्त नहीं कर पाई। कितना बेबस है आदमी ! लेकिन सुधीर ही कौन-सा जाहिर कर पाए कभी कुछ। बस एक बार, सिर्फ एक बार जीवन में ऐसा हुआ था कि किसी के सामने उन्होंने किसी तरह का भाव प्रकट किया हो। शादी के बाद दोपहर में सुधीर घर आकर खाकर कुछ देर आराम करके दफ्तर जाते। बड़ी भाभी ने छोटी माँ को शिकायत की कि दोनों मियाँ-बीवी दोपहर को बेशरमी से कमरे में रहते हैं और वह भी दरवाजे पर रहनेवाला कपड़े का परदा गिराकर। अगले ही दिन छोटी माँ आईं और उन्होंने खँखारकर परदा उठाकर टाँग दिया। तबसे सुधीर दोपहर में बड़ी भाभी के पलंग पर सो जाते और भाभी सामने सोफे पर बैठी-बैठी कुछ-कुछ पढ़ती रहतीं। रूबी थोड़ी देर उनके पास सोफे पर बैठती, फिर अपने पलंग पर आकर लेट जाती। शादी के पहले देवर-भाभी का यही जीवनक्रम रहा था। एक दिन सुधीर ने सोफे पर बैठी देखकर उसे पास आने का इशारा किया। रूबी ने घबराकर बड़ी भाभी की तरफ देखा, जो अपने पढ़ने में मशगूल थीं। वह उठकर पलंग के पास जा खड़ी हुई और मसहरी टाँगने के डंडे के सहारे हाथ टिका लिया। सुधीर ने हाथ उठाकर उस मसहरी के डंडे पर टिके हाथ की लाल-हरी काँच की चूड़ियों को ऊँचा-नीचा किया और कहा, "एक गिलास पानी लाओ।"

सुधीर की इस एकमात्र सार्वजनिक अभिव्यक्ति ने बड़ी भाभी को ऐसा आगबबूला किया कि वे महीनों रूबी से मुँह फुलाए रहीं। बड़े-छोटे का कायदा नहीं, ज्यादा 'एडवांस' बनते हैं, बेशरमी की कोई हद होती है—और न जाने क्या-क्या। रूबी को कभी समझ में नहीं आया कि सुधीर ने ऐसा क्या कर दिया था कि बड़ी भाभी इस कदर भड़क उठी थीं। आखिर वे अपने देवर की हमउम्र ही तो थीं, बल्कि दोनों की अच्छी-खासी दोस्ती तक थी। चूड़ियों को हाथ लगाकर सुधीर ने ऐसा क्या गुनाह कर डाला था कि बड़ी भाभी के सुधीर से रिश्ते ही बदल गए। रूबी को मन-ही-मन सदा ऐसा लगता रहा कि बड़ी भाभी ने उस बात के लिए उसे कभी माफ नहीं किया। जाने क्यों उस दिन बड़ी भाभी की जो एक नई मुख-मुद्रा बनी थी वह रूबी से बात करते हमेशा लौट आती—खासकर जब सुधीर आसपास रहते। यहाँ तक कि रूबी को धीरे-धीरे लगने लगा कि दोनों ननदों के चेहरे भी बड़ी भाभी को खुश करने के लिए वैसे ही हो जाते हैं। बड़ी भाभी को खुश रखने की जरूरत उस घर की दीवारों तक को थी और बड़ी भाभी ने यह निश्चय कर लिया था कि उन्हें रूबी से खुश नहीं रहना है। इस समीकरण से रूबी को लगता कि उसे एक तरफ निपट अकेला छोड़ दिया गया है। सुधीर के पास अपना काम था और बाकी लोगों के पास बाकी लोग। एक वही थी, जिसके पास कोई नहीं था। कई बार वह सोचती कि बड़ी भाभी को शायद जानबूझकर चिढ़ाने के लिए ही उस दिन सुधीर ने ऐसा

किया था—एक अलिखित अनकही चुनौती देने के लिए—और फिर पीछे हट गए थे, जैसी कि उनकी आदत थी। सारे झंझटों और झंझावातों से अलग—अवधूतों की-सी उदासी लिए।

रूबी दी के अगले दो दिन आने-जानेवालों की गप्पबाजी में आसानी से उड़ गए। हर आनेवाली के पास फिलहाल बातचीत का मुद्दा एक ही था—'समाज-सेविका' अपर्णा बनर्जी के यहाँ काम करनेवाली चौदह साल की कल्याणी हालदार द्वारा उसके चौके में आत्महत्या। जैसे कोई दुर्घटना हो जाने पर टी.वी. के सारे चैनल सुबह से रात तक तरह-तरह के लोगों को बुलाकर उस घटना की बखिया उधेड़ते रहते हैं, उसी तरह रूबी दी अपर्णा बनर्जी की दो दिन तक जुगाली करती रहीं। तीसरे दिन उन्होंने पाया कि वे बुरी तरह ऊब गई थीं। तब उन्होंने टी.वी. का सहारा लिया।

अकेले बूढ़ों के लिए अफीम है टी.वी., उन्हें लगा, सारे दुख-दर्दों से निजात पाने का सुलभ माध्यम। एक-के-बाद-एक सारे टी.वी. सीरियल रिमोट दबा-दबाकर रूबी दी देखने लगीं। कई बार तो बीच के विज्ञापनों के समय में दूसरा सीरियल देखकर दो-दो एक साथ भी देख लेतीं। विज्ञापनों को भी देखा। पन्द्रहवें दिन तक आते-आते इस अफीम का नशा अपना असर खोने लगा। पूरी दुनिया को क्या कोई सफाई का रोग हो गया है ? रूबी दी ने आश्चर्य से सोचा। सारे विज्ञापनों में खाली सफाई का भूत है—चाहे कपड़ों की धुलाई के लिए 'सर्फ की खरीदारी में ही समझदारी है' या 'फेना ही लेना' या निरमा, रिन, एरियल वगैरह और साथ में कपड़े धोने की मशीनें; चाहे शरीर और चेहरे की सफेदी—सुन्दरता का राज बताते साबुन और क्रीमें; चाहे बालों की सफाई और मजबूती, और रुसी की सफाई करते शैम्पू; चाहे दाँतों की सफाई के लिए तरह-तरह के मंजन-ब्रश; चाहे बरतनों की सफाई या फर्श या पाखाने की कीटाणुरहित सफाई करते तरह-तरह के बोतलों में बन्द द्रव्य। टी.वी. सीरियलों में जो बात रूबी दी को बिकाऊ लगी, वह थी शादीशुदा मर्दों-औरतों के गैर-औरतों-मर्दों से सम्बन्ध या प्रेम का वही पुराना त्रिकोण—दो लड़कियाँ-एक लड़का या एक लड़की-दो लड़के। बाप रे, रूबी दी ने सोचा, इन्हें देखनेवाले बच्चे तो यही समझकर बड़े होंगे कि जीवन में कोई तीसरा हुए बिना जीवन में न कोई सनसनी है, न मजा और ऐसा होना आम बात है।

रूबी दी टी.वी. की दुनिया से जब हकीकत की दुनिया में लौटीं, तो उन्हें मालूम चला कि उनका फोन कभी भूल से ही एकाध बार बजता है। उनके सभी परिचितों को पचासों तरह के काम थे। फिर प्रायः वे सभी रूबी दी से मिलने

या फोन में बात कर अपने आने की असमर्थता की सूचना देने की औपचारिकता भी पूरी कर चुके थे। रूबी दी चुपचाप लेटी रहने लगीं। लेटे-लेटे उन्हें कई बार तरह-तरह के सपने आते। फिर सपने बुनने में वे खुद भी हिस्सेदार होने लगीं। सपनों के अन्दर भी उन्हें मालूम रहता कि वे सपना देख रही हैं, पर इससे कोई दिक्कत नहीं होती थी। इन सपनों में वे कभी माया बोस से मिलतीं, कभी उस हीनभावनाग्रस्त औरत से, जिसका एक स्तन कैंसर के कारण काटकर निकाल दिया गया था; कभी वह स्कूल मास्टरनी उनके सपने में चली आती, जो विधवा होने के बरसों बाद पहली बार उनके सामने रो पाई थी, कभी वह अधेड़ हो गई क्रिश्चियन वेश्या, जिसे लगता था कि रूबी दी इतनी बातें करने के बजाय उसकी पैसों से मदद क्यों नहीं करतीं। कितने चेहरे, कितने अलग, पर सबके अन्दर कोई-न-कोई ऐसी मजबूरी से पैदा हुई छटपटाहट, जो उन्हें चैन न लेने देती हो। रूबी दी को एक सपना अकसर आता, जिसमें उन्हें सिर्फ आँखें दिखतीं और उठने के बाद वे सोचती रहतीं कि वे आँखें सविता की हैं या खुद उनकी। वे बहुत बार सोचतीं कि हो सकता है सविता ने उन्हें फोन किया हो, और 'परामर्श' की घंटी बजा-बजाकर थक गई हो। सविता का कोई फोन नम्बर उनके पास होता, तो वे उसे यहाँ पड़े-पड़े जरूर फोन करतीं, भले ही यह उनके संकल्प के खिलाफ होता। पर सविता का कोई फोन नम्बर उनके पास था नहीं और अपने घर का फोन नम्बर 'परामर्श' की दुनिया के किसी व्यक्ति को देना अपने लिए बनाए गए नियमों का तोड़ना होता।

धीरे-धीरे रूबी दी सपनों से भी उकता गईं। किसी सहेली का फोन आता, तो भी ज्यादा बातें करने की उनकी इच्छा कम होने लगी। कादम्बरी का फोन इन बीस दिनों में नहीं आया था, इससे उन्हें कोई परेशानी नहीं थी, क्योंकि उन्हें मालूम था कि कादम्बरी अपने माता-पिता के पास अफ्रीका के तंजानिया देश के उस सुदूर गाँव में है, जहाँ कोई फोन का साधन नहीं है। स्टीव दुनिया भर में घूमता-घामता अन्ततः तंजानिया में नील नदी के किनारे ही बस गया था, जहाँ दोनों मियाँ-बीवी गाँव के बच्चों के लिए एक स्कूल चलाते थे। छोटी लड़की जया अमेरिका से तीन-चार महीने में एक बार फोन करती थी और तब भी उसके पास बताने के लिए कोई बात नहीं होती थी। वह अपने बंगाली पति, जो उससे उम्र में पन्द्रह साल बड़ा था और कभी दिल्ली के एक विश्वविद्यालय में उसे इतिहास पढ़ाता था, के साथ अमेरिका में बस गई थी और उसके प्रति इस कदर समर्पित थी कि उसके अलावा दुनिया में उसे कुछ सूझता ही नहीं था। उसने शादी भी उतनी ही चुप्पी से की थी, जितनी चुप्पी से वह जीवन जीती थी और उतनी ही चुप्पी से विदेश जाकर वहाँ बस गई थी। रूबी दी उससे मिलने एक बार दिल्ली और एक बार अमेरिका हो आई थीं, पर वह शादी के बाद कभी

कलकत्ते वापस नहीं लौटी थी।

दो-दो बच्चे पैदा किए, क्या प्रसव का दर्द रूबी दी आज तक भूली हैं, पर अब पास में कोई नहीं। बुढ़ापे में ही बच्चों की जरूरत होती है। पर इस तरह सायरा के साथ अकेले पड़ा रहना उनकी किस्मत में नहीं होता तो क्या उनके एक लड़का न हो गया होता ? रूबी दी के मन में जीवन में पहली बार एक तीसरा बच्चा पैदा न करने का अफसोस हुआ। क्या पता तीसरी बार लड़का ही होता। पर दोनों प्रसव इतने मुश्किल से हुए थे, कि दोनों बार रूबी दी मरते-मरते बची थीं। सुधीर तो दूसरा बच्चा भी नहीं चाहते थे—शायद सोचते हों कि यदि रूबी को कुछ हो गया, तो उनकी गौरी वैसे ही पलेगी, जैसे कि वे खुद पले थे। पर रूबी दी ने ही जिद कर दूसरी लड़की पैदा की। क्या पता लड़का होता और उन्हें न देखकर अपने बीवी-बच्चों में रम गया होता या अपनी बहनों की तरह विदेश में बस गया होता, तो वे और ही अकेलेपन का अनुभव करतीं। लड़का न होने से कम-से-कम पहले से तैयारी तो थी अकेले जीने की। हाँ, यह नहीं सोचा था कि सुधीर इस तरह उन्हें बीच मझधार में छोड़ जाएँगे। रूबी दी की आँखें भर आईं।

आँखों में पानी की परत के धुँधलेपन से रूबी दी को सामने की हरियाली में एक पीली-सी चिड़िया एक डाल से दूसरी डाल पर फुदकती दिखाई दी। रूबी दी को यह सोचकर एक झटका लगा कि क्या उनकी आँखें भी गड़बड़ा रही हैं कि उन्हें काली मैना सुनहरी चिड़िया जैसी दिख रही है। तभी वह चिड़िया उच्च स्वर में कूकी। रूबी दी चकित हो गईं—यह तो मैना की बोली नहीं। क्या कह रही है यह—खुश रहो, खुश रहो ? कहीं यह सुधीर की आत्मा तो नहीं, जो ऐसे मौके पर उन्हें तसल्ली देने चली आई है। रूबी दी ने तुरन्त चश्मा लगाया, तो उन्हें वैसी ही एक और चिड़िया हरे झुरमुट में दिखाई दी। दोनों की चोंच लाल थी और सिर और पूँछ में काले रंग का डिजाइन-सा था। रूबी दी के दिमाग में यह पंक्ति आई—जहाँ डाल-डाल पर सोने की चिड़िया करती है बसेरा, वो भारत देश है मेरा। क्या यही वह सोने की चिड़िया है, जो किसी समय में भारत में डाल-डाल पर उस तरह रहती थी, जैसे कि अब कौए रहते हैं ? चिड़िया-चिड़िया तुम्हारा नाम क्या है ?—रूबी दी ने धीरे से अपने-आपसे कविता की तरह गुनगुनाते हुए कहा। उनका मन एकदम हलका हो उठा।

अगले कुछ दिनों में रूबी दी ने किसी जमाने से अपने पास पड़ी हुई दूरबीन और किसी संस्था द्वारा भेंट की गई सालिम अली की चिड़ियों पर एक किताब की मदद से उनके घर के पेड़ पर आनेवाली तरह-तरह की चिड़ियों को देखा-सुना और पहचाना। उनके हृदय में कुछ इस तरह की बेचैनी, उत्सुकता और रोमांच हो रहा था, जैसे कि किसी सुदूर दुनिया में घटित हुए पहले प्यार के दिनों में

हुआ करता था। पहले कमर-दर्द के लिए बिजली का सेंक लगाने और फिजियोथैरेपी करवाने उनके डॉक्टर के असिस्टेंट सुमिरन बाबू आते, तो वे अपने को रोककर बहुत कम बोलती थीं। दरअसल वे सुमिरन बाबू से उनकी पिछली तीन पीढ़ियों सहित उनके जीवन का इतिहास पूछ चुकी थीं और इस निष्कर्ष पर पहुँची थीं कि उनके जैसा मनहूस आदमी उन्होंने जिन्दगी में कभी नहीं देखा। वे कम-से-कम शब्दों में हर बात का जवाब इस तरह देते, जैसे उन्हें बोलने में घोर कष्ट हो रहा हो। अब रूबी दी ने किसी को बताने की प्रबल इच्छा के कारण उन्हें उन चिड़ियों के बारे में बताना शुरू किया। पहले ही दिन उनके चेहरे पर एक क्षण के लिए एक फीकी-सी मुसकराहट आई। यह मुस्कान गायब होती उसके पहले ही रूबी दी ने उसे पकड़ लिया। सुमिरन बाबू पहले तो झेंप गए, फिर उन्हें कुछ डाँटते-से स्वर में कहा, "सत्तर साल की उमर पाकर आपने सोनपाखी कभी नहीं देखी। ऐटा कि रोकोम होलो--ऐसा कैसे हुआ।" सोनपाखी ? रूबी दी के मन में एक हिलोर उठी। आह, कितना सुन्दर नाम है ! अंग्रेजी के 'गोल्डन औरियोल' में यह बात कहाँ ? बंगाल के गीतों में जगह-जगह सोनपाखी है, सुमिरन बाबू ने उन्हें बताया। "आमार सोनार बांग्ला, आमि तोमाय भालोबाशी"--रूबी दी के मुँह से जवाब में सुनकर सुमिरन बाबू हँस पड़े। रूबी दी उनके भारी-भरकम काले फ्रेम के चश्मे में छिपी आँखों को देखती रहीं। पचास साल की उम्र में असमय बुढ़ाता आदमी। सिरे के उड़े जाते बाल। रोज वही चारखाने की कमीज पहने। कमाता तो ठीक-ठाक होगा, उनसे ही रोज का चालीस रुपया–और वह भी डिस्काउंट देकर लेता है। तब ऐसे क्यों रहता है ? इसके दिल में सोनपाखी रहती है, कोई इसे और इसका चेहरा देखकर सोच भी सकता है ? सोनपाखी ही क्यों, कोयल, बुलबुल, पपीहा, नीलकंठ सब-की-सब एक साथ। "आपके यहाँ यह कदम्ब का पुराना घना पेड़ है न, इसीलिए इतनी चिड़िया इस पर बैठने आती हैं"–सुमिरन बाबू ने एक दिन रूबी दी से लुहार चिड़िया की हुँक-हुँक की एकरस धौंकनी का वर्णन सुनकर कहा। रूबी दी का दिल लुहार के लाल दिल की तरह ही स्पन्दित हो उठा। कदम्ब का पेड़ ? कदम्ब का पेड़ तो वृन्दावन में था, राधा की सखियाँ उस पर झूला डालती थीं और कृष्ण झुलाते थे–नन्दक-नन्दन, कदम्बक तरु-तरे, धीरे-धीरे मुरली बजाव–आह, कैसी-कैसी कल्पनाएँ थीं रूबी की ! ऐसा ही प्रेम होगा, नित नव नूतन प्रेम ! और क्या किया रूबी गुप्ता ने जीवन का ? "तुम ऐसे क्यों हो ? वैसे क्यों नहीं ? इस तरह अपने में घुटे रहकर क्या जीवन चलता है ?"–काश कि आदमी अपने कहे हुए सारे शब्दों को मेट सकता ! काश, वह समय रहते समझ सकता !

"आपको मालूम नहीं कि यह पेड़ कदम्ब का पेड़ है ? 'लौज्जा बोध हय ना आपनार' (लज्जा नहीं आती आपको)"–सुमिरन बाबू उन्हें इस तरह डाँट रहे

थे जैसे वे उनसे आधी उम्र की हों। रूबी दी की आँखें डबडबा आईं। अरे, कदम्ब के पेड़, तुम सारे समय मेरे पास थे। मेरे ऊपर छाँव किए हुए थे। मैंने ही तुम्हें नहीं देखा। तुम्हें नहीं पहचाना। तुम्हारी झुकी हुई डालियों पर कोई झूला नहीं डाला। सारे सावन यों ही चले गए और मैं रीती-की-रीती रह गई। तुम मेरी कल्पनाओं में थे, कविताओं में थे, पर जीवन में होते हुए भी नहीं थे।–'सखि री हमर दुखक नहीं ओर'–मेरे दुख का छोर नहीं है, सखि, मेरा चितचोर चला गया। लज्जा की ही तो बात है–घोर लज्जा की, रूबी दी ने सोचा। उनके पुरखे रेगिस्तान की भूमि से इतनी दूर हरी-भरी धरती में आकर सतपीढ़िया शाह बने, उनकी लड़की के अन्दर रेत की इतनी किरकिरी कैसे रह गई कि उसमें न कभी कदम्ब के फूल उगे और न कभी सोनपाखी आई। और अब यह सब सोचने से भी क्या ? यह ज्ञान की पोटली अब उनके किस काम की ?

रूबी दी ने माँ-पिताजी के गुजरने के बाद बरसों से खाली पड़ा ऊपर का तल्ला एक साल के लिए पहली बार किराए पर लगाया, तो सुमिरन बाबू के कहने पर ही। रूबी दी जिस सावधानी से एक-एक दस का नोट अंगुलियों से घिस-घिसकर उन्हें देती थीं, उसी से उन्होंने अंदाज लगाया होगा कि उनके पास मकान-वकान ही बढ़िया है, हाथ में पैसों की छूट नहीं है। सुधीर मरने के पहले सारा इन्तजाम कर गए थे कि रूबी के पास हर महीने तीन हजार रुपए सारा घर-खर्च काटकर हाथ-खर्च के लिए बचते रहें। उनके हिसाब से इतने रुपए रूबी के लिए बहुत थे, पर बढ़ती उम्र के साथ डॉक्टर-दवाओं का खर्च और बढ़ती महँगाई का वे अंदाज नहीं लगा पाए थे। सफेद साड़ी पहनने का निर्णय लेकर रूबी दी ने खर्च बहुत कम कर लिया था, वरना रुपयों की और तंगी होती। बेशक वे जब चाहतीं, तो मूल धन से रुपए उठा सकती थीं, पर रूबी दी ने कभी ऐसा नहीं किया। ऊपर का तल्ला महज रुपयों के लिए रूबी दी ने भाड़े पर नहीं लगाया। एक तो वे सुमिरन बाबू जैसे भले आदमी को एक बहुत पुराने परिचित परिवार की मदद करने से वंचित नहीं करना चाहती थीं, दूसरे उन्हें अचानक लगने लगा था कि मकान में बहुत सन्नाटा रहता है। कई बार उन्हें ऐसे लगता कि खिड़की-दरवाजे-फर्श सभी किसी का इन्तजार कर रहे हैं। सुमिरन बाबू या किसी और के आने से यह सन्नाटा कम होता, फिर और गहरा जाता। सायरा का उनके पास होना और न होना दोनों लगभग बराबर था, बस वह पाँव दबाने के लिए जब उनके शरीर को हाथ लगाती, तो रूबी दी को लगता कि दुनिया में वे एकदम अकेली नहीं हैं। इन दिनों रात में रूबी दी की नींद अचानक खुल जाती और उस सन्नाटे की गूँज उनकी आत्मा पर चढ़ बैठती।

जीव बीज रूप में सृष्टि में आता है, तो एक दूसरे इन्सान के गर्भ में उससे हर पल जुड़ा हुआ। शायद इसीलिए वह कभी अकेला नहीं रहना चाहता, ऐसा

रूबी दी को लगने लगा। अकेला हर आदमी है, पर यह घोर कष्ट है। कोई सुख नहीं। दूसरे व्यक्ति की चाह खत्म हो जाए, यह एक प्राकृतिक इच्छा नहीं है। हाँ, आध्यात्मिक दृष्टि से एकान्त की जरूरत एक अलग बात है। आखिर सारी चिड़िया भी एक साथी ढूँढ़कर ही डालों पर बैठती हैं, फुदकती हैं और गीत गाती हैं। मैना, गौरैया और कचपचिया जैसी चिड़िया तो भीड़ में रहती हैं, पर बाकी सारी चिड़ियों का भी एक साथी जरूर होता है। नीलकंठ जैसी एकाध चिड़िया ही होती है जो सिर्फ यौन-सम्पर्क के दिनों में साथी के साथ रहती हैं, बाकी समय अकेली रहना पसन्द करती हैं। शायद शिव भी ऐसे रहे होंगे, इसलिए उन्हीं का एक नाम नीलकंठ को मिला है, सिर्फ अपने नीले रंग के लिए नहीं। सुधीर नीलकंठ थे। रूबी दी नहीं हैं। न ऐसा होने में कोई बुराई है और न ऐसा नहीं होने में—स्व-भाव है। रूबी दी को लगा कि सुमिरन बाबू को कृष्ण ने इसीलिए उनके पास भेजा होगा, ताकि वे इस बात को और गहराई से जान सकें। वरना क्या डॉक्टर अपने किसी दूसरे असिस्टेंट को नहीं भेज देता, जो सोनपाखी का नाम लेने से उन्हें पागल या सनकी समझता ? संसार में सबकुछ संयोजित है, ऐसा मान लेने में कोई हर्ज नहीं है, क्योंकि आदमी अहंकार से बचा रहता है। यह सच हो या न हो, इससे कोई फर्क नहीं पड़ता। खासकर ऐसी बातों को मानने से, जिनसे लगे कि उन पर कृपा बरस रही है। 'ब्लैस्ड आर दोज हू फील ब्लैस्ड'—रूबी दी ने बाइबिल के जैसा एक सूत्र गढ़ा—वही धन्य है, जो अनुभव करता है कि वह धन्य है।

वे लोग मेघों के देश से आए थे : धानखेती, शिलांग, मेघालय। दादा-दादी, दो बेटे, दो बहुएँ, दो-दो यानी चार बच्चे। रूबी दी के घर के सन्नाटे को एकबारगी गायब करते एक साथ दस प्राणी, जो धानखेती के हरेपन में खून का लाल रंग घोलने को तत्पर लोगों से बचकर आए थे। अपहरण की धमकी मिली थी, धानखेती के पार पाइन के जंगलों से। रातोरात वे जो-सो बाँध-जोड़कर निकल गए थे, इस विश्वास के साथ कि कभी सद्बुद्धि जागेगी और वे लौट आएँगे। यह धरती पिछले साढ़े पाँच दशकों से उनकी भी है और उन लोगों ने भी इस धरती को उतना ही प्रेम किया है जितना 'उन्होंने'। पर कोई उनके इस अधिकार को मानने के लिए तैयार नहीं था, जो प्रेम सहज रूप से देता है।

कभी डेढ़ सौ साल पहले से 'चावल' की डोर से बँधे मरुभूमि के कँटीले रेतीले प्रान्तर से उठकर हजारों मील दूर बर्मा देश में जा बसे थे—उसी सफेद दिव्य हविष्यान्न से लगे-बँधे, जो पहले खेतों में अखण्ड पवित्र हरियाली के विस्तार में दिखता है, फिर पककर धानी रंग के प्रसार में 'धान' होता है और फिर श्वेत, उज्ज्वल, सुगन्धित चावल बनता है। मरुभूमि में यह चावल 'अक्षत' के रूप में रोली के टीके के साथ दो-चार दानों के रूप में दिखता था, या कभी किसी उत्सव

में मूँग-चावल-घी-चीनी के दिव्य खाद्य के रूप में जैसे कि माँ बननेवाली जच्चा को शुद्धि-पूजा के दिन दिया जानेवाला पुरस्कार हो। कभी दीवाली के दिन दूध के साथ मिलकर खीर बनता—व्रतों की कथाओं में लम्बोदर गणेश च्यूँटी भर चावल और चम्मच भर दूध लेकर द्वार-द्वार घूमते कि 'कोई खीर कर दो' 'कोई खीर कर दो'। जो बुढ़िया माई यह कहकर मुँह तिड़का देती कि 'इतने से दूध-चावल में कोई खीर बनती है', उसकी झोली खाली रह जाती और जो बुढ़िया माई एक बड़े-से भगौने में वह च्यूँटी भर चावल-चम्मच भर दूध चढ़ा देती, उसका न सिर्फ भगौना लबालब खीर से भर जाता—इतनी कि बाँटे न खत्म हो—बल्कि वह सोलह वर्ष की षोड़सी कन्या भी बन जाती और उसकी झोंपड़ी महल बन जाती।

सौ साल बर्मा देश में रहकर उन्होंने इसी दिव्य अन्न का कारोबार किया था और उनकी झोंपड़ी सचमुच महल बन गई थी। जब दूसरे महायुद्ध में बर्मा पर जापान की फौज ने अधिकार कर लिया, और उनके आसपास के लोग वह देश छोड़कर वापस भारत लौटने लगे तब भी वे वहीं टिके रहे। एक बार अपने देश की सुनहली-रुपहली रेत को छोड़कर आने में उन्होंने घोर कष्ट का अनुभव किया था, अब इस देश को छोड़ने में उन्हें उससे भी अधिक कष्ट हो रहा था। वे जानते थे कि मिट्टी छूटने की तकलीफ क्या होती है, क्योंकि वह उनके पुरखों से उनके रक्त में बहती चली आई थी। पर अन्ततः वह मिट्टी छूटकर ही रही। वे बर्मा से निष्कासित हो चले आए, पर 'चावल' की डोर न तोड़ पाने के कारण असम प्रदेश की शिलांग नगरी में धानखेती में बसकर वही कारोबार करने लगे।

अब पचपन साल बाद फिर मिट्टी ने उनके साथ धोखा किया। उन्हें फिर उसे छोड़ना पड़ा और इस बार कष्ट पिछले हर कष्ट से अधिक गहरा था क्योंकि इस बार उन्हें धरती ही नहीं, आकाश भी छोड़ना था—मेघों के देश की वह गीली हवा, पहाड़ियों से उतर घर में घुसे आते बादल, अंग्रेजों की बनाई ढलुवाँ छतवाली कॉटेजें, चर्च और स्कूल की इमारतें, वे ऊँची-नीची गोल घूमती सड़कें उनके दिमाग से एक घड़ी के लिए भी निकलना नहीं चाहती थीं। वे धान के खेत उनके दिन के सपनों में और रात के सपनों में हर समय घुसपैठ करते। उनके दिलों में दर्द की हिलोर उठती। कभी वे सपनों में भी अपनी हकीकत को भूल नहीं पाते कि अब वे उन धान के खेतों से बहुत दूर हैं, जिन्हें जब-तब आकाश के मेघ छूकर उनसे रंग चुराकर अपने पास तितलियों के लिए छिपा लेते हैं। वहाँ तितलियाँ इन्द्रधनुष के सात रंगों की होने के साथ हरी-हरी भी होतीं। जिस दिन वे जिस रंग के कपड़े पहनते, उस दिन उसी रंग की तितली उनके आसपास जरूर मँडराती। लेकिन 'उन लोगों' ने तितलियों की एक बात नहीं सुनी। जब 'उन्होंने' तितलियों पर भी बन्दूकें तान दीं, तब वे समझ गए कि अब उनका यहाँ ठौर

नहीं है। उन्होंने बोरिया-बिस्तर बाँध लिया। कभी सुमिरन बाबू बंगाली होने के कारण इसी तरह यहाँ शिलांग से कलकत्ता भागे थे, अब उन्होंने उनके पीछे वहीं जाने का फैसला किया। पर सुमिरन बाबू दिल टूटने के कारण वापस नहीं लौटे थे, इन्होंने दिल में उम्मीद बनाए रखी कि वे वापस लौटेंगे, और इसलिए उनके दिलों को वैसी उदासी नहीं चाँप पाई जिसमें आदमी साँस तो लेता है, पर जी नहीं पाता।

पहले दिन बड़ी बहू प्रीति दस बजे नीचे आई। "सुमिरन काका नहीं आए ?"—उसने पूछा। "मैं आपके पास बैठ जाऊँ ?" पूछकर वह वहाँ बैठ गई। जब तक सुमिरन बाबू आए, उसने रूबी दी से उनकी दोनों लड़कियों के बारे में, पति के कामकाज और मृत्यु के बारे में, उनके माता-पिता और दास्तान-ए-कानपुर के बारे में सारी बातें जान ली थीं। उनके आने के बाद रूबी दी की मेडिकल फाइल लेकर उसने सारे कागज देख डाले। 'न जाने क्या करेगी यह सब जानकर ?'—रूबी दी ने उसके चेहरे की पैंतीस साल से ज्यादा बड़ी दिखती गम्भीरता को देखते हुए सोचा। सुमिरन बाबू के जाने के बाद सायरा के बारे में उसने यह जानना चाहा कि वह क्या-क्या काम कर पाती है और उसके बाद यह पूछा कि उनका खाना कौन बनाता है ? कालूचरण दरबान की बीबी दोनों वक्त आकर खाना बना देती है। सुनकर उसने उसी गम्भीरता से 'हूँ' किया। उसके बाद वह चली गई।

शाम को वह फिर नीचे आई, तो उसकी गोद में एक चार-पाँच महीने का सोता हुआ सुन्दर शिशु था। उसने रूबी दी के बगल में उसे लिटा दिया। रूबी दी अचकचाईं—कहीं पेशाब कर दिया तो ? अजीब गँवार किस्म की है यह प्रीति। "तुम्हारा बेटा है ?" पूछने पर उसने बताया कि वह देवरानी मीरा का बेटा है। उसके बाद उसने पूछा, "आप होमियोपैथी में विश्वास करती हैं ?" रूबी दी ने कहा, "हाँ भी और नहीं भी।" सुनकर उसने मुसकराते हुए अपने हाथ में दबी एक पुड़िया खोली और उनके मुँह में डाल दी। रूबी दी का इस अधिकार-भरी चेष्टा को रोकने का बिलकुल मन नहीं हुआ। "अब आप पेट के बल लेट जाइए"—सुनकर रूबी दी ने घबराकर कहा, "अब क्या करोगी ?" "यकीन कीजिए, आपको बहुत आराम मिलेगा।" रूबी दी अनमनी-सी 'नीम हकीम खतरा-ए-जान' न हो, सोचते हुए करवट बदलकर पेट के बल लेटीं। तब उनकी पीठ, गरदन और कमर पर दो नरम-नरम हाथ कोई जादू करने लगे। रूबी दी को लगा कि जैसे उन हाथों से सांत्वना निकलकर उनके दिल और दिमाग से गुजरती हुई उनकी नस-नस तक फैल रही है। उन्हें लगा कि ऐसा सुकून जाने उन्हें कई जनम हो गए थे। उन्हें पता ही न चला कि वे कब सो गईं।

"बर्मा टीक, बर्मा टीक, तुम लोग क्या बर्मा की सारी लकड़ी अपने ही घर

में लगा डालोगे''—देवीदत्त मामा बोल रहे थे। रूबी पति के सामने शर्मिन्दगी से गड़ी जा रही थी—''ये जब दूसरे महायुद्ध में लापता हुए थे न, तब बर्मा में थे। जापानियों ने सिंगापुर में पकड़ा और आजाद हिन्द फौज में भरती करने बर्मा भेज दिया''—रूबी ने सुधीर को फुसफुसाकर बताया। देवीदत्त मामा के ऐसे बेतुके व्यवहार पर सुधीर इतने खुश क्यों दिख रहे थे ?

माँ राखी पर लापता भाई को हिंजरती हर साल की तरह तकिए में मुँह घुसाए रोए जा रही थीं। तभी वे बौद्ध लामाओं की तरह गेरुआ कपड़ा नीचे से ऊपर एक कन्धे तक लपेटे सिर मुँडाए प्रकट हुए।

बहन को नीचे से टेर लगाई—''अरुन्धती, अरुन्धती।'' माँ ने उस आवाज से हुलस दौड़कर ऊपर से झाँका। देखा कि नीचे कोई बौद्ध भिक्षु जैसे कपड़े पहने देवीदत्त की आवाज में उन्हें पुकार रहा है।

''कौन-से भेस में आया है मेरा भाई ?'' व्रत की कथा में बहन पूछती है। दासी चुप खड़ी है। ''अगर राजा के भेस में आया है, तो उसे मेरे महल में ठहराओ। कंगाल भेस में आया है, तो उसे महल के बाहर दक्षिण की कोठरी में ठहरा दो।'' दासी फिर भी चुप खड़ी है। ''बोलती क्यों नहीं मरजानी ?'' बहन दासी पर गुस्सा करती है। ''रानी, आपका भाई न राजा के भेस में है न कंगाल के भेस में...राजा भरथरी जोगी के भेस में आया है।'' बहन बेहोश होकर गिर पड़ती है।

माँ इस कथा को याद करती अपने अन्दर से उठते रुलाई के वेग को रोकती सीढ़ियाँ उतरकर गई थीं। देवीदत्त मामा ने गेरुआ झोले से एक हरे जेड पत्थर की बुद्ध की छोटी-सी प्रतिमा निकाल—ये बोधिसत्व हैं—कहकर बहन को पकड़ा दी जो मुँह बाए उनका यह विचित्र रूप देखे जा रही थी।

देवीदत्त मामा आठ साल की गौरी को गोद में बैठाकर कह रहे थे—''सोने का देश है वह। इरावदी नदी के किनारे पके हुए धान के खेत पर ढलते सूरज की किरणें जब पड़ती हैं, तो खेत सोने के होते हैं और नदी भी सोने की होती है।'' रूबी को देख देवीदत्त मामा चुप हो गए। वे बर्मा में आजाद हिन्द फौज से पिंड छुड़ाकर भाग निकले थे। इसीलिए बौद्ध भिक्षु का वेश बनाया होगा। तो इसमें रूबी को देखकर चुप होने की क्या बात थी।

''देखना एक दिन इस देश में गाँधी से अधिक अम्बेडकर की मूर्तियाँ होंगी''—देवीदत्त मामा अपनी बहन को अखबार पढ़ते हुए कह रहे थे और उनके छप्पन साल की उम्र में भी एकदम काले बाल उनके पास रखे स्टैडिंग पंखे की हवा से फरफरा रहे थे।

रूबी ने दरवाजे की झिंझरी से छिपकर देखा कि देवीदत्त मामा आलथी-पालथी मारकर जमीन पर आसन बिछाकर बैठे थे और एक सामने रखे प्याले से चम्मच

से कुछ पीते जाते थे और कोई मन्त्र बुदबुदाते जाते थे। कोई छोटा-सा मन्त्र, जो वे बार-बार दोहराते थे।

खाने पर घर आई अपनी सहेली के जाने के बाद माँ बता रही थीं—''यह देशबन्धु चित्तरंजन दास की पुत्रवधू है।'' देवीदत्त मामा का ध्यान कहीं और था। माँ ने पूछा, ''सुना देवी तुमने ?'' देवीदत्त मामा ने पूछा, ''वह जिस गाड़ी में आई थी, उसके ड्राइवर का नाम 'बर्मा' कैसे है ? देखने में तो बिहारी लग रहा था।'' ''तुम भी देवीदत्त ! कहाँ की बात कहाँ ले जाते हो। ब्रह्मा नाम रहा होगा—उसी का बर्मा हो गया होगा।'' ''हाँ तभी। बर्मा का नाम कभी ब्रह्मा देश रहा होगा।'' अपनी 'खोज' पर उनकी खुशी देखकर रूबी का मन हुआ कि कहे—''यह तो कोई बच्चा भी बता देता।'' पर उसने अपने को हमेशा की तरह रोक लिया।

रूबी दी ने आँखें खोलीं तो उनकी आँखें दो गोल काली चमकदार मुसकराती आँखों से जा मिलीं। उनके पास सोया बच्चा कुनमुनाया होगा, तभी उनकी नींद खुली होगी। वह उन्हें देखकर हँस रहा था। रूबी दी विस्मित रह गईं। कैसी दिव्य, अलौकिक, अद्भुत आँखें हैं—रूबी दी को लगा कि अपनी नसों में प्रवाहित होते रक्त का अनहद नाद उन्हें सुनाई पड़ रहा है। वे उसे सुनती हुई मन्त्रमुग्ध-सी उन आँखों में देखती रहीं। उन्हें वहाँ सारा ब्रह्मांड उसी तरह दिख रहा था जैसे कभी यशोदा को कृष्ण के मुँह में दिखा होगा। ''हम जब तक अपनों के अलावा किसी से प्रेम नहीं करते, तब तक हम प्रेम का अर्थ नहीं जान सकते''—प्रीति ने रूबी दी से कहा। रूबी दी हँसीं। उनके परिवार से पूछा जाए तो वे यही कहेंगे कि रूबी दी ने हमेशा घर के बाहर के लोगों—दूसरों से ज्यादा प्रेम किया है। ''अपने पति और बच्चों से हम कर्त्तव्य से बँधे होते हैं, उनके लिए कुछ करके वह सन्तोष नहीं मिल सकता जो सिर्फ निःस्वार्थ प्रेम ही दे सकता है''—प्रीति कह रही थी।

हर बीतते दिन के साथ रूबी दी को लगता कि जाड़ों की धूप की-सी ऊष्मा लिए एक नदी ऊपर गोमुख से नीचे बह रही है। वे आँखें खोलतीं तो उस ऊष्मा से नहा लेतीं। आँखें बन्द करतीं तो उस ऊष्मा की स्मृति में। कभी सुबह आँखें खुलते ही प्रीति ट्रे में चाय लिए खड़ी मिलती, ''आज अभी तक सब सो रहे हैं, मैंने सोचा आपके साथ चाय पी लूँ। सायरा को आपकी चाय के लिए मना कर दिया।'' कभी शाम को लेटे-लेटे कुछ सोचती रहतीं कि प्रीति का बेटा मृदुल अपनी भुवनमोहिनी मुस्कान लिए आ खड़ा होता, ''नानी माँ, इन मुहावरों का अर्थ बताइए''; ''नानी माँ, यह कविता आपसे पढ़नी है।'' मीरा छोटे बच्चे को अकसर उनके पास सुला जाती। वह उठकर उन्हें देख हँसता और उनके ऊपर चढ़ कभी उनकी आँखों को छूता, कभी मुँह में अंगुली डालने की चेष्टा करता। उसका कुछ भी करना रूबी दी को अलौकिक लगता। उसकी माँ उसे ले जाने के लिए आती,

तो उनसे चिपक जाता कि माँ के साथ नहीं जाएगा।

"प्रेम सहज भाव बन सके, इसके लिए संयुक्त परिवार एक स्कूल की तरह है। आप देना सीखते हैं, हर वक्त–और देकर निहाल होते हैं क्योंकि वह आपको दुगुना-चौगुना होकर वापस मिलता रहता है"–प्रीति कह रही थी और उसकी देवरानी मीरा उसे सदा हँसते-से लगनेवाले चेहरे से बिना हिले-डुले इस तरह देखे जा रही थी जैसे कोई समाधि में हो। रूबी दी क्या कहतीं ? संयुक्त परिवार की उनकी अपनी गाथा क्या गाने लायक थी--राजनीति में भी ऐसी दलबन्दी और सत्ता हथियाने की ऐसी आपा-धापी नहीं होती होगी। वे रोज छोटी होती गई थीं वहाँ रहते-रहते। उनके सारे गुण जिन लोगों की नजरों में दुर्गुण थे, वहाँ कीड़े की तरह कुलबुलाने और मौका पाकर डंक मारने के अलावा उनके लिए अपने अस्तित्व को बचाने का और कोई रास्ता नहीं था। और वहाँ से निकलकर अपने परिवार में क्या हुआ–फिर वही, फिर वही। "हम सबमाँ और सब हममाँ, हमहिं बहुरि अकेला"–रूबी दी कुमार गन्धर्व को कबीर को गाते सुनतीं, तो उन्हें लगता जीवन का मूल सत्य यहीं है : हम बहुरि अकेले हैं, इसके बावजूद कि हम सबमें हैं और सब हममें हैं। कैसे भी समझो, समझना ही पड़ेगा। और अब इतने सालों तक इसे समझ-समझाकर, मान लेने के बाद यह कौन-सी नई शिक्षा उन्हें दी जा रही है ?

रूबी दी नीचे बैठी-बैठी ऊपर के बारे में सोचतीं तो उन्हें लगता वहाँ चारों ओर बहुत उजाला छाया है और वे सब एक-दूसरे को देख-देखकर मुसकरा रहे हैं। उन्हें अपने सोच पर हैरत भी होती, कैसे वे अपने को विभ्रम में डालकर ऐसी कल्पना कर रही हैं–ऐसा कोई सचमुच थोड़े ही होता है। मीरा कभी अकेली आती, तो वे उससे खोद-खोदकर बातें पूछतीं। उसकी सरलता के कारण रूबी दी को रत्ती भर भी संकोच न होता। सारी जिन्दगी उन्होंने परेशान लोगों की समस्याएँ सुनने, भाँपने, समझने और सुलझाने की चेष्टा करते बिताई थी। मीरा की अद्भुत बातें उनकी समझ में न आतीं–"रोज सुबह मैं आँखें खुलते ही प्रीति दीदी के पास दौड़कर चली जाती हूँ। वे मुझसे भी ज़ल्दी उठकर मेरे लिए दरवाजा खोले रखती हैं और कुछ पढ़ती रहती हैं। वे मुझे देखकर इस तरह खुश होती हैं जैसे हम बरसों बाद मिल रहे हों। फिर हम दोनों बरामदे में झूले पर बैठ जाते हैं और सुबह को देखते हैं।" सुबह को देखते हैं ? रूबी दी को याद आता कि वे कैसे रात को सोते समय सोचतीं कि कल सुबह सूरज उगना भूल जाए। सुबह उन्हें हमेशा बेहद बुरी लगती। दिल में एक डर-सा लिए वे दरवाजा खोलतीं कि न जाने आज छोटी माँ या बड़ी भाभी का मूड कैसा हो। "फिर मेरी बेटी उठ जाती है और आँखें बन्द किए 'प्रीति मम्मी, प्रीति-मम्मी' आवाज देती है। वे दौड़कर उसके पास आती हैं, तभी वह आँखें खोलती हैं।" ये लोग सब काम दौड़कर करती हैं क्या, रूबी दी ने सोचा। फिर यह सोचने के लिए अपने को

डाँटा, अरे ईर्ष्यालु मन, शंकालु मन, तुम यह क्यों नहीं मान पाते कि ऐसा होता है, हो सकता है। "और तुम्हारी सास ? उन्हें सिर्फ एक बार ही देखा, जब तुम लोग रहने आए थे। वे दिनभर क्या करती हैं ?" रूबी दी ने पूछा।

मीरा का चेहरा कुछ विचित्र-सा हो आया। न वह हँस रही थी, न कुछ बोली। रूबी दी को लगा जैसे कुछ निर्णय न कर पा रही हो कि क्या बोले और क्या न बोले। "असल में, असल में, पता नहीं आप समझेंगी या नहीं, वे हर समय अपने मानकुँवर कन्हैया के सामने बैठी रोती रहती हैं"—मीरा ने धीमे स्वर में कहा। ओह, ओह, रूबी दी ने सोचा, लो हो गई ऊपरवालों के स्वर्ग की कल्पना ध्वस्त ! "वे तुम्हारे छूटे हुए घर के लिए रोती होंगी न ? उन्हें समझाना चाहिए। मैं अगर ऊपर चढ़ सकती, तो उनके पास जाती। उन्हें नीचे ले आओ न"—रूबी दी ने उसे परामर्श दिया। "नहीं, नहीं, मैंने कहा था ना कि आप नहीं समझेंगी। वे शिलांग में भी ऐसे ही रहती थीं। ये प्रेम के अश्रु हैं। प्रेम से उपजे विरह के। मानकुँवर के लिए विरह।" रूबी दी अचकचा गईं। ऐसा तो कभी देखा न सुना। क्या पागलपन है ! हो सकता है उन्हें मनोचिकित्सा की जरूरत हो। आज के युग में ऐसी कोई मीराँबाई हो सकती है क्या, वह भी पति-बच्चों वाली मीराँबाई। अरे, उनका दिमाग ठनका, क्या अपनी बहुओं के नाम प्रीति, मीरा इन्होंने ही रखे हैं, इस प्रेम-दीवानी औरत ने ? आजकल लोग बहुओं के नाम बदल फैशनेबल नाम रख लेते हैं—उनकी एक सहेली ने अपनी बहू का नाम सुमन की जगह श्रेया रख लिया है, एक ने अनुराधा की जगह अनुष्का। ऐसा ही कोई चक्कर होगा। "मेरा नाम भी प्रीति था, घर में दो प्रीति होने से किसे बुलाते, कौन समझ बैठता, इसलिए मेरा नाम मीरा कर दिया"—मीरा ने अपनी स्वभावगत सरलता के साथ हँसकर उन्हें समझाया।

"तुम लोगों को अजीब नहीं लगता, उनका इस तरह रहना ?" रूबी दी ने कुछ झिझकते हुए पूछा। मीरा का चेहरा खिल उठा। "नहीं, पहले लगता था, जब मैं समझती नहीं थी। दुनिया में सभी तो अपने मन के पीछे-पीछे चलते हैं। कोई किसी चीज के पीछे कोई किसी चीज के पीछे। फिर वे तो प्रेम के ही पीछे लगी हैं, कम-से-कम अहंकार के पीछे तो नहीं, प्रीति दीदी कहती हैं। प्रेम में अहंकार सूरज निकलने पर अन्धकार की तरह गायब हो जाता है। उन्होंने हमें प्रेम करना सिखाया है"—रूबी दी को लगा कि वह आगे जोड़ेगी, 'प्रीति दीदी कहती हैं,' पर उसने कहा नहीं। इस लड़की का अपना कोई वजूद ही नहीं ? हर बात में कहती है प्रीति दीदी कहती हैं, प्रीति दीदी कहती हैं। प्रीति ने दर्शनशास्त्र में एम.ए. किया है, पर यह भी तो ग्रेजुएट है। कोई मूर्ख नहीं। फिर कैसे इसने अपने को इस तरह नकार रखा है ? इसके बच्चे इससे ज्यादा प्रीति को प्रेम करते हैं, और यह इस बात से परम प्रसन्न है। अपने पति के लिए

कहती है कि वे तो बड़े भाई राम के लक्ष्मण हैं, और इस बात से भी आनंदित है। क्या इसमें कोई अतृप्ति नहीं, कहीं अपने लिए कोई चाह नहीं ? यह कैसा रहस्य है ?

"प्रेम सदा न्यायपूर्ण होता है"—प्रीति ने उन्हें चाय के साथ घर के बनाए समोसे देते हुए कहा, "वह किसी को दबाने में, किसी के अधिकार छीनने में विश्वास नहीं करता और यदि कहीं ऐसा दिखाई पड़े, तो वह प्रेम हो नहीं सकता।" उसके बेटे मृदुल ने, जो वहाँ खड़ा-खड़ा उनकी बातें सुन रहा था, कहा, "मेरी किताब में मुहावरा है 'छक्के छुड़ाना'—मतलब ईर्ष्या से जलना।" प्रीति ने सिर पीट लिया, "फिर गलत अर्थ बोलते हो।" "ओह, हाँ, सॉरी, मुहावरे का अर्थ ऊपर-नीचे हो गया। 'छक्के छुड़ाना' का मतलब तो है बुरी तरह हरा देना और 'छाती पर साँप लोटना' का मतलब होता है ईर्ष्या से जलना।" वे दोनों मृदुल की बात पर जोरों से हँस पड़ीं। "क्या करूँ", उसने दोनों हाथों से अपना सिर थामते हुए कहा, "इसमें सब भरा हुआ है, पर ऊपर-नीचे हो जाता है।" "तो इतना रटते क्यों हो ? समझकर याद करो", रूबी दी ने कहा। "क्या करेंगे बच्चे ? स्कूलवाले ही रटने की आदत डालते हैं। प्रश्न आता है कि मिस्टर केन ने घोड़ागाड़ी से नीचे उतरकर क्या कहा। जवाब होता है उन्होंने कहा, "आज मौसम अच्छा है या ऐसी ही कोई मामूली-सी बात। यदि बच्चे को पूरी किताब रटी हुई नहीं है, तो वह जवाब दे ही नहीं सकता—" प्रीति ने कहा। "पता है मम्मी, हिस्ट्री की टीचर ने कल क्या पढ़ाया ? उसकी लड़की ने रात को खाना नहीं खाया क्योंकि हिस्ट्री टीचर ने शाहरूख खान का पोस्टर खरीदा और उसकी लड़की ऋतिक रोशन की चमची है—" मृदुल की बात सुन रूबी दी और प्रीति ने एक-दूसरे की ओर देखा। रूबी दी ने पूछा, "और तुम किसके चमचे हो ?" मृदुल ने सहजभाव से कहा, "नानी माँ, आपके, और किसके ! आप पढ़ाती हैं, तो कभी नहीं डाँटतीं, बाकी सब डाँटते हैं—स्कूल में भी, घर में भी।" रूबी दी को लगा कि ऊष्मा की नदी उन्हें फिर एक बार सराबोर कर चली गई है। आज तक कोई बच्चा उनका चमचा नहीं बना था, न अपना बच्चा, न किसी और का, वे फिर इस रहस्य से चमत्कृत हो गईं।

रूबी दी को इन रहस्यों को सुलझाने के लिए कुछ सूत्र मिलते, इसके पहले ही शिलांग से खबर आ गई कि जिन लोगों ने उन्हें अपहरण की धमकी दी थी, उनका मुखिया पुलिस मुठभेड़ में मारा गया है और उनका शिलांग लौटना निरापद है। एक साल की जगह पूरे एक महीने रहकर वे लोग वापस मेघों के देश इस तरह लौट गए थे, जैसे शरद ऋतु में मेघ लौट जाते हैं और धुली हुई धरती पर धुली हुई उजली धूप में खोजे से भी नहीं मिलते। पर मेघदूत का एक लक्ष्य होता है और वह पूरा होने पर उसके टिके रहने का कोई कारण नहीं होता।

एस.टी.डी. : दिल्ली से कलकत्ता-III

"हलो नानी। पूरे डेढ़ महीने बाद तुम्हारी आवाज सुन रही हूँ। मैंने इस बार तंजानिया क्या, अफ्रीका के कितने देश देख डाले—केनिया और युगांडा के सफारी पार्क—साउथ अफ्रीका तक हो आई। जानती हो नानी, पापा-मम्मी तुम्हें याद करते हैं। तुमसे मिलूँगी, तब ढेर सारी बातें बताऊँगी"—कादम्बरी की आवाज से रूबी दी के मन में प्रेम की ऐसी हिलोर उठी कि उन्होंने उस पर बैठकर आकाश छू लिया। एक क्षण के लिए उनके मुँह से एक शब्द भी नहीं निकला। "क्या हुआ नानी, तुम बोलती क्यों नहीं ? तबीयत-पानी ठीक है न ?" कादम्बरी की आवाज में गहरी चिन्ता थी। इस डेढ़ महीने में कादम्बरी, मैंने भी बहुत-से रहस्यमय देशों की सैर की—रूबी दी ने कहना चाहा पर कहा नहीं। ऐसे नहीं कहेंगी। जब मिलेंगी, तभी बताएँगी।

"मैं अब बिलकुल ठीक हूँ। इधर कुछ कमर-दर्द के कारण बेड-रेस्ट करना पड़ा। कल ही पहली बार 'परामर्श' जाने की सोच रही हूँ"—रूबी दी ने कहा। प्रीति ने कहा था—"हाऊ विल आई नो, अंटिल यू टेल मी ?"—आप नहीं कहेंगी, तो मैं कैसे जानूँगी—अगर दिल में प्रेम है, तो कह दो। अगर बहुत याद आई हो, तो जरूर कहो। संकोच मत करो। वरना कोई कैसे जानेगा तुम्हारे मन की बात ? जीवन चला जाएगा। मन की बात मन में रह जाएगी। अगर रूबी दी कादम्बरी को अपनी बीमारी की बात नहीं बताएँगी, तो वह कैसे जानेगी ? यदि रूबी दी पहलेवाली रूबी दी होतीं, तो जरूर छिपा लेतीं : दूर बैठी बेकार चिन्ता करेगी। वगैरह, वगैरह।

"ओह, आई सी। मैं तो आपके पास आने की सोच रही थी, एक प्रोजेक्ट के सिलसिले में। आपको कहा था न पहले भी। लेकिन अगर आपकी तबीयत ठीक नहीं, तो कुछ दिन बाद सही। बेकार आपको परेशानी होगी।" कादम्बरी की बात से रूबी दी के अन्दर कुछ बुझ-सा गया। "यह भी कोई बात है, कादम्बरी ! तुम्हारे आने से तो मैं तुम्हें देखते ही एकदम ठीक हो जाऊँगी। तुम जब चाहो, आ जाओ"—रूबी दी ने अपने को सँभालकर कहा। यह नई दुनिया

है—उनकी समझ से बाहर। या शायद समझ के अन्दर, पर जिसे वे समझकर भी समझना न चाहें। देखा प्रीति तुमने ? उसने एक बार भी नहीं कहा, ओहो, तब तो आपको अकेले रहने में बड़ी परेशानी हुई होगी। मैं दिल्ली होती, तो आपके पास दौड़कर चली आती। दौड़कर ?? हाँ, हाँ, दौड़कर। एक मिनट भी देर नहीं करती।

रूबी दी अँधेरे में बैठी रहीं। बत्ती उन्होंने सोने के लिए बुझा दी थी। रात के ग्यारह बजे होंगे। बारह या एक भी बज सकता है। यही कादम्बरी के फोन करने का समय है। इस वक्त पैसे भी कम लगते हैं और शायद इसी वक्त उसे सबसे ज्यादा फुरसत होती है। बाहर बरामदे की जलती बत्ती से कमरे में हलकी रोशनी थी। उस रोशनी में सारी जानी-पहचानी चीजें अजनबी-सी लग रही थीं—जैसे कि वे किसी और के घर में हों। खिड़की से अचानक आधे चाँद की हलकी रोशनी आई। बादल हट गए थे। रूबी दी ने देखा कि पूरी पृथ्वी सूर्य के चारों ओर घूम रही थी और वे भी उस कमरे में बैठी हुई पृथ्वी के साथ चल रही थीं। उनके मन में क्या चल रहा था—डर, बेचैनी, हताशा या कुछ और ? उन्हें सुधीर की मृत देह का स्मरण हो आया। मरने के बाद मिट्टी शरीर देर तक रखा नहीं जा सकता। सड़ाँध हो जाती है। इसलिए फूँकने की जल्दी रहती है। यह लाओ, वह लाओ। घी, लकड़ी, फूल, वस्त्र और कितना-कुछ। हाथ में नारियल लेकर सुधीर की देह की परिक्रमा की, फिर पैर के पास रखकर अन्तिम प्रणाम। काँच की चूड़ियाँ उतारकर मृत देह पर रख दो। औरों के यहाँ तोड़ी जाती हैं। हम सभ्य लोग हैं। आधुनिक। ऐसी बर्बर प्रथाओं को हटा देंगे। पर काँच की चूड़ियाँ हाथों में थीं ही नहीं। सुधीर ने उन्हें ऊँची-नीची करके कहा था—एक गिलास पानी लाओ। रूबी दी फफककर रो पड़ीं।

'देखा प्रीति तुमने ?' बनाम 'कादम्बरी डॉट कॉम'

रूबी दी अगले दिन सुबह उठीं तो उन्हें हवा में कुछ बदलाव नजर आया। दूर कहीं से ढाक बजने की आवाज आई तो उन्हें याद आया, अरे आज तो दशमी है—दुर्गा के विसर्जन का दिन। हवा में हलकी-सी ठंड का आभास था, जैसे ढाक जाते-जाते जाड़े का आह्वान कर गए हों। रूबी दी को माँ की याद हो आई—महालया के दिन भोर होने के पहले अँधेरे में रेडियो पर दुर्गा का आह्वान सुनना किसी साल भी वे नहीं चूकती थीं—रूपं देहि जयं देहि यशो देहि द्विषो जहि—आद्या-शक्ति से शक्ति के लिए प्रार्थना। पिताजी कृष्ण के भक्त, माँ दुर्गा की। रूबी दी ने दोनों बेटियों का नाम गौरी और जया—माँ की इच्छा के कारण ही रखा। कभी लड़कियों को माँ ने लड़कों से कमतर नहीं समझा। शायद रूबी को बेटी मानने और एक लड़का गोद न लेने के पीछे यही कारण रहा हो।

दुर्गापूजा माँ के लिए बंगालियों की तरह ही दीवाली से बड़ा त्योहार हुआ करता। दशमी के दिन वे माँ दुर्गा को सिन्दूर दान करने हमेशा उत्तर कलकत्ता में राजा नवकृष्ण की राजबाड़ी की दुर्गापूजा में जातीं। अपनी सहेलियों की तरह बंगाली तरीके से लाल पाड़ की टसर सिल्क की जरीवाली साड़ी और सोने के गहने पहनतीं। वहाँ चुन्नटदार पाड़ की धोती और फनाफन कुरता पहने बंगाली बाबुओं को देखकर रूबी सोचती कि अगर पिताजी बंगाली वेश धारण करें, तो कैसे लगेंगे ? लेकिन पिताजी हमेशा सिर पर पारम्परिक टोपी लगाकर घर में नवरात्र की दुर्गा-पूजा करते—जय अम्बे गौरी, मैया जै मंगल मूर्ति...। कलश पर आम के पत्ते लगाकर पंडितजी हरी डाब (कच्चा नारियल) धर देते और वही डाब दुर्गा बन जाती—तीन आँखों, दश-भुजाओं और महिषासुर के बगैर बनी दुर्गा। माँ की अपनी अलग पूजा के पीछे देवीदत्त मामा और उनके नामवर मित्र उदयशंकर ही कारण थे क्या—रूबी दी ने सोचा—क्या विचित्र संयोग था कि उदयशंकर का नाम बंगाली होने के बावजूद राजस्थान के उदयपुर में (देवीदत्त की तरह उसी 1900 ईस्वी के साल में) पैदा होने के कारण उदय रखा गया और देवीदत्त मामा का कुछ-कुछ बंगाली नाम रखा गया—देवीदत्त, क्योंकि पड़ोस के एक बंगाली मित्र

का नाम था—देवकुमार दत्त। माँ की देवीदत्त मामा के कारण बंगालियों से ऐसी घनिष्ठता हुई कि माँ की सारी मित्रता धीरे-धीरे बंगालियों तक रह गई। पिताजी को घाटा लगने पर उन्होंने अपने बिरादरीवालों से जो उपेक्षा पाई थी, उसकी फाँस उनके दिल से कभी नहीं निकल पाई। "आदमी की कोई कदर नहीं है इनके पास, सिर्फ माया की कदर है"—वे हिकारत से कहतीं।

पिताजी ने बंगालियों का वेश धरा कि नहीं, माँ के जँवाई ने जरूर सारी कसर पूरी कर दी। सुधीर को बंगालियों की-सी सज-धज में निखालिस बांग्ला बोलते देख कोई सोच भी नहीं सकता था कि वे बंगाली नहीं होंगे। भवानीपुर के बंगाली पाड़े में रहते-रहते उनका परिवार कई पीढ़ियों पहले ही बंगाली भाषा, खान-पान और संस्कृति अपना चुका था। अपने पिता, बड़े भाई सबसे सुधीर बांग्ला में ही बात करते। पिता को कहते बाबा, बड़े भाई को बौड़ो दादा या बौड़दा। बंगालियों की तरह काँसे की थाली में खाते। आए दिन बनता—करेला भाजा, पटल (परवल) भाजा, बैंगनी, चड़चड़ी (सरसों के तेल में भूने हुए हरे पत्ते), केले के फूल का साग—ऐसी-ऐसी सब्जियाँ जो रूबी ने कभी-कभी माँ की बंगाली सहेलियों के यहाँ ही देखी थीं। कटहल भी कोई खाने की चीज है, रूबी को लगता। सुबह-सुबह भला कोई नाश्ते में मूड़ी खाता है और यह 'सुकतो'—तली हुई सब्जियों का झमेला। जब देखो तब सन्देश, रसगुल्ला, मिष्टी दही और पान्तुआ जैसी मिठाइयाँ। माँ ने कितनी भी चेष्टा की हो बंगाली बनने की, पर वे सुधीर के परिवार की कहीं से बराबरी नहीं कर सकती थीं। सुधीर का पीढ़ी-दर-पीढ़ी बंगालीकरण हुआ था, ऊपर से बंगाल इंजीनियरिंग कॉलेज में पढ़ाई ने कोई कोर-कसर नहीं रहने दी थी। यहाँ तक कि बंगालियों की तरह ही सुधीर ने शादी भी उनतीस साल की उम्र में की—जिस उम्र में हिन्दीभाषी समाज में बच्चे पैदा करके स्कूल भेजे जाने लगते हैं।

कहाँ की बात सोचते-सोचते कहाँ चली गईं रूबी दी—उन्होंने अपने को पिछली रात की स्मृति के जरिए वर्तमान की ओर मोड़ा। कादम्बरी की बात से उनका मन इतना छोटा क्यों हो गया था, उनकी समझ में नहीं आया। सुबह के उजाले में कमरे की सारी चीजों ने अपना पुरानापन वापस लाकर उखड़े हुए मन को सही ठिकाने बिठा दिया था। रूबी दी को अपने कल रात के सोच पर हैरत हुई। कादम्बरी ने ऐसा तो उन्हें कुछ नहीं कहा था, जिसका उन्होंने इतना बुरा माना। यहाँ तक कि वे सोते समय रोईं—ऐसी बात जो बरसों से उनके साथ नहीं हुई थी। बेचारी ने इतना ही कहा कि उसके आने से यदि उन्हें परेशानी होती हो, तो वह कुछ दिन और रुककर आ जाएगी। वे भी उसकी जगह होतीं, तो ठीक यही कहतीं। दूसरों की सुविधा, असुविधा जाने बिना उनके ऊपर टपक पड़ना कोई अच्छी बात कही जाएगी क्या ? उन्होंने बेचारी से इतना तक नहीं

पूछा कि वह कब आ रही है ? क्या सोचेगी वह ? आज रात को वे खुद उससे फोन करके यह बात पूछेंगी, बल्कि उससे यह भी कहेंगी कि अगर उसका फ्रेंच कट दाढ़ीवाला मित्र आना चाहता हो तो उसे भी ले आए। उसे लाना होगा, तो वैसे भी वह लाएगी ही। कोई उनसे पूछकर थोड़े ही उसके साथ रह रही है। यह भी सम्भव है कि वह कलकत्ते के लिए आज ट्रेन में बैठ गई हो या बैठ जानेवाली हो। कादम्बरी की आदत है बिना बताए आने की ताकि वे उसे स्टेशन लेने के लिए न पहुँच जाएँ। उसमें गौरी का खून है, जिसे दूसरों से किसी प्रकार की सहायता लेना अपमान लगता था—लोग अपना जन्मसिद्ध अधिकार मानकर जिन चीजों को सहज रूप से बरतते हैं उन तक को काम में लेना उसे नीचे गिर जाना लगता था। शायद यही मूल अन्तर था उनमें और गौरी में। लेकिन क्या माँ-बेटी के सम्बन्ध में इतना हिसाब-किताब होना चाहिए ? अगर कादम्बरी अपनी माँ से यही सम्बन्ध रखती होगी, तो क्या गौरी को ठेस नहीं लगती होगी ? कौन जाने। उन्हें तो कोई पूछने से भी बतानेवाला नहीं है। वैसे जानकर करेंगी क्या ? गौरी के दिल की ठेस भी उन्हें दुख ही देगी—यह बात कोई माने या न माने। 'कोई' यानी कि गौरी, रूबी दी ने सोचा। देखा प्रीति तुमने ? सारी जिन्दगी बीत जाती है और अपने सबसे नजदीक के लोगों को इतना-सा भरोसा तक हम नहीं दे पाते। नजदीक भी कितने—अपने ही रक्त-मज्जा से बनाए, नौ महीने गर्भ में रखकर, प्रसव-पीड़ा सहकर, इस संसार में लाए बच्चों से नजदीक और कौन हो सकता है।

रूबी दी ने पूरे डेढ़ महीने बाद 'परामर्श' के दफ्तर में पहुँचकर दरवाजे से अपनी अनुपस्थिति की नोटिस हटाई। दरवाजे से अन्दर की तरफ लगा हुआ लेटर-बॉक्स डाक से आई चिट्ठियों से भरा हुआ था। रूबी दी ने उत्सुकता से पहले सारी चिट्ठियों पर लिखे पते-ठिकानों को देखा कि देखें किस-किस के पत्र हैं। उन्हें कुछ निराशा हुई क्योंकि प्रायः पत्र कहीं पर होनेवाली सभा-सेमिनार सम्बन्धी सूचनाओं के थे। तभी एक बिना प्रेषक के नामवाला लिफाफा उन्हें नजर आया। उन्होंने उसे फुरती से खोला और पत्र के अन्त में सविता का नाम देखकर हर्ष के साथ उसे पढ़ना शुरू किया। सविता ने वह चिट्ठी विलासपुर से अपने मामा के घर से लिखी थी। उसने लिखा था कि वह 'परामर्श' के दफ्तर के बाहर लगी नोटिस देखकर लौट गई थी। इसी बीच उसके मामा उसे विलासपुर ले जाना चाहते थे। अब तक उसके पापा के डर से वे उसके मामले में दखलंदाजी करने से दूर रहे थे, पर अब चूँकि उसके पापा ने उसकी खोज-खबर लेनी तक छोड़ दी थी, वे उसे अपने साथ महीने भर के लिए विलासपुर ले जाना चाहते थे। वह इसलिए जा रही थी क्योंकि वह उन्हें मना करती, तो वे बहुत बुरा मानते। पी.जी. का खाना खाते-खाते वह उकता गई थी और कोई काम की जुगत बैठाने

के लिए दौड़-भाग करते बहुत थक भी गई थी। "सच तो यह है कि यह सब मन को समझाने की बातें हैं–" उसने आगे लिखा था–"मामा मुझ पर दया कर रहे हैं क्योंकि वे मुझे दया की पात्र समझते हैं। यदि मैं इनकार करूँगी, तो वे इसे मेरी अहसान-फरामोशी समझकर चिढ़ जाएँगे। मैं उन्हें चिढ़ाना नहीं चाहती, क्योंकि हालात ने मुझे दुनिया में झुककर जीने पर मजबूर कर दिया है।"

रूबी दी आज तक सविता की हिम्मत की दाद देती आई थीं, आज वे उसकी समझदारी की कायल हो गईं। कितना ठीक समझ रही है यह लड़की। रूबी दी को याद आया कि कानपुर में सीनियर कैम्ब्रिज के लिए एक साल रहने के बाद जब माँ-पिताजी ने उन्हें वापस अपने पास नहीं बुलाया था, तो उन्होंने अपने को कितना नीचे गिराकर पिताजी को पत्र लिखा था, "मैं जानती हूँ कि आप लोग मुझे अपने पास नहीं रखना चाहते। लेकिन मैं आपको बताना चाहती हूँ कि मैं कानपुर में नहीं रहना चाहती। आपके पास पैसे की कमी नहीं है। आपने इन पैसों से बहुतों की बहुत तरह से मदद की है। आप मेरे आगे पढ़ने की व्यवस्था किसी होस्टल की सुविधावाले शहर में करवा दें, तो मैं आपकी आजन्म आभारी रहूँगी।" उस पत्र के बाद पिताजी का रूबी को बुलाने के लिए खत मामाजी के पास तुरन्त आ गया था। पर आज तक अपना वह असहायपन, वह कातरता, वह मजबूरी रूबी दी नहीं भूल पाई हैं। हो सकता है कि सविता को विलासपुर में जीवन का एक नया मोड़ मिल जाए, रूबी दी ने अपनी अन्तरात्मा से उसके लिए प्रार्थना करते हुए सोचा। जिन्दगी में कब किसको कहाँ कोई नया मोड़ मिल जाएगा, कौन जानता है। और मोड़ तो जीवन में आते ही हैं। यह जिन्दगी का न्याय है कि वह एक सरल रेखा पर नहीं चलती।

रूबी दी को जीवन का यह मोड़ मिला था वासुमणि और उसकी 'गुड फ्रेंड्स सोसाइटी' से। इसी के लगभग संग-संग वे जुड़ गई थीं 'वामा स्टडो ग्रुप' से और फिर आगे जाकर 'परामर्श' से। उनके जीवन के इस मोड़ ने पिछले दोनों मोड़ों के दंश से उन्हें मुक्ति दी थी–ग्यारह साल की उम्र में कानपुर की उस रात का मोड़ और शादी के बाद एक बड़े संयुक्त परिवार में अल्पभाषी, अधिकारों से उदासीन पति के साथ जीवन आरम्भ करने का मोड़। वे भी कुछ हैं, उनमें कुछ ऐसे गुण हैं कि उनकी पूछ हो सकती है, यह अहसास उन्हें अपने जीवन के इस तीसरे मोड़ ने दिया था। रूबी दी अचानक चौंक उठीं–उनके अन्दर में बैठा वही शंकालु, छिद्रान्वेषी मन बोल उठा–क्या सचमुच दिया था ? या यह सच बतलाया था कि बरसों-बरस साथ काम करके भी एक क्षण में व्यक्तिगत स्पर्धा और अहंकारों का टकराव आदमी को उसकी असली औकात का अहसास करा देता है। वामा स्टडी ग्रुप ने उन्हें कितना मान-आदर, कितना स्नेह, कितनी इज्जत दी थी; उन्हें 'प्रेसीडेंट' तक बनाया, पर किसलिए ? और कब तक दिया यह

मान-आदर ? जब तक रूबी गुप्ता बहुत-से फूले हुए अहंकारों के बीच अपने अहंकार को भुलाए उन सबका तालमेल बैठाती रहीं; बिना भुनभुनाए सारे काम अपने सिर लेकर सलटाती रहीं; कभी यह नहीं जताया कि उनकी कोई स्वतन्त्र राय या सिद्धान्त हो सकता है, तब तक ?

रूबी गुप्ता का पहला टकराव होते-होते एक बार रह गया था जब घर में गौरी से 'रिच वीमेंस क्लब' का फतवा सुनते-सुनते उन्होंने अपनी गहरी मित्र अदिति वासवानी को यह सलाह दी थी कि तीन लेखकों को ग्यारह-ग्यारह हजार की पुरस्कार राशि देने के लिए आयोजन पर ढाई लाख रुपए खर्च करना कोई वाजिब बात नहीं है। अदिति वासवानी खुद कोई 'रिच वूमन' नहीं थी, वह वामा स्टडी ग्रुप की नौकरी करनेवाली एक तेज-तर्रार, अंग्रेजीदाँ, पढ़ी-लिखी खूबसूरत औरत जरूर थी। वह 'वामा स्टडी ग्रुप' के खर्च पर हवाई-जहाज से दिल्ली जाती, वहाँ किसी महँगे होटल में ठहरकर एक गाड़ी अपने पर रखती—यह सारा खर्च आयोजनों के पेटे माँडा जाता। ''मैं यह सब नहीं करूँगी, तो 'वामा स्टडी ग्रुप' को पूछेगा कौन ? तुम्हारे आयोजनों में दिल्ली का कोई टुटपुँजिया नेता तक नहीं झाँकेगा। मेरे ही कारण कलकत्ते आया हुआ देश का प्रधानमन्त्री तक तुम्हारे आयोजनों में भाषण देने आ जाता है''—अदिति ने रूबी दी को जैसे आईना दिखा दिया था। रूबी दी ने उसमें देखने से बचने के लिए अपना मुँह घुमा लिया था।

दूसरी बार रूबी दी उस आईने में झाँकने से अपने को रोक नहीं पाई थीं क्योंकि उनके ऊपर सिद्धान्त का भूत सवार था। संस्था के नियमों के खिलाफ जाकर किसी महामाया ने अपनी चमची को क्लब का प्रेसीडेंट बनाना चाहा था। रूबी दी अड़ गई थीं। यह कैसे हो सकता है ? एक साल पहले मीटिंग में यह निर्णय लिया गया था कि जो वाइस-प्रेसीडेंट होगा, वही अगली बार प्रेसीडेंट बनेगा। महामायाओं ने उनकी हिमाकत पर भृकुटि चढ़ाकर उन्हें देखा था। हाँ, बातचीत हुई थी कि ऐसा करेंगे, पर कोई पक्का निर्णय नहीं हुआ था। कहाँ है मिनट-बुक उस मीटिंग की ? लाओ—रूबी दी ने अपने मित्र अदिति वासवानी से कहा था। मिनट-बुक नहीं मिली थी। न जाने कहाँ, कैसे और कब खो गई थी।

पूरे एक साल से वाइस-प्रेसीडेंट के पद पर खटनी कर रही श्यामा पुरोहित ने उनसे कहा था, ''छोड़िए रूबी दी, आप इन लोगों से नहीं सक पाएँगी।'' पर रूबी दी इस तरह की धाँधली होने देने तैयार नहीं थीं। उन्होंने अपने जीवन के इतने साल दिए हैं इस संस्था को बनाने में। उनका हक बनता है कि वे इसे रसातल में जाने से रोकें। पर नतीजा क्या हुआ ? रूबी दी को गवर्निंग बॉडी से भी हटा दिया गया, जिसमें उनका होने का अधिकार कभी प्रेसीडेंट रह चुकने के कारण सहज रूप से बनता था। देखा प्रीति तुमने ? न्याय कहाँ होता है और प्रेम उसके पक्ष में कहाँ खड़ा हो पाता है ? उनकी सारी सहेलियों ने मुँह घुमा

लिया था—उपेक्षा से नहीं, इसलिए कि वे इस विषय पर बात करने से बचना चाहती थीं।

रूबी दी सविता की चिट्ठी हाथ में लिए-लिए सोचती रहीं। फिर उन्होंने चिट्ठी मोड़कर सँभालकर रख दी। इस लड़की के जीवन में कभी कुछ सुधरेगा, यह तो जानी हुई बात है। कहते ही हैं कि जीवन में उतार-चढ़ाव उसी तरह होते हैं जैसे चाँद का घटना-बढ़ना। यह प्रकृति का नियम है, उसमें सविता कोई अपवाद क्यों होगी। पर इस चिट्ठी को लिखे हुए महीना भर तो हो गया, रूबी दी ने चिट्ठी की तारीख पढ़कर सोचा। क्या सविता वापस कलकत्ते आ गई होगी ? हो सकता है, एकाध दिन में इधर से गुजरती हुई आ जाए या हो सकता है कि विलासपुर में कुछ दिन और रुक गई हो। अचानक यह सब सोचते-सोचते रूबी दी को कोफ्त हुई—उस लड़की से और अपने-आप से भी। क्यों सोचती हैं इतना उसके बारे में ? संसार में कोई एक वही दुखी तो नहीं, इस देश की एक अरब जनता में कम-से-कम आधी तो नून-तेल-लकड़ी के लिए ही दुखी होगी। कल ही अखबार में पढ़ा था कि भारत की जनसंख्या एक अरब पर पहुँच गई है और विदेशी कर्ज सौ अरब डॉलर पर। यानी देश के हर आदमी पर सौ डॉलर कर्ज। 'देह धरे का दंड है', दुख तो सबको भोगना ही पड़ता है। किसी को किसी तरह से, किसी को किसी तरह से। पिछला जन्म-पुनर्जन्म, कर्मफल-प्रारब्ध जैसे सिद्धान्त इस दुख को समझने की कोशिश में ही बने होंगे, वरना कुछ समझ में नहीं आता कि बिना अपराध किए कोई क्यों दुख पा रहा है। बचपन में सुनते थे कि जैसा कर्म आदमी करता है, वैसा फल जीते-जी मिल जाता है, पर रूबी दी ने जीवन में पाया कि चोर-अन्यायी-दुष्ट-पापी सबसे ज्यादा फूलते-फलते हैं। शायद कलियुग में ऐसा ही होता होगा, वे सब बातें त्रेता-द्वापर-सतयुग किसी और समय की होंगी। आदमी के लिए इतना भर बचा है कि दूसरों का दुख जितना मेट सकना उसके वश में हो, उतना मेटने में लगा रहे। बाकी किसी तरह की कोई बात सोचे ही नहीं। सविता उनके पास आई है तो वे उसी के लिए कुछ करने की चेष्टा कर सकती हैं। बाकी दुनिया के लोग, जो न उन्हें जानते हैं, न वे उन्हें, उनके लिए वे भला कैसे सोच सकती हैं।

रूबी दी 'परामर्श' से तीन बजे निकलकर घर लौटीं तो काफी थकान अनुभव कर रही थीं। कमर में सहारे के लिए बाँधा हुआ बेल्ट भी गड़ रहा था और उन्हें लग रहा था कि किसी तरह जल्दी घर पहुँचकर उसे खोलकर चैन की साँस लें। सड़कों पर गाड़ियाँ बढ़ती ही जा रही हैं—वन-वे रास्तों के बावजूद हर क्रासिंग पर दस मिनट रुका रहना पड़ता है और कई बार क्रासिंग तक पहुँचते-पहुँचते

लाल बत्ती हो जाती है। इसका मतलब होता है फिर दस मिनट रुके रहना। यही सड़कें कैसी शान्त हुआ करती थीं—उनके बचपन के दिनों में। कभी-कभार एक गाड़ी गुजर जाती और फिर सड़क वैसी ही शान्त हो जाती। कोई फिटन, लैंडो, घोड़ागाड़ी सड़क की सुन्दरता को और बढ़ा जाती। गाड़ियों के मॉडलों की कोई कमी तब भी नहीं थी। अब लोग फोर्ड, ओपेल, मारुति, होंडा, डेवू कम्पनियों की गाड़ियाँ खरीदकर समझ रहे हैं कि उनके पहले हिन्दुस्तान के लोग सिर्फ एम्बेसेडर और फिएट गाड़ियों को ही जानते थे, जबकि उन दिनों फोर्ड, ओपेल, बेंज, डेमलर, शेवरलेट, पैकार्ड, मर्सिडीज, बेन्टली, रॉल्स-रॉयस, लिंकन, ऑस्टिन वगैरह-वगैरह कितनी ही गाड़ियाँ थीं। नहीं थी तो इस तरह की भीड़, जो बैंक फाइनेंस पर रोज नई-नई गाड़ियाँ खरीदकर बढ़ाई जा रही है, जिससे सेकेंड-हैंड गाड़ियों का मार्केट एकदम गिर गया है। सड़कें तो उतनी ही रहेंगी, यह फर्स्ट-हैंड और सेकेंड हैंड की बढ़ोतरी का सिलसिला कब तक चलेगा ? चलो, वे तो उस दिन को देखने शायद ही बचेंगी, जब स्थितियाँ एक चरम बिन्दु पर पहुँच जाएँगी—रूबी दी ने राहत से सोचा।

रूबी दी घर पहुँचीं, तो कालूचरण दरबान के चेहरे पर एक खास मुस्कान थी। अपनी मालकिन को चलते-फिरते देख कितना खुश है, रूबी दी ने सोचा। अब आगे के लोगों को ऐसे लोग मिलने से रहे। अन्दर घुसीं तो बाहर एक जोड़ी आधी मरदाना-आधी जनाना चप्पलें देखकर चौंकी। कौन आया है ? अचानक कालूचरण की मुस्कान का अर्थ समझ में आया। तब तक कादम्बरी हो-हल्ला मचाती दौड़ती हुई इस तरह आकर उनसे लिपट गई कि रूबी दी को लगा कि बेल्ट न होता, तो कमर फिर भसक जाती। उसे चिपटाए हुए रूबी दी ने देखा कि उस मकान का जर्रा-जर्रा उत्सवमय हो रहा था। थिएटर रोड के मकान का पुरानी बर्मा टीक का सारा-का-सारा शानदार फर्नीचर, हॉल में लगी ग्रैंडफादर्स क्लॉक, पुराने झाड़-फानूस जिन्हें चोरी हो जाने पर सुधीर वापस चोरबाजार से ही खरीद लाए थे—सब-के-सब जैसे खुशी में मगन हो उन्हें आशीर्वाद दे रहे थे। रूबी दी के मन में आया कि वे इसी क्षण मर जातीं तो कम-से-कम खुश तो मरतीं। उन्हें प्रीति की याद हो आई। यहाँ होती, तो उन्हें इस कदर खुश देखकर कितनी खुश होती ! क्या खिलाएँ कादम्बरी को ? किस कमरे में ठहराएँ ? क्या हवाई-जहाज से आ गई ?—रूबी दी के दिमाग में एक-के-बाद-एक बातें उठने लगीं।

अपने कमरे में कादम्बरी को लेकर घुसीं तो देखा उसका कोई सामान नहीं है। पता चला कि उसने खुद ही गौरी के कमरे में अपना सामान सजा लिया है। उसे कुछ खाना नहीं है क्योंकि उसने रास्ते में टैक्सी रोककर एक जगह पीजा खा लिया था, जो कि उम्मीद से कहीं ज्यादा ही नहीं, सचमुच बहुत बढ़िया था।

हवाई-जहाज से वह इसलिए आई है क्योंकि उसके पास सिर्फ तीन दिन का समय है। सिर्फ तीन दिन का ? रूबी दी भौंचक्की रह गईं। तीन दिन में क्या-क्या करेगी। क्या वह सिर्फ देवीदत्त मामा वाला प्रोजेक्ट पूरा करने आई है या कुछ और भी उसके दिमाग में है ? रूबी दी यह सब सोचती रह गईं क्योंकि कादम्बरी उन्हें ये सब सूचनाएँ देकर 'आप थोड़ा आराम कीजिए' कहकर अपने कमरे में बन्द हो गई थी। रूबी दी लेट गईं, पर आज उन्हें अपनी रोजमर्रा की झपकी नहीं आई, जिसके बाद वे एकदम तरोताजा हो जाया करती थीं। उन्होंने सायरा को चाय लाते देखकर कादम्बरी को बुला लाने के लिए कहा, तो सायरा ने इशारे से बताया कि वह चाय नहीं पीएगी। उसने दरवाजा बन्द कर रखा है और खटखटाने से मना किया है। "इज शी एब्सोल्यूटली डम्ब ?"—कादम्बरी ने सायरा को बहुत गौर से देखते हुए उनसे पूछा था, "नहीं, नहीं, वह सबकुछ समझती है। थोड़े बहुत शब्द भी बोल लेती है।" कादम्बरी खुश होकर हँसी थी। 'ग्रेट, ग्रेट' उसने कहा था। इसमें 'ग्रेट' की क्या बात है, रूबी दी सोचती रह गई थीं।

शाम बीतती चली गई। धीरे-धीरे अँधेरा होने लगा। कादम्बरी का दरवाजा नहीं खुला। रूबी दी का मन किसी काम में नहीं लग रहा था। उन्होंने विक्रम सेठ की नई किताब 'एन ईकुअल म्यूजिक' चला रखी थी, पर वह उनसे पढ़ी नहीं गई। क्या कर रही होगी कादम्बरी ? क्या कुछ पढ़ रही है ? हो सकता है सो रही हो। थकी हुई होगी। आजकल इन लोगों के लिए क्या दिन और क्या रात—कोई फर्क नहीं है। जब काम करने का मन हो, तभी दिन और जब सोने का मन हो, तभी रात। माँ-पिताजी कैसे चिड़ियों की तरह भोर होते ही उठ जाते थे और रात होते ही सो जाते थे। रूबी दी का जीवन उनसे अलग था और अब वालों का तो खैर, एकदम अलग है। क्या पता फिर कभी ऐसे दिन आएँगे जब कादम्बरी के बच्चों के बच्चे माँ-पिताजी की तरह चिड़ियों की तरह उठने और सोने लगेंगे ? असम्भव तो नहीं है, आखिर इतिहास एक चक्कर लगाकर हमेशा वहीं आ खड़ा होता है। इधर सारे मकानों में पहले अंग्रेजों के जमाने जैसे खम्भे, वैसी ही डिजाइनों की लोहे की ग्रिलें, वैसे ही गोलाकार ढाँचे बनने लगे हैं। माचिस की डिबियों जैसी 'मल्टीस्टो ड' इमारतों का जमाना गया। कपड़ों में भी 'एथनिक'—देसी का फिर बोलबाला है। बक्से में दबी साड़ियाँ अगर रूबी दी निकाल लें, तो सब वाह-वाह कर उठेंगे। अब पुराना ही सबसे नया बनकर आ खड़ा हुआ है।

अचानक कादम्बरी का दरवाजा खुला और वह धम्म से आकर उनके बिस्तर पर गिर गई। रूबी दी अकबका उठीं। तबीयत तो ठीक है—पूछतीं, इसके पहले ही कादम्बरी ने हँसते-हँसते अपनी देह तोड़ना शुरू किया। "बाप रे बाप, मैं इतनी थक गई हूँ, बता नहीं सकती। दिन में इतने कम घंटे क्यों होते हैं, नानी, आदमी

के दो हाथ ही क्यों होते हैं और काम इतना ज्यादा क्यों होता है ?"—उसने अपना शरीर मरोड़ते उनसे पूछा। रूबी दी हँसती रहीं। कहने को क्या था ? "क्या कर रही थी, कादम्बरी ? क्या वही प्रोजेक्ट कर रही हो ? देवीदत्त मामावाला या कुछ और ?"—उन्होंने पूछा। "हाँऽऽआँ, वह तो कर ही रही हूँ। लेकिन अभी उससे ज्यादा 'इम्पॉर्टेंट' काम आ गया है, नानी। आपने अलीपुर जेल देखी है भीतर से ?" कादम्बरी अब हाथ-पैर मरोड़ना छोड़ स्थिर होकर उन्हें देख रही थी। दिमाग खराब हो गया क्या इस लड़की का। वे भला क्यों जेल देखतीं भीतर से। "दरअसल मुझे दुनिया के एक बहुत बड़े प्रकाशक के लिए अलीपुर जेल के भीतर हुए उपद्रवों के इतिहास पर एक लेख लिखकर देना है। मैं फिलहाल इसीलिए कलकत्ते आई हूँ। देवीदत्त मामावाला काम तो करती रहूँगी। पर अभी तो यह..." वह चुप होकर कुछ सोचने लगी थी। रूबी दी भी चुप रहीं। उसे वहाँ बिस्तर पर आड़े पड़े हुए देखती रहीं। फिर उनसे रहा नहीं गया। "तो क्या कोई किताब पढ़ रही थी इस विषय पर ?"—उन्होंने धीरे से पूछा।

कादम्बरी एक झटके से बिस्तर पर उठ बैठी। "ओह नो, नानी। मैं इंटरनेट पर 'सर्फिंग' कर रही थी, अपने 'लैपटौप' पर"—उसने अपने पाँव जमीन पर टिकाकर हिलाते हुए रूबी दी को बताया। रूबी दी कहना चाहती थीं, इस तरह रात को पाँव नहीं हिलाते, जैसा कि उनकी माँ उन्हें कहा करती थीं—'अशुभ होता है', पर उन्होंने कहा नहीं। 'लैपटौप' एक छोटा कम्प्यूटर होता है और इंटरनेट के जरिए आप दुनिया की तमाम जानकारियाँ प्राप्त कर सकते हैं जिसे सर्फिंग' कहते हैं, यह ज्ञान उन्होंने अखबारों से हासिल कर रखा था। "तो कुछ मिला"—उन्होंने पूछा। "मिलता तो है, पर सब बकवास। कुछ काम का नहीं। ऊपर से इतना समय लग जाता है। गरदन अकड़ गई। अब कल सुबह से रात तक नेशनल लाइब्रेरी में माथा खपाऊँगी। सब मिल जाएगा। फिर परसों लिखूँगी—मतलब लिखना शुरू करूँगी और फिर शूँ"—उसने छोटे बच्चों की तरह हवा में हाथ उठाकर हवाई-जहाज उड़ाया। रूबी दी का मन डूबने लगा था—गहरे, गहरे पानी में। देखा प्रीति तुमने ? इससे अधिक समय तो यह मुझे टेलीफोन पर देती थी। अब यहाँ आकर इसके पास मेरे लिए उतना भी वक्त नहीं। अपने को सँभालो रूबी गुप्ता, रूबी दी ने अपने को चेतावनी दी। फिर तुम उसी मायाजाल में फँसने जा रही हो—उम्मीद-नाउम्मीदी, आशा-निराशा, सुख-दुख, जय-पराजय के ध्रुवों के बीच फैला मायाजाल। झूठी आशा में मत डोलो रूबी, 'सुन्न महल में दियना बारि ले, आसा सों मत डोल रे'—प्रीति की दुनिया प्रीति के साथ गई, अब तुम्हारे पास तुम्हारी दुनिया सूनी या कैसी भी हो—बची है। उसी में तुम्हें जीना है, मरना है—इसके सिवाय जाना कहाँ—गलती तुम्हारी थी कि तुमने सोचा कि कादम्बरी को तुम अपने साधारण जीवन के मामूली सुख-दुख

बताओगी। वे रहस्यमय प्रदेश दिखलाओगी जो तुमने इस उम्र में जाकर देखे हैं। वे सोनपाखी चिड़ियाँ दिखाओगी जो जब-तब आकर 'खुश रहो, खुश रहो' कह जाती हैं। तुमने यह नहीं सोचा कि उसकी अपनी नई दुनिया है। अपने झंझट-झमेले हैं, अपने लक्ष्य हैं : उसे सूचनाओं से भरी दुनिया, गैजेटियरों में छिपी दुनिया, लाइब्रेरियों में खोई दुनिया को खोज निकालना है और उसके सिर्फ दो हाथ हैं और दिन में सिर्फ चौबीस घंटे हैं।

रूबी दी उठ खड़ी हुईं। "उठो कादम्बरी, चलो खाना खा लो, फिर जो चाहो, सो करना।" "बाबा रे, इतनी जल्दी खाना खा लें, अभी तो नौ बजे हैं। आप खाइए, मेरे लिए टिफिन में रखवा दीजिए। मेरे कमरे में। जब भूख लगेगी, खा लूँगी। ठीक है न नानी"—कहते-कहते वह बिना जवाब सुने अपने कमरे में घुस गई। इस बार उसने दरवाजा बन्द नहीं किया था। रूबी दी खाना खाने के लिए जाते समय दरवाजे पर एक क्षण के लिए ठिठकीं, तो कादम्बरी ने अपने 'लैपटौप' से सिर उठाकर उन्हें देखा। "मुझे अपना ई-मेल चैक करना है। पता है नानी, मेरे पास इतनी 'मेल' आती है कि यदि रोज न देखूँ, तो मेरे ई-मेल का एकाउंट ही जाम हो जाए। आप भी एक कम्प्यूटर खरीद लीजिए, नानी। आप मन लगाने के लिए उसमें 'चैट' कर सकती हैं। चाहे तो अपनी उम्र सोलह साल भी बता सकती हैं। आपका खूब मन लगा रहेगा"—उसकी ठिठोली सुनकर रूबी दी आगे बढ़ गईं। जीते-जागते हाड़-मांस के चलते-फिरते लोगों से बात करने का ठिकाना नहीं, कम्प्यूटर के स्क्रीन में आँखें घुसाए अनजाने-अनदेखे लोगों से बात करने की फुरसत तुम्हारी पीढ़ी को ही मुबारक हो, उन्होंने मन-ही-मन सोचा। हिन्दी-अंग्रेजी के अखबार में इन दिनों लगातार निकलनेवाले एक विज्ञापन की उन्हें याद आई—अकेलापन, घबराहट, उदासी ? दूर करने के लिए यह नम्बर घुमाएँ। प्रति मिनट या प्रति दस सेकेंड एक रुपया बीस पैसा—या ऐसा ही कुछ। क्या सचमुच इस देश के लोग अब इतने अकेले हो गए हैं कि उन्हें इस तरह खर्च करके टेलीफोन का सहारा लेना पड़े ? लोग ऐसा करते होंगे, तभी विज्ञापनवाले विज्ञापन देते होंगे, वरना उनका खर्च कैसे निकलेगा ? गनीमत है कि कादम्बरी ने उन्हें ऐसा कोई फोन नम्बर नहीं दिया मन लगाने को। रूबी दी के अन्दर कुछ जम गया—कुछ ऐसा जिसके पिघलने से वे बेबात परेशान हो रही थीं। देखा प्रीति, तुम गलत थी, आदमी का अकेलापन ही उसकी नियति है—और गड़बड़ ऐसा होने में नहीं है, इस बात का मातम मनाने में है।

रूबी दी अकेले खाना खाकर रोज की तरह सो गईं। उन्हें नींद बहुत गहरी और स्वप्नरहित आई, क्योंकि दिनभर की थकान इकट्ठा हो गई थी। अगले दिन सुबह उठीं तो एक क्षण के लिए समझ में नहीं आया कि दिल में यह नई गुनगुनाहट किसलिए है ? फिर याद आया, ओह, कादम्बरी आई है। बगल के

कमरे में है। उनके इतनी नजदीक। फिर कल की बातें याद आईं। उनके दिल ने गुनगुनाना कम कर दिया, पर फिर भी वे बहुत उत्साह से उठ बैठीं। बच्ची है। कितनी मेहनती है। उन्हें उस पर गर्व करना चाहिए। उनके पास जो भी बचा-खुचा है, यह मकान, वे पन्ने, बैंक में रुपए—सब इसी का तो है। वे खर्च नहीं करतीं, इसलिए नहीं कि वे कंजूस हैं, वे सब बचाए रखना चाहती हैं क्योंकि ईशावस्योपनिषद का मन्त्र है 'मा कस्यस्विद्धनम्'—किसी के धन का उपभोग मत करो। कादम्बरी है, यह क्या कम है। वह ऐसी है, यह भी क्या कम है। उसका अपना दिमाग है, अपना सोच है, अपना जीने का तरीका है। अपनी नानी से अपना बन्धन-सूत्र वह एक घड़ी भूलती नहीं—कम-से-कम अपनी माँ और मौसी जैसी नहीं है। वह सब समझती है, ऐसा रूबी दी को पल-पल महसूस होता है। यह कोई कम बड़ी बात नहीं है। फोन पर समय कम होता है और आदमी को इस बात का अहसास होता है, इसलिए उस दिए हुए समय की एक क्वालिटी होती है। जब मात्रा यानी कि क्वांटिटी होती है, आप वह क्वालिटी नहीं रख सकते। उनके अन्दर जो मूर्ख बैठा हुआ है, वह सब पढ़कर-जानकर-समझकर भी मूर्ख रह जाता है। इसलिए सबको उनसे दिक्कत होती है, होती रही है—उनके सबसे करीब के लोगों को। रूबी दी यह सोचते-सोचते हलकी हो उठीं।

'परामर्श' जाने के लिए निकलीं तब तक कादम्बरी के कमरे में कोई हलचल नहीं थी। रूबी दी कालूचरण दरबान और उसकी घरवाली को समझाकर चली गईं। जैसा बोले, वैसा कर देना। कहीं जाना चाहे, तो टैक्सी बुला देना। आज दफ्तर में उनका मन क्या लगता, पर एक बजे तक वे बैठी रहीं। पत्र पढ़े, पत्र लिखे, आया कोई नहीं। फिर दरवाजे पर स्लिप चिपकाकर कि वे घर जल्दी जा रही हैं, रूबी दी निकल पड़ीं। सोचा था कि कादम्बरी लाइब्रेरी में होगी, देखा तो घर पर थी। कालूचरण और उसकी घरवाली का दरबार लगा रखा था और तीनों जन खूब हँस रहे थे। रूबी दी ने देखा कि उनके लिखे हुए सारे-के-सारे पन्ने कादम्बरी के पास पड़े थे। वे चौंकीं, फिर सँभल गईं। "मैंने आपकी डेस्क देखी, फिर इन्हें लेकर पढ़ने बैठ गई। गलती तो नहीं की न, नानी ? यह कोई डायरी नहीं है—व्यक्तिगत—यह तो कथा है। कथा दूसरों के लिए होती है। इस मामले में आपकी कथा की एक पात्र होने के बावजूद मैं भी 'दूसरों' में ही हूँ। नहीं ?" कादम्बरी बिना पलक झपकाए उन्हें एकटक देखती हुई कह रही थी। रूबी दी उस दृष्टि से बिंधती एक घड़ी पशोपेश में पड़ी रहीं कि क्या बोलें। क्या सोच रही होगी कादम्बरी उनके बारे में, अपनी माँ और उनके सम्बन्धों के बारे में, सविता और उनके सम्बन्धों के बारे में। फिर उन्हें लगा, अब चाहे जो सोचे। लिखना खुद को नंगा कर दूसरों के सामने रख देना है। एक बार आपने लिखने का निर्णय ले लिया, तो पीछे नहीं हट सकते। उन्होंने कहा, "कथा कथा है।

वह आत्मकथा नहीं है। वह जो चुनती है और जो छोड़ती है, उसके पीछे कारण दूसरे लोग यानी कि वे पाठक हैं, जिनके लिए वह लिखी जाती है। उन्हें जीवन को समझने के लिए जीवन का एक टुकड़ा देती है कथा। पर वह टुकड़ा एक खास कोण से देखे हुए जीवन का होगा—उस कोण से, जो सिर्फ मेरा कोण है क्योंकि मैं मैं हूँ, तुम नहीं या और कोई नहीं।'' कादम्बरी का चेहरा उनकी बात सुन हँसी से भर गया। वह हँसी खुशी की थी, उपहास की नहीं। ''मुझे गर्व है कि आप मेरी नानी हैं, नानी''—उसने कहा। उसके शब्दों की ईमानदारी से रूबी दी गद्‌गद हो उठीं। अब की पीढ़ी और कुछ नहीं, तो ज्यादा ईमानदार जरूर है अपनी पिछली और पिछली-की-पिछली पीढ़ियों से। उसके शब्दों पर विश्वास होता है।

''आपकी बात को मैं दूसरे तरीके से कह सकती हूँ नानी। कथा का सच एक मुखौटे का सच है—मुखौटा यानी कि 'मास्क'—जो आपको कथा कहने के लिए लगाना ही पड़ता है। और यह सच बिलकुल असली सच है, बल्कि यही असली सच है। इसे लगाए बिना आप सच बोल ही नहीं सकते। लेकिन यह सच एक प्रतिसंसार का सच है, एक ऐसी दुनिया का जिसे सिर्फ आप रचते हैं। यहाँ आप प्रजापति ब्रह्मा हैं''—कादम्बरी की बात सुन रूबी दी दंग रह गईं। इतनी-सी उम्र में इतनी गम्भीर समझ है इसकी। और कैसी अद्‌भुत भाषा बोलती है। नई पीढ़ी और भविष्य की दुनिया में रूबी दी का विश्वास गहरा गया। प्रीति, प्रीति तुम ठीक कहती थी। हमारे अपने इर्द-गिर्द हीरे-मोती-माणिक बिखरे पड़े हैं, वह प्रेम जो बाइबिल से लेकर रामायण में, हर महाकाव्य में, हर स्वर्ग की कल्पना में गाया गया है, हमारे एकदम करीब है, पर हम देख नहीं पाते। सिर्फ इसलिए क्योंकि हम मान नहीं पाते कि वह इतना करीब है। उसका स्वरूप इतना मामूली हो सकता है।

''तुमको लाइब्रेरी जाना था न कादम्बरी ?'' रूबी दी ने अपने निर्भ्रान्त होकर उड़ते हुए मन को सँभालते हुए पूछा। ''हाँ, जाना तो था, अब चली जाऊँगी। आपके लिखे पन्ने पढ़ने लगी, उनमें मन लग गया। थोड़ा-बहुत मेरे काम का भी है, जैसे देवीदत्त मामा की मित्र शीला परेरा के बारे में जानना। आपको पता है वे और उनके पति श्रीलंका के सोशलिस्ट थे—वहाँ की सम-समाज पार्टी के संस्थापक। ट्राट्स्की के भक्त। अगस्त क्रान्ति में भारत के लोगों की मदद करने के लिए वे दोनों भारत आए। बाद में पति-पत्नी में अनबन हो गई। उनके पति वापस श्रीलंका चले गए। शीला परेरा कलकत्ते में रह गईं। फिर किसी स्कूल में पढ़ाने लगीं। बच्चों को ट्यूशन भी देने लग गईं। उनके पति आगे जाकर श्रीलंका में मन्त्री बने। पर वे कभी नहीं लौटीं। मरीं तो भी अकेली। पर मुझे यह नहीं मालूम था कि उनकी मौत के बाद ऐसा हुआ था। कितना भयानक है इस तरह

दो पोटलियों में बदल जाना ! आपको कहाँ से याद आई होगी लिखते समय यह बात !"—कादम्बरी के स्वर में गहरी उदासी थी। रूबी दी का मन भी उदास हो उठा। उन्होंने देखा कि कादम्बरी किसी सोच में डूबी है। क्या वह भी उनकी तरह अपनी माँ के बारे में सोच रही है—कहाँ दुनिया के किस कोने में तंजानिया में अकेली बसी है उसकी माँ। जैसे आजीवन कारावास लिया हो। पर किसलिए ? नील नदी के पीछे पागल एक विदेशी से प्रेम के लिए ? कहते हैं कि जाड़े में साइबेरिया जैसे दूर देशों से आनेवाली चिड़ियों में से कुछ चिड़िया यहीं छूट जाती हैं। न जाने क्यों वे अपने देश वापस नहीं लौटतीं। कादम्बरी लौट आती है हर बार, पर वह नहीं लौटती, जो यहाँ पैदा हुई, पली-पुसी, बड़ी हुई।

कादम्बरी ने लाइब्रेरी से लौटकर रूबी दी के साथ खाना खाया। रूबी दी देख रही थीं कि कादम्बरी उन्हें बहुत ध्यान से खाते हुए देख रही है। पता नहीं क्या देख रही है, उन्होंने सोचा। तभी वह बोली, "आपके खाने के तरीके से भी एक तरह की रईसी टपकती है, यू नो, 'गुड ब्रीडिंग' जैसा कुछ। बहुत लोगों को इसलिए भी आपसे चिढ़ होती होगी।" रूबी दी सन्न रह गईं। तो क्या इसीलिए गौरी कभी उनके साथ खाना नहीं खाती थी ? वह अपनी अंगुलियों को चाटकर थाली को एकदम सफाचट कर खाना पसन्द करती थी, जिसके लिए रूबी दी उसे बचपन में अकसर टोक देती थीं। पर उन्होंने कभी सोचा ही नहीं कि गौरी को उनके खाने के तरीके से भी उनसे चिढ़ हो सकती है। "बात ऐसी है नानी, यू फील गिल्टी ऑल द टाइम, आपको हर समय ऐसा लगता है आप दूसरों के हिस्से का खा रहे हैं, आप दूसरों के हिस्से के कपड़े पहन रहे हैं, आपके पास इतना कुछ है और बाकी लोग ऐसे ही आधा पेट खाकर जीवन पूरा कर रहे हैं"—कादम्बरी जैसे एक रौ में बह रही थी। रूबी दी चुपचाप उसका मुँह ताकती रहीं। क्या कहें ? एक क्षण के लिए मन में आया कि पूछें कि तुम जो हवाई-जहाज से उड़कर तीन दिन के लिए कलकत्ता आई, जो 'लैपटौप' तुम चला रही हो, वह किसके हिस्से के पैसे से कर रही हो ? वे पूछेंगी नहीं, पर उन्हें मालूम है कि अगर वे पूछेंगी, तो कादम्बरी के पास कोई-न-कोई सही, सटीक, तर्कयुक्त जवाब होगा। उसके अपने तर्क से युक्त। एक रूबी गुप्ता ही है जो सारे जीवन सबकी सुनती रही, पर उसके पास कभी किसी को देने के लिए कोई तर्कयुक्त जवाब नहीं हुआ। पहले माँ ने सारे जीवन रूबी के प्यार पर शक किया कि क्या वह सचमुच उनसे ऐसा प्रेम करती है जैसा कि वह करती, यदि वह उनकी पेट की जायी बेटी होती या वह उनके धन से प्रेम करती है। फिर उनके सहोदर भाई-बहनों ने शक किया कि क्या रूबी अपने को उनसे अलग एक दरजा ऊँचा नहीं समझती और इसलिए क्या वह उनमें से एक समझी जाने लायक है ? फिर यही शक ससुरालवालों ने किया और अन्त में अपने पेट के जाये बच्चों

ने भी वही किया—क्या उनकी माँ रूबी गुप्ता, जिसे इतना कुछ बिना कुछ किए मिल गया है, सिर्फ इसलिए कि वह किसी की बेटी है, उनका आदर्श हो सकती है, या उन्हें अपने को उस धन की छाया से दूर रखकर अपनी जिन्दगी खुद गढ़नी है ? रूबी दी के पास सिर्फ एक पिताजी और दूसरे सुधीर हैं, जिन्होंने रूबी से ऐसा कोई सवाल नहीं किया, जिसका जवाब उसके पास नहीं था। रूबी दी ने उन दोनों के प्रति आज सच्ची कृतज्ञता का अनुभव किया।

"आपको पता है नानी, मैंने कल आते समय क्या देखा ? जहाँ से मैंने पीजा खरीदा, वहाँ सड़क पर एक बिलकुल जवान औरत एकदम बीच सड़क पर निपट नंगी खड़ी थी। वह पागल थी। उसके बदन पर एक सूत तक नहीं था। सब आसपास से जा रहे थे। कोई हँस रहा था, कोई शर्म से आँखें चुरा रहा था, पर कोई कुछ नहीं कर रहा था। फिर एक तीखे नाक-नक्श वाली लड़की भीख माँगने मेरे पास आई। उसका धूप में तपा भूरा रंग और भूरे बाल थे। उसकी फ्रॉक से दिख रहा था कि वह बचपन की हद पार करने जा रही है। कैसे बचती होगी वह रात को ? कहाँ जाती होगी सोने ? मेरा दिल बुरी तरह घबराने लगा। आई फेल्ट टेरीबली गिल्टी—मुझे भयंकर अपराध-बोध हुआ"—कादम्बरी चुप हो गई थी। रूबी दी को लगा जैसे वह आगे उनसे पूछना चाहती हो कि आपको नहीं होता ऐसा ? रूबी दी ने याद किया कि इन सब बातों की शुरुआत उनके खाने के अभिजात तरीके से हुई थी। हो सकता है कि कादम्बरी अपनी इन बातों को उस बात के सूत्र से जोड़कर न कह रही हो। पर फिर भी सच यही है कि शुरुआत वहीं से हुई थी। देखा प्रीति तुमने ? अब मैं इसके साथ खाने लायक भी नहीं रही। यह सोचकर रूबी दी के अन्दर कुछ घुमड़ने लगा, जैसे बाहर आना चाहता हो। रूबी दी घबड़ाईं। यदि वे रो पड़ीं, तो उनके और कादम्बरी के बीच जो कुछ है, एक झटके के साथ टूट जाएगा। तभी उनके दिमाग में एक ऐसा खयाल आया कि वह घुमड़ना एकबारगी रुक गया। उनकी चल-अचल सम्पत्ति की वारिस कादम्बरी होगी। तब वह क्या करेगी ? जो शाप रूबी दी के जीवन का वेताल की तरह पीछा नहीं छोड़ता, क्या वह कादम्बरी के लिए भी शाप हो जाएगा ? तब भी वह 'गिल्टी फील' करेगी या उसे पता चलेगा कि एक मकान एक घर होता है। उसका बाजार में क्या मूल्य है, यह बात गौण होती है। वह सबसे पहले आदमी के लिए उसके सिर पर छत होता है, इस धरती पर उसका ठौर होता है। क्या उसे पता चलेगा कि पन्ने के वे दो अमूल्य टुकड़े सिर्फ इसलिए कीमती नहीं हैं क्योंकि उन्हें बेचकर बहुत-से पैसों में बदला जा सकता है। वे इसलिए कीमती हैं क्योंकि वे कई पीढ़ियों पहले कभी साउथ सिल्क-रूट की मार्फत अफीम के बदले चीन से आए थे। उनका एक इतिहास है, उनकी एक यात्रा है, एक सफर तय किया है उन्होंने किसी दूर देश में पन्ने की खान से चीन

देश पहुँचने में और वहाँ से भारत आने में। कहते हैं कि क्लियोपेट्रा को पन्नों का बहुत शौक था, क्या मालूम कि कभी ये पन्ने उसके रहे हों।

रूबी दी अपने में लौट आईं। बहुत आसान है किसी को एक खाँचे में रखकर उस पर एक ठप्पा लगा देना—आभिजात्य, रईस, शोषक या ऐसा ही कुछ। जो आप नहीं देख सकते आसानी से, वह है उसकी चेतना। मोह तो एक फकीर को एक लँगोटी से भी हो सकता है; राजा जनक महल में रहते हुए भी विदेह थे। पर अब आजवाले लोग कहेंगे कि ये सब गरीबों को भरमाने के लिए गढ़ी हुई कथाएँ हैं। उन्हें कादम्बरी को कुछ नहीं कहना है। वह जो चाहे, सोचे। उन्हें कादम्बरी से कोई शिकायत भी नहीं। अभी बहुत जीवन पड़ा है उसके पास, सत्य को उसके विविध रूपों में जानने के लिए। रूबी गुप्ता इतना जानती हैं कि उन्होंने अपने धन का उपयोग सुख खरीदने में, उसे भोगने के लिए नहीं किया है। अच्छी चीजें उन्हें अच्छी जरूर लगती रही हैं, पर उनकी चेतना कभी उनसे आक्रान्त नहीं हुई। बुद्ध के लिए सबकुछ त्यागकर बुद्ध बनना इसलिए आसान था क्योंकि एक राजपुत्र को और अधिक कुछ पाने की इच्छा नहीं सताती, बाकी लोग तो एक किलो सोना पाने की तृष्णा से ही सारे जीवन उबर नहीं पाते, उसे त्यागने की बात तो दूर है।

''आप अपनी कथा आगे लिख रही हैं न, मन-ही-मन''—अचानक कादम्बरी ने उन्हें पकड़ लिया था और शैतानी से हँस रही थी। रूबी दी झेंप गईं। ''आप खुद को अपनी सफाई दे रही हैं, और आप मानती हैं कि इसे कोई और समझ नहीं सकता। आप खोज रही हैं कोई दर्शन ? कोई थीसिस ? कोई तर्क ? कुछ ऐसा जो आपके जीवन को 'जस्टिफाई' करता हो, उसे न्यायपूर्ण ठहराता हो''—कादम्बरी की इस पकड़ पर रूबी दी हतप्रभ रह गईं। क्या सचमुच कोई छठी इन्द्रिय है इस लड़की के पास ? तब कादम्बरी ने कहा, ''मैं जानती हूँ, क्योंकि मैंने आपकी कथा पढ़ी है।''

अच्छा, रूबी दी के मन ने कहा, तो यह बात है। तुमने कथा पढ़ी है और उससे तुम इस निष्कर्ष पर पहुँची हो। ठीक है, हो सकता है कि तुम ठीक सोच रही हो, पर क्या इस धरती पर साँस लेनेवाला हर एक जीव किसी-न-किसी तरह अपने को सही साबित करने की चेष्टा नहीं करता ? फिर उन्होंने अपने से कहा, ''रूबी गुप्ता, तुमने जब अपनी कथा लिखने की हिम्मत की तो उसकी आलोचना सहने की भी हिम्मत रखो।'' कादम्बरी शायद उनके चेहरे पर क्षोभ की कोई रेखा खोजने की चेष्टा कर रही थी। जब उसने देखा कि रूबी दी का चेहरा निर्विकार है, तो उसने कहा, ''आपकी अधूरी कथा की एक अधूरी समीक्षा मैं लिखकर आपको दे जाऊँगी। या तो आज लिखूँगी या फिर कल। कल तो जाना ही है।''

रूबी दी ने देखा कि आज कादम्बरी के स्वर में जाने का उत्साह न होकर

उदासी थी। पर 'कल तो जाना ही है' से उनका मन अब नहीं डूब रहा था। हो सकता है कि कादम्बरी को यहाँ से जाकर जो भाग-दौड़ का जीवन जीना है, वह उसके बारे में सोचकर उदास हो रही हो। यहाँ उसे कुछ तो राहत मिली होगी। इस पीढ़ी के जीवन का यह विचित्र चक्कर है—यह भाग-दौड़, यह आपा-धापी, कुछ कर गुजरने की इच्छा। समय तो पल-पल छीज रहा है उस भंडार से, जो हम लिखाकर लाए हैं। आखिर चौबीस की हो गई। क्या शादी की उम्र, बच्चे पैदा करने की उम्र नहीं हुई इसकी ? कहते हैं कि बुढ़ापा छब्बीस के बाद शुरू हो जाता है, यानी जीवन का ग्राफ नीचे की ओर उतरने लगता है। बच्चे तीस साल की उम्र से पहले हो जाएँ, तो कई बीमारियों से बच सकते हैं। क्या कादम्बरी को कभी फुरसत होती है कि वह इन तथ्यों की ओर ध्यान दे, जो प्रकृति से ही नहीं, विज्ञान से भी अनुमोदित हैं।

कादम्बरी के जाने तक का बाकी डेढ़ दिन रूबी दी के लिए एक ऐसी फिल्म की तरह गुजरा, जिसमें कोई संगति या तर्क नहीं होता। वह बहुत सारे दृश्यों के टुकड़ों से बनी फिल्म थी। कभी कादम्बरी लैपटौप पर, कभी किसी किताब में सिर घुसाए, कभी थकी-हारी आकर धम्म से उनके बिस्तर पर, कभी कुछ सोचते हुए, कभी कुछ लिखते हुए। इस फिल्म में कोई संवाद भी नहीं था। ऐसे लगता था कि जो कहना था, वह कह लिया गया हो और बाकी का हिस्सा मूक फिल्मों जैसा हो। बहुत-बहुत देर बाद इस फिल्म के सन्नाटे को तोड़ता हुआ एक वाक्य आता—वह भी ऐसे जैसे कि परदे के पीछे सूत्रधार द्वारा दी जानेवाली कोई कमेंटरी हो—"अलीपुर जेल में 1834 के अप्रैल महीने में पहला उपद्रव हुआ। एक पीतल के लोटे से एक यूरोपियन मजिस्ट्रेट का सर फोड़ कर भेजा बाहर निकाल दिया गया। बाद में कैदियों से लोटे छीने जाने पर उन्होंने इसे अपनी जाति से बाहर करवाकर क्रिस्तान बनाए जाने की साजिश समझकर इसका विरोध किया।" फिर चुप्पी छा जाती।

कादम्बरी उनकी कथा की समीक्षा लिखेगी या नहीं, यह जानने का कोई उपाय रूबी दी के पास नहीं था। जो बातें बाकी रह गई थीं, उन तक कब पहुँचा जाएगा, यह भी रूबी दी नहीं जान सकती थीं। कादम्बरी ने अपनी अफ्रीका की यात्रा और अपने माँ-बाप के जीवन के बारे में कुछ नहीं कहा था। फोन पर उसने ऐसा करने का वायदा नहीं किया था क्या, रूबी दी ने याद करने की चेष्टा की। और देवीदत्त मामा पर लिखी गई रपट का बाकी हिस्सा ? उसका क्या हुआ ? कितनी-कितनी बातें अधूरी रह गई हैं। उनका क्या होगा ? कादम्बरी उनसे देवीदत्त मामा के बारे में कुछ पूछना चाहती थी। ऐसा उसने फोन पर बार-बार कहा, पर अभी तक उनसे उसने एक प्रश्न नहीं पूछा था। यह क्या तरीका है, रूबी दी समझ नहीं पाईं। क्या यह अव्यवस्थित सोच का परिणाम है

या जीवन में हमेशा किसी नई दिशा में आगे बढ़ने के उत्साह में पिछली दिशा को छोड़ देने का ? रूबी दी सोचती रहीं, पर एक संवादविहीन कादम्बरी को 'डी-कोड' करने की—उसको समझने के लिए सही बटन दबाने की—जानकारी के बिना रूबी दी कुछ नहीं जान सकती थीं।

जाने के पहले कादम्बरी ने कई घंटों से दरवाजा बन्द कर रखा था। पता नहीं क्या कर रही है, रूबी दी ने सोचा। फिर कन्धे उचकाकर—कोई फायदा नहीं इन लोगों को समझने की कोशिश का—वे विक्रम सेठ को पढ़ने लग गईं। जाते समय ठीक पाँच मिनट पहले कादम्बरी कमरे से निकली और उनकी कुर्सी के पीछे से आकर उनके गले में दोनों हाथ डालकर उनके सिर से अपना सिर सटा दिया। रूबी दी ने कोशिश की कि वे कुछ न सोचें—न सुख, न दुख—कुछ अनुभव न करें। कादम्बरी ने धीरे से उनके कान में कहा, "जानती हैं रूबी दी, यदि मैं आपके जितनी बड़ी हुई, तो ठीक आपके जैसी होना चाहूँगी। एकदम स्वतन्त्र। कोई भावुकता नहीं। बैलेंस्ड।" रूबी दी उसके हाथ अपने गले से निकालकर बैठे-बैठे ही अपनी कुर्सी के बगल में उसे ले आईं। सिर उठाकर उसकी तरफ देखा। वह एक छोटी बच्ची-सी लग रही थी—डरी हुई, असुरक्षित। उनका कलेजा मुँह को आ गया। यह नहीं कह सकतीं कि तुम यहीं रह जाओ। कभी किसी को नहीं कह पाईं। क्या पता कादम्बरी उनके ऐसा कुछ कहने से असुविधा में पड़ जाए। उसे यदि जाना है, तो वह जाएगी ही। जैसे बाकी सब चले गए। उस क्षण उन्हें प्रीति से बहुत-बहुत गहरी ईर्ष्या हुई। लगभग नफरत जैसी। फिर मन में आया, क्या पता वह सब प्रीति का नाटक हो। अन्दर की बात कुछ और हो।

कादम्बरी ने बिना कुछ कहे उन्हें एक लिफाफा पकड़ा दिया था। रूबी दी जानती थीं कि उसमें उनकी अधूरी कथा की अधूरी समीक्षा होगी। गाड़ी में बैठने से पहले वह सायरा और कालूचरण की बीवी से उसी तरह गले मिली, जैसे आते वक्त अपनी नानी से मिली थी। रूबी दी से हाथ मिलाया। कहा, "बाकी बाद में।" कौन-सा बाकी, बाद में कब, यह पूछने के लिए समय नहीं बचा था।

चरैवेति, चरैवेति...

कादम्बरी के जाने के बाद वह लिफाफा रूबी दी की डेस्क पर पड़ा रहा। रूबी दी ने उसे नहीं खोला। जल्दी क्या है, बाद में देख लेंगी कि क्या लिखा है। शायद उनके भीतर एक तरह का डर था, जिसके अपने-आप चले जाने का वे इन्तजार कर रही थीं--या फिर घबड़ाहट, बेचैनी, उद्विग्नता, अकेलापन जैसा कुछ, जिसे वे कोई शब्द नहीं देना चाहती थीं। अपने को बिलकुल सोचने-विचारने का समय न देकर रूबी दी ने जीवन को उसी बरसों पुराने बँधे-बँधाए क्रम में डाल दिया। घड़ी के साथ बँधी जीवन-चर्या। उठना। चाय। नित्य कर्म। गीता-पाठ। ध्यान। अखबार। खाना। 'परामर्श'। लौटना। चाय। झपकी। पढ़ना। खाना। सोना। कुछ और काम आने से–किसी का फोन या निमन्त्रण या मिलने आना–इन सब के बीच में कहीं भी रखा जाता। स्वामीजी ने कहा था–सोचने से समस्या का पार नहीं मिलता। किसी भी क्रिया में जीवन को डाल दो। झाड़ू लगाओ। आलमारी से सारा सामान बाहर निकालकर झाड़कर अन्दर रख दो। चित्त शान्त हो जाएगा। कई बार रूबी दी सोचतीं, कानपुर में मामाजी से चरखा कातना सीख लिया होता, तो अब काम आता। इस उम्र में हर कैसा काम तो करना सम्भव नहीं। पर मामाजी से सीखा भी तो क्या, साइकिल चलाना।

इसी बीच मटियाबुर्ज के यासीन अली की लड़की का केस आ गया। रूबी दी दिलोजान से उसमें लग गईं। यासीन के पिता रहमान सुधीर के बंगाल इंजीनियरिंग कॉलेज के दिनों से गहरे दोस्त थे और संयोग कि गौरी और यासीन एक ही दिन पैदा हुए थे। शायद इसीलिए रूबी दी का यासीन के प्रति सदा बहुत स्नेह रहा। यासीन ने अपनी उन्नीस साल की इकलौती लड़की फरहा की शादी जिस लड़के से की थी, उसके बारे में शादी के छह महीने बाद लड़की ने अपनी माँ को बताया कि वह नामर्द है। तब से यासीन और उनकी पत्नी की परेशानी शुरू हो गई। लड़के की डॉक्टरी जाँच करवाई तो उसमें कुछ गड़बड़ नहीं आई। डॉक्टर ने कहा कि सारी समस्या मनोवैज्ञानिक है। तब वे अश्वगन्धा, मकरध्वज, धातुपौष्टिक खिलानेवाले किसी आयुर्वेदिक वैद के चक्कर लगाने लगे। उसका भी

कुछ नतीजा नहीं निकला। इस बीच फरहा ने बताया कि उसके पति को जब-तब फिट आने लगते हैं और उसकी सास उसकी देखभाल के लिए उसके कमरे में ही रहना चाहती है। तब इन लोगों को दाल में काला नजर आया। पता चला कि लड़के के पहले कई औरतों से ताल्लुकात रह चुके हैं और यह सब उसी का परिणाम है। लड़के के घरवालों मे जानते-बूझते उनकी लड़की को फँसाया है।

फरहा दिन-रात गुमसुम रहने लगी। शादी के बाद भी उसके गुमसुम रहने के कारण ही उसकी माँ के बहुत खोद-खोदकर पूछने पर उसने यह राज बताया था। डॉक्टरों के यहाँ जाते वक्त उसे आशा थी कि कुछ इलाज बैठ जाएगा। पर जैसे-जैसे निराशा बढ़ती गई, अपने माता-पिता की तरह ही वह भी सोचने लगी थी कि तलाक ही इस स्थिति से निकलने का एकमात्र रास्ता है। उसका पति रात-रात भर रोता रहता। कभी अपने मृत पिता से बातें करने लगता। घर में बाकी लोग उसे इस तरह देखते, जैसे उसने कोई बहुत गलत काम कर डाला हो—पति की इज्जत को उसके मायके में उछाल जो दिया था। उसकी दाई बता जाती कि उसकी जेठानी के अनुसार वह एक फाहिशा थी, जिसे किसी तरह सन्तोष नहीं होता। उसका हर घड़ी दम घुटने लगा। अन्त में यासीन ने सबकुछ देख-समझकर यह निर्णय लिया कि इस बार फरहा के मायके आने पर उसे वापस नहीं भेजेंगे। वे लोग उसे मायके भेज नहीं रहे थे। किसी तरह उसके ममेरे भाई की शादी का बहाना बनाकर यासीन ने अपनी बेटी का लगभग अपहरण कर लिया और उसे घर ले आया। उसकी सहमति से वकील के मार्फत मुस्लिम कानून के तहत तलाक की अरजी दी गई।

पर अचानक फरहा का मन बदल गया। वह कहने लगी कि वह वापस जाना चाहती है। यदि उसका पति नामर्द है, तो भी वह उसी के साथ अपनी जिन्दगी गुजारना चाहती है। यासीन और उसकी पत्नी परेशान हो उठे। बात अब इतनी आगे बढ़ चुकी थी, दोनों ओर से इतने आरोप-प्रत्यारोप लगाए जा चुके थे कि फरहा को वापस उस घर में भेजने का मतलब होता—उसे जीते-जी आग की भट्टी में झोंक देना। पर वह किसी तरह मानने को तैयार नहीं थी। यहाँ तक कि यासीन को उसे अपने घर में कैद करके रखना पड़ रहा था। अन्त में एक दिन उसे रूबी दी की याद आई और वह और उसकी बीवी फरहा को लेकर उनसे मिलने आए।

रूबी दी ने फरहा के माँ-बाप से पूरा किस्सा सुना। फिर उन्होंने फरहा की तरफ देखकर कहा, "मेरी समझ में फरहा बिलकुल सही काम कर रही है। यह अपने पति से प्रेम करती है और प्रेम का अर्थ कुर्बानी है। क्यों फरहा?" यासीन और उसकी पत्नी के चेहरे फक हो गए। उन्होंने रूबी दी से ऐसी उम्मीद नहीं की थी। जब रूबी ने कहा कि वे अकेले में फरहा से बात करना चाहती हैं उन्होंने देखा कि यासीन का उन्हें ऐसा करने देने का बिलकुल दिल नहीं था, पर वह

मना नहीं कर पाया। अकेले में रूबी दी ने फरहा से कहा, "मैं तुम्हारी दादी जैसी हूँ। तुम बिना संकोच मुझसे अपने दिल की बात कर सकती हो।" फरहा ने कहा, "मैं अपने शौहर के साथ जीवन बिताना चाहती हूँ। यदि मुझे कोई बीमारी हो जाती और वे मुझे छोड़ देते, तो क्या यह सही होता ?" "बिलकुल नहीं। लेकिन यदि तुम्हें कोई बीमारी पहले से होती और तुमने उसे धोखे में रखकर उससे शादी की होती, तो क्या यह सही नहीं होता?" फरहा चुप रही। "तुम्हारे प्रेम की बुनियाद एक धोखे पर खड़ी है बेटी! इसे भूलकर मत सोचो। और जिसे तुम प्रेम समझ रही हो, क्या वह वैसा ही एक लगाव नहीं है जो एक पाली हुई बिल्ली या तोते से..." रूबी दी कहते-कहते चुप हो गईं। ओह, पिताजी के वसीयतनामे में उनके लिए 'पाली हुई लड़की' लिखा हुआ था। तुरन्त रूबी दी ने अपने को सँभाला। वासुमणि ने उन्हें यह नहीं सिखाया था कि किसी की समस्याओं पर विचार करते समय वे अपने बारे में सोचने लगें। अपने बारे में बोलने से और भी खतरा था—सामनेवाला या तो एकदम हीनभावना से ग्रस्त हो जाता या उसे भरोसा ही नहीं रहता कि वे उसकी मदद कर सकती हैं।

"मैं यह नहीं जानती कि मुझे उससे कैसा प्रेम है, है भी या नहीं, पर मैं उसे छोड़ना नहीं चाहती। इतना जानती हूँ"—फरहा के चेहरे पर दृढ़ता थी। "आदमी को एक जिन्दगी मिलती है और समय कभी लौटकर नहीं आता। तुम नसीबवाली हो कि तुम्हारे पिता तुम्हारे साथ हैं, और वे जमाने की परवाह न कर सिर्फ तुम्हारे भले की सोच रहे हैं। हमारे देश में हिन्दू हो या मुसलमान, ज्यादातर लड़कियाँ ऐसे हालात में मजबूरी में सब कुछ बर्दाश्त कर सारी जिन्दगी गुजार देती हैं। तुम्हें इस बात का अहसास है?" रूबी दी ने पूछा। उन्हें मटियाबुर्ज में इमामबाड़े के पास चारों तरफ साड़ी लपेटे हुए वे हाथ-रिक्शे याद आए, जो चलता-फिरता जनानखाना लगते हैं। "हाँ, है"— कहकर वह रोने लगी। "देखो बेटी, तुम जो ठीक समझो, वही करो। पर यदि पन्द्रह साल बाद तुम पछताई, तो पीछे लौटने के लिए वक्त नहीं रहेगा। अब बात इतनी बढ़ गई है कि तुम्हारे पति का आत्मविश्वास लौटाकर उसकी मदद करना भी तुम्हारे लिए मुमकिन नहीं होगा।" फरहा ने कुछ नहीं कहा। सुबकती रही। फिर बोली, "कैसे-कैसे अरमान थे मेरे ! हर फिल्म, जो मैं देखती थी, उसमें वह हीरो होता था, मैं हीरोइन। वह सुहागरात के दिन भी रो रहा था। मैंने पूछा, तो कहा, आज मुझे मेरे 'बाबा' (बांग्ला में पिता) की याद आ रही है। फिर कहा, सिर में दर्द हो रहा है, और सो गया।" रूबी दी खड़े-खड़े उसके सिर पर हाथ फेरती सड़क के पार थिएटर रोड के मकान को देखती रहीं। मदद कोई किसी की नहीं कर सकता। बस, आदमी दूसरे का दुख सुन सकता है और इन्तजार करता रह सकता है कि वह खुद अपनी मदद करेगा—यह जानने में कि जीवन में जीवन से बड़ा कुछ नहीं।

कोई दूसरा नहीं

रूबी दी ने रोज की तरह अखबार पढ़कर—पहला पन्ना गौर से, बाकी के पन्ने सरसरी तौर पर उलटते—बन्द किया और उसे सोफे के बगल की टेबुल पर रखने लगीं, तभी पहले पन्ने पर दाहिनी तरफ संक्षेप में एक-के-बाद-एक नीचे दी जानेवाली सूचनाओं के कॉलम पर उनकी निगाह अटक गई। 'गाड़ी के धक्के से लड़की की मृत्यु' का शीर्षक देख रूबी दी ने वापस अखबार उठा लिया। उसे पढ़ते-पढ़ते उनका कलेजा जोर-जोर से धड़कने लगा। "कैमेक स्ट्रीट-पार्क स्ट्रीट क्रासिंग के पास कल सुबह सात बजे सड़क पार करते समय किसी गाड़ी से धक्का लगने से सविता (23) नाम की एक लड़की की मृत्यु हो गई। गाड़ी का ड्राइवर फरार हो गया।"

हे भगवान, जिसका डर था वही हुआ। ऐसा होनेवाला था, तभी एक जवान लड़की की मौत का खयाल बार-बार उन्हें आ रहा था। बेशक यह वही सविता है। अखबार में उम्र तेईस लिखी है, पर वे लोग तो ऐसे ही लिख देते हैं या छापे की भूल हो सकती है। वैसे भी वह देखने में बीस-बाईस साल से ज्यादा की नहीं लगती थी। जिस पी.जी. में रहती है, वह उसी क्रासिंग के पास है। ब्रेड-मक्खन खरीदने के लिए इतनी सुबह-सुबह सड़क पार कर रही होगी। उधर से आती तेज गाड़ी ने चाँप दिया होगा। कोई-न-कोई जवान छोकरा ही ड्राइविंग सीट पर रहा होगा। ये लड़के कॉलेज जाते समय सुबह-सुबह खाली सड़कों पर अन्धाधुन्ध गाड़ियाँ चलाते हैं। कोई मरे, तो उनकी बला से। बेचारी लड़की गई जान से। ऐसे ही जी रही थी, ऐसे ही मर गई। कौन रोनेवाला है उसे। पता नहीं, बाप-भाई को खबर हुई या नहीं। नाम लिखा है अखबार में, तब तो किसी-न-किसी ने बताया ही होगा। अब तक तो मरे हुए चौबीस घंटे हो गए। फूँक दिया होगा। हो सकता है, पोस्टमार्टम हुआ होगा। तब तो लाश आज मिलेगी। वे क्या करें? किस तरह पता लगाएँ? पार्क स्ट्रीट पर 'एडवर्ड मेनशन' के बगल में रहती थी। वहाँ चलकर पूछें?

रूबी दी ने पाठ-ध्यान छोड़कर जल्दी-जल्दी स्नान किया। हलका-सा नाश्ता

कर सायरा को बिना लिए आठ बजे निकल पड़ीं। एडवर्ड मेनशन के पास गाड़ी रुकवाई। बगल का दरवाजा एक बड़े मकान का पिछवाड़ा था, जिसमें ईंट-पत्थरों का ढेर और टीन-टप्पर पड़े थे। रूबी दी ने देखा कि एक लोहे की गोलाकार सीढ़ी, जैसी पुराने मकानों में मेहतरों-नौकरों के चढ़ने-उतरने के लिए बनी रहती थी, मुख्य मकान से लगे टीन की ढलुवाँ छतवाले एक हिस्से तक ले जाती थी। यह मकान में बाद में जोड़कर बनाया गया गैरकानूनी निर्माण होगा, यह रूबी दी देखते ही समझ गईं। इस सीढ़ी पर चढ़ना उनके लिए खतरनाक हो सकता है। क्या राधाचरण को भेजकर पता लगाएँ? पर इस बहरे को समझाना पहले तो उनके लिए ही मुश्किल काम है—कहता है कि आपने जो सुनने की मशीन दिलाई, उससे मुझे और भी कम सुनता है—ऊपर से सामनेवाले की बात तो यह बिलकुल नहीं समझेगा। क्या रूबी दी बगल में मुख्य मकान की मुख्य सीढ़ी से ऊपर चढ़ें? वही ठीक रहेगा।

रूबी दी गहरे रंग के काठ की पुरानी सीढ़ियों से धीरे-धीरे एक तल्ला चढ़ीं। सीढ़ियों पर काँच के रोशनदानों से सड़क की तरफ से रोशनी आ रही थी, पर बहुत कम। हलके-से अँधेरे में काठ की सीढ़ियों पर चढ़ते समय रूबी दी को लगा कि ठीक ऐसी ही सीढ़ियाँ वे पहले भी चढ़ चुकी हैं। कहाँ पर? उनके थिएटर रोड के मकान में सीढ़ियों पर ऐसा अँधेरा नहीं रहता था। कितना रहस्यमय मकान लग रहा है, रूबी दी ने सोचा। अंग्रेजों के बनाए सारे मकान अब इसी तरह के लगते होंगे। दरवाजे पर खड़ी वे घंटी बजाती रहीं—एक बार, थोड़ा रुककर दूसरी बार, उससे थोड़ी कम देर रुककर तीसरी बार, फिर तुरन्त चौथी बार। अन्दर कुछ खट-खट सुनाई पड़ी, रूबी दी को लगा कि कोई दरवाजा खोलने आ रहा है। उन्होंने घड़ी देखी, साढ़े आठ से ऊपर हो रहे थे। वे कोई इतनी जल्दी तो नहीं आईं कि दरवाजा खोलने में इतना वक्त लगे। इतने में दरवाजा खुला और चिड़चिड़े स्वर में नींद से तुरन्त उठी बिखरे बालोंवाली औरत ने पूछा, "क्या है?" रूबी दी अचकचा गईं। आज तक ऐसा कभी पाला नहीं पड़ा कि किसी अजनबी के घर इस तरह पहुँच जाएँ। शायद सोच रही होगी कि घर-घर घूमकर शैम्पू, साबुन, केयरफ्री वगैरह बेचनेवाली कोई औरत है।

"आप मिसेज सूद हैं?' रूबी दी ने अपनी सारी तहजीब इन चार शब्दों में डालने की कोशिश करते हुए मीठे स्वर में पूछा। इस औरत का नाम याद आ जाने से उनका दिल खुश हो गया था। उन्हें पूरा यकीन था कि यह वही मिसेज सूद होगी—रात-रात भर नींद न आने के कारण नींद की गोलियाँ खानेवाली और दिनभर सोने और जागने के बीच ताश पीटनेवाली औरत। सविता ने बताया था कि शहर के बीचोबीच इलाके में मकान होने के कारण चार-पाँच लड़कियों को छह X सात फुट की कोठरियों में भरकर मिसेज सूद मजे से आठ-दस हजार रुपए

जुआ खेलने के लिए कमा लेती है। नींद न आने का कारण यह है कि उसकी खुद की बेटी की अपनी मनमर्जी से किसी दूसरी जाति के लड़के से की गई शादी नाकामयाब हो चुकी है।

"जी हाँ। कहिए, क्या काम है?" मिसेज सूद की नींद पूरी तरह खुल गई थी। "दरअसल आपके पी.जी. में सविता नाम की एक लड़की रहती..." 'थी' बोलें कि 'हैं'—सोचकर रूबी दी घबराकर बीच में चुप हो गईं। मिसेज सूद ने कहा, "अच्छा, अच्छा तो आप मिसेज रूबी गुप्ता हैं—सोशल वर्कर? सविता ने मुझे आपका फोन नम्बर दिया था। मैंने मिलाया, पर मिला नहीं।" रूबी दी का दिल फिर धड़कने लगा था। झूठी औरत। इसने फोन मिलाया ही नहीं होगा। "कब दिया था मेरा नम्बर? क्या कहा था उसने?" उन्होंने सूखते कंठ से पूछा। "परसों दिया होगा। या उसके एक दिन पहले। पड़ी है यहाँ लावारिस के जैसे। चल-फिर तक नहीं पा रही। कौन देखेगा उसे? मैं तो खुद बीमार रहती हूँ। उसके बाप को फोन किया, उसने कहा, मेरे कोई लड़की ही नहीं है, आप क्या बात कर रही हैं। भाई को फोन किया तो कहा, वह हमारे लिए कभी की मर गई।" रूबी दी ने राहत की साँस ली। तो जिन्दा है सविता। मरी नहीं। ये अखबारवाले भी जिन्दा को मुर्दा बना छोड़ते हैं। "क्या बहुत चोट आई है उसको? मैं देखना चाहती हूँ। उधर की सीढ़ियाँ चढ़ना मेरे लिए मुश्किल है।" रूबी दी ने किसी के घर में बेवजह घुसपैठ करने के लिए क्षमा माँगते हुए कहा।

"चोट? कैसी चोट? उसके वह भयंकर बीमारी हो गई है—क्या कहते हैं उसे र्‍यूमेटिज्म—जोड़-जोड़ जकड़ गया है। दो कदम चलना भी तकलीफदेह है। ओह, क्या दुर्गति हो रही है बेचारी की ! पर मैं क्या करूँ, मैं तो खुद ही मरी पड़ी हूँ।" मिसेज सूद ने कहा। उसके घर में घुसकर रूबी दी एक सीढ़ी उतरकर उस गैरकानूनी निर्माण में घुसीं। सुधीर कहा करते थे, हिंदुस्तानियों में किसी भी सुन्दर जगह को असुन्दर बनाने की ऐसी क्षमता है कि कहीं खोजे नहीं मिलेगी। जहाँ-तहाँ जो-सो ढाँचा खड़ा कर लेंगे। एक पतले से गलियारे के अन्त में एक छोटे-से बाथरूम का दरवाजा खुला था। दाहिनी तरफ चार-पाँच दरवाजे थे, जो कोठरियों में घुसने के होंगे। दो नम्बर कोठरी की तरफ इशारा पाकर रूबी दी ने दरवाजे पर हलकी-सी खटखट की और दरवाजा खोल दिया। एक खिड़की से सटे छोटे-से पलंग पर एक दुबला-पतला-छोटा-सा शरीर धारीदार चादर से लिपटा पड़ा था। उसका मुँह दीवार की तरफ था। क्या यह सविता है ? रूबी दी को लगा जैसे वे कोई हॉरर फिल्म देख रही हैं। यह क्या हो रहा है आज उनके साथ? पहले अखबार की खबर, फिर मिसेज सूद का सविता को जिन्दा बताकर अब किसी और को दिखाना! यह तो कोई बच्चा या बच्ची है। तभी चादर में लिपटा शरीर कराहते हुए घूमा। वही दो आँखें। रूबी दी जड़ हो गईं। सविता ही है।

यह हालत हो गई इसकी ! दुबली और छोटे कद की तो थी, पर इस तरह सिकुड़ जाना!

धिक्कार है, रूबी गुप्ता, तुम्हारे जीवन को धिक्कार है ! रूबी दी के अन्दर कोई बोला। यदि तुम इस लड़की को इस हालत में यहाँ पर इसलिए छोड़कर चली जाती हो कि समाज-सेवा का अर्थ यह नहीं कि आप दुनिया को अपने घर में घुसा लें—अपने घर को अस्पताल या अनाथालय बना लें, तो तुम्हारी समाज-सेवा को भी धिक्कार है। "आप आ गईं रूबी दी? आपको मैंने तकलीफ दी। क्या करती ? मिसेज सूद को मैंने कहा कि आपको कम-से-कम खबर कर दें।" वह क्षीण स्वर में बोली। रूबी दी ने कहा, "चलो, तुम्हें मेरे साथ चलना है। ठीक होने तक मेरे साथ रहो। कपड़े कहाँ हैं तुम्हारे? इस आलमारी में?" रूबी दी ने छोटी-सी लकड़ी की आलमारी को खोला, जिस पर फिल्म-स्टारों के, क्रिकेटरों के तरह-तरह के फोटो काटकर चिपकाए हुए थे। हर पिछले किराएदार ने शायद इस तरह अपनी एक छाप वहाँ छोड़ दी थी। आलमारी के पास रखा एक छोटा सूटकेस उठाकर पलंग पर रख उन्होंने हैंगर से निकालकर चार-पाँच जोड़ी कपड़े उसमें रख लिए। मिसेज सूद ने कहा, "लाइए बक्सा मुझे दीजिए। मेरे घर की तरफ से चली जाइए।" रूबी दी ने घूमकर देखा, मिसेज सूद मुँह धोकर बाल बनाकर दरवाजे पर खड़ी थीं। बक्सा अपनी दाई को पकड़ाकर मिसेज सूद ने सहारा देकर कराहती हुई सविता को उठाया और नीचे लाकर गाड़ी में बैठाया। सविता ने कहा, "आंटी, आप मेरा कमरा किसी को मत दे दीजिएगा। मैं आपको पेमेंट भेजती रहूँगी।" मिसेज सूद ने झेंपकर सिर्फ अपना सिर हिलाया।

रूबी दी सविता को लेकर घर लौटीं तो उन्हें सायरा, कालूचरण और उसकी घरवाली सबको अपनी-अपनी तरह से उसकी हालत के बारे में समझाना पड़ा। सबने देखा कि रूबी दी के सिर पर सविता को ठीक करने का एक जुनून-सा सवार हो गया है। छेना, फल, सोयाबीन का आटा—प्रोटीन, कार्बोहाइड्रेट, विटामिन—हर दो घंटे में वे कुछ-न-कुछ खिलाने के लिए सविता के सिर पर सवार हो जातीं। क्या हालत हो गई है लड़की की ! दो कदम चलने में इतना कष्ट तो सौ साल की उम्र में भी नहीं होता होगा। अपने डॉक्टर मानिक बाबू को बुलाकर उसे दिखाया। उनकी सलाह पर हड्डी के डॉक्टर को। उसकी सलाह पर एक्स-रे। उसके आधार पर फिजियोथैरेपी। फिर वही सुमिरन बाबू को बुलाना पड़ा। साथ-साथ मनोचिकित्सा, एक्यूप्रेशर और 'फ्लावर रेमेडी' (फूलों के अर्क से चिकित्सा) को मिला-जुलाकर वैकल्पिक चिकित्सा करनेवाली अपनी फ्रेंच सहेली निवेदिता को बुलाया, जो एक बंगाली से शादी कर आधी बंगाली हो गई थी।

निवेदिता सविता से बहुत देर तक अकेले में बात करती रही। उसने कुछ मालिश, कहीं-कहीं अंगुली से कुछ खास बिन्दुओं पर दबाना वगैरह किया। रूबी

दी ने देखा कि निवेदिता से मिलकर सविता पहले से ठीक लग रही थी। फिर निवेदिता रूबी दी को साथ लिए बरामदे में आ बैठी। उसने अपनी आँखें सिकोड़कर छोटी कीं, जैसा कि वह तब करती थी, जब उसे कोई आलोचना करनी होती थी या कड़ुआ सच बोलना होता था—"तो? क्या इरादा है?" रूबी दी ने चश्मे के अन्दर से उसे हताशा के साथ देखा। अब इसे भी समझाना पड़ेगा। ठीक यही उम्मीद थी इससे। पश्चिम छूट गया, पर पश्चिम की तर्क-बुद्धि नहीं छूटी। ईश्वरीय प्रेरणा की बातों में फँसकर भावनाओं में बहते हुए एक बंगाली से शादी कर ली, जो एक समलैंगिक निकला। अब उन सब बातों से और पति से छुट्टी पाकर सिर्फ तर्क-बुद्धि बची है इसमें। इसे कैसे समझाएँगी कि क्यों वे सविता को घर ले आई हैं।

निवेदिता को देखकर रूबी दी बहुत बार अचरज करती हैं कि कैसे एक विदेशी औरत अपने देश की मिट्टी, भाषा, संस्कृति से कटकर इस तरह अकेली रह सकती है। यह वापस क्यों नहीं चली गई, जब इसने पति से तलाक लिया? क्या पैंसठ साल की उम्र तक पहुँचकर, जब जीवन बहुत अधिक नहीं बचा है, इसकी इच्छा नहीं होती कि अपने जैसे दिखनेवाले, बोलनेवाले लोगों के बीच हो। अपनी गोरी चमड़ी के कारण वह साड़ी-सलवार-कमीज-पायल-पोली कितनी ही क्यों न पहन ले, पर रहेगी तो विदेशिन ही। रूबी दी यह भी देखती हैं कि जिन औरतों का वह इलाज करती है, वे निवेदिता पर भावनात्मक रूप से इतनी आश्रित हो जाती हैं कि उसके लिए हजारों रुपए खर्च करने तैयार रहती हैं। यहाँ तक कि घरवालों से लड़ने के लिए तैयार रहती हैं। वासुमणि ने हमेशा ऐसी स्थितियों के प्रति—जिन्हें वह 'ट्रांसफेरेन्स' कहता था—रूबी को सतर्क किया था। निवेदिता इन्हें प्रोत्साहन देती हुई दिखती है या कम-से-कम कोई रोक लगाती नहीं दिखती। ऐसा होने से उसे बहुत-से फायदे हैं, इस बात को वह न समझती हो, यह असम्भव है। तो क्या वह दूसरों का भावनात्मक शोषण नहीं कर रही है, यह मानते हुए कि वे अपनी मर्जी से, अपने दिल से, अपने तरीके से अपनी कृतज्ञता जाहिर करते हैं। रूबी दी समझ नहीं पातीं कि निवेदिता कितनी सही है और कितनी गलत है—यह मानने के बावजूद कि उसमें कुछ है जो दूसरों के कष्टों को कम करता है।

"कितने दिन रखोगी इस लड़की को अपने घर?" निवेदिता ने उसी तरह आँखें सिकोड़कर पूछा। "जब तक वह ठीक नहीं हो जाती।" रूबी दी ने इस तरह जवाब दिया, जैसे कोई खास बात न हो। "वह अकेली है, असहाय है, पर हो सकता है कि वह तुम्हारा फायदा उठा रही हो।" रूबी दी उसकी बात सुनकर हँसीं। उनके मन ने कहा, 'जैसे तुम औरों का उठाती हो ?' रूबी दी ने देखा कि निवेदिता का गोरा रंग लाल हो गया था। वे तुरन्त सँभलकर बोलीं, "क्या

फायदा उठाएगी वह, निवेदिता? तुम भी औरों की तरह सोचने लगी। कोई रास्ता नहीं था, इसलिए उसे घर ले आई। मेरी जगह तुम होती, तो भी यही करती। देखो, तुम रोज आ जाओ, उसे जल्दी-जल्दी ठीक कर दो, बस वह चली जाएगी।'' ''मेरी फीस?'' निवेदिता ने पूछा। ''मैं दूँगी, लेकिन आधी। बाकी तुम अपने समाज-सेवा के खाते में जमा कर देना।'' रूबी दी हँसीं। निवेदिता ने बिना हँसे कहा, ''पर मेरा ऐसा कोई खाता नहीं। तुम जानती हो कि मेरा काम मेरे शरीर से सारा दम निकाल लेता है और अब यह शरीर ज्यादा दिन यह काम नहीं कर सकेगा।'' ''ठीक है, तब देखेंगे। फिलहाल तुम एक नया खाता खोल लो और रोज मेरे साथ लंच खाओ। फ्री।'' रूबी दी को कहते हुए आश्चर्य हुआ कि इस तरह की बातें निवेदिता से कहते हुए उन्हें दोस्ती में मोल-भाव करना नहीं लग रहा था। उन्हें किसी तरह की लज्जा का अनुभव नहीं हो रहा था, जबकि वे अपनी किसी भारतीय सहेली से इस तरह बातें करने की कल्पना करने से भी हिचकतीं।

एक सप्ताह के अन्दर ही सविता में काफी सुधार दिखाई पड़ा। उसने बिना किसी सहारे के रूबी दी का पूरा नीचे का तल्ला घूमकर देखा। सुधीर द्वारा डिजाइन किया हुआ मकान। कहीं भी ऐसा अन्धकार या कम रोशनी नहीं कि दिन में बत्ती जलानी पड़े। सुधीर हमेशा कहते, ''दिन में बत्ती जलाना हमारे यहाँ अपशकुन मानते थे। दीये की बत्ती हो या बिजली का लट्टू, बात एक ही है। इस देश में ऐसे मकान बनाना कानूनन जुर्म होना चाहिए, जहाँ दिन में बत्ती जलानी पड़े।'' सविता ने उस हवादार, रोशनीदार मकान की बहुत तारीफ की। उसने कहा इसीलिए वह इतनी जल्दी ठीक हो पाई है। ''क्या सचमुच ?''—रूबी दी के मन ने कहा। उस छह X सात फुट की कोठरी की खिड़की से बगल में दिखता एडवर्ड मेनशन का हरा मखमली बगीचा उनकी नजरों के सामने घूम गया। वहाँ भी चिड़िया आती होंगी, पर अनदेखी वापस उड़ जाती होंगी। क्या सविता को चिड़िया देखना सिखाने से जीवन में स्वस्थ होने के लिए जरूरी विश्वास लौट सकता है, रूबी दी ने सोचा, या यह उसे दूसरों को बताने के लिए एक शौक की तरह पाल लेगी कि वह इस चिड़िया की बोली पहचानती है या उस चिड़िया को वह अकसर देखती है।

सविता के स्वास्थ्य के साथ रूबी दी को अपने अन्दर कुछ लौटता-सा लगा। शान्ति? समरसता? स्थिरता? रूबी दी ने अपने से पूछा। कादम्बरी का दिया लिफ़ाफ़ा मेज पर उसी तरह पड़ा हुआ था। रूबी दी को लगा कि अब वे इस लिफाफे को खोल सकती हैं। यह सोचते ही उस पत्र के बारे में उनकी उत्सुकता

सीमा पार कर गई। दो पन्ने बड़े-बड़े अक्षरों में आगे-पीछे, यानी चार पन्नों की चिट्ठी। रूबी दी उस पत्र को एक बार जल्दी-जल्दी पूरा पढ़ गईं। कुछ उनकी समझ में आया, कुछ नहीं। आखिर कहना क्या चाह रही है, यह भी पूरी तरह साफ नहीं हुआ। पढ़ते समय कहीं-कहीं दिल जकड़ा गया, पर अन्ततः उन्होंने राहत ही महसूस की। कुल मिलाकर कुछ ऐसा नहीं, जिसे वे पचा न सकें—जो उनके जीवन में एकाध दिन के लिए ही तूफान ले आए, जैसा कि रूबी दी को डर था। इस डर से मुक्त होकर रूबी दी ने पत्र को दुबारा धीरे-धीरे पढ़ना शुरू किया—

मेरी अपनी प्यारी नानी,

प्यारी जो प्यार देती है और जिसे प्यार किया जा सकता है। पर इस बात को मानना जीवन का सबसे कठिन काम है—यानी कि इस प्यार को। ऐसा क्यों है, यह पता नहीं, पर यह दुख है। आपकी कथा को पढ़ते समय यह दुख मुझे बार-बार झकझोरता रहा। इसने किसी काम में मेरा मन लगने नहीं दिया। आपकी कथा को मैं पूरे समय चुगती-कुतरती रही। इस पर लिखना मेरे लिए कितना कठिन है, आपको इसका अंदाजा शायद ही हो सकेगा। जो हमारी आँखों के इतना पास है कि पलकों को छूता हो, उसे देखना मुश्किल होता है। आपकी कथा को महज एक कथा के रूप में पढ़ना लगभग नामुमकिन है। रिश्तेदारी की मान्यताओं से जकड़ा दिमाग, चिरकाल से पक्षपात-प्रवृत्त मन—इनका क्या करूँ?

मैंने आपकी कथा की जाँच-परख के लिए कुछ नियम रूपी नक्शे खड़े किए। कथा का विषय क्या किसी व्यक्तिगत किंतु व्यापक सत्य को प्रस्तुत करना चाहता है? क्या कथा का विस्तार गिनी-चुनी, मार्मिक और अनिवार्य घटनाओं से होता है? क्या कथा का माध्यम सुघड़, सटीक, सही है, जो कथा को ठीक-ठीक कह सके?

इन नियमों का सहारा लेकर मैंने आपकी कथा पर अपना सोच फहराया। विषय रूबी दी की जीवन-कथा है, माध्यम है उनका आत्म-चिन्तन, आत्म-विश्लेषण, उनके दिमाग की उधेड़-बुन। आगे मैंने पाया कि इस व्यक्ति-विशेष का जीवन अपने समय, अपने जमाने, अपने खास तबके का सच बोलता है। आपकी कथा में हरेक घटना का सम्बन्ध उस एक महा-महानिर्णय—रूबी दी को गोद लिया जाना—से जुड़ा हुआ सुसम्बद्ध है (माफ कीजिएगा, यह जुमला कलकत्ते में ममता बनर्जी के महा-महा-महा-जुलूस से चला आया है)। कथा का माध्यम भी सही है : रूबी दी की आवाज—स्पष्ट, सहज, एक आम व्यक्ति के सोचने-बोलने की आवाज।

सब ठीक-ठाक चल रहा था कि किसी मूल गड़बड़ी की गन्ध ने मुझे परेशान

कर दिया। रूबी दी का आत्मचिन्तन दिखाता है रूबी दी को गोद देने-लेने वालों की दुनिया, उनके व्यक्तित्व, आपसी सम्बन्ध और उस महा-निर्णय की रूबी दी के दिलो-दिमाग, उनके सम्पूर्ण अस्तित्व पर अमिट छाप–मौके-मौके पर गहरे दुखों की अनुभूति, उदारता, दूसरों के दुख से व्याकुल हो जाने की, उसे समझने की और दूर करने की क्षमता। लेकिन, मुझे लगा कि जो यहाँ नहीं दीख पड़ा, वह है उस महा-निर्णय से प्रभावित रूबी दी के व्यक्तित्व ने खुद क्या-क्या मोड़ लिए? किस-किस को अपने रंग में रँगा-लपेटा? क्या-क्या समस्याएँ खड़ी कीं और खड़ी छोड़ दीं? जो मिला, उसे किसे और कैसे लौटाया? माँ को सख्ती के बदले सख्ती दी या नहीं? और बच्चों ने क्या कोई खास मुलायमियत पाई या कि सख्ती से वे भी नहीं बच पाए?

मुझे लगने लगा कि इस कार्य-प्रतिकार्यकारी, जाग्रत, परिपक्व रूप में जीवन को उघाड़ने में असमर्थ रूबी दी के आत्मचिन्तन ने कहीं एक अहंकार को जानने का मौका तो नहीं दे दिया है, जो कि कथा के व्यक्ति प्रधान विषय-माध्यम में ही सुषुप्त था। रूबी दी की कहानी, रूबी दी की आवाज में, उनके दृष्टिकोण से कही जाएगी, तो अहंकार के छलकने की सम्भावना तो रहेगी ही। इस अहंकार का नाद गूँजता है कई घटनाओं से। जब रूबी दी अपने से पूछती हैं कि माया बोस व डॉक्टर डेविस उनसे क्यों मिलने को उत्सुक रहते हैं, तब यह नाद सुनाई पड़ता है उनके अनकहे जवाब में–क्योंकि वे दुखी हैं, महान हैं, आकर्षक हैं। आगे कथा में मुसलमान लड़के से प्रेम करने की हिम्मत और आइडियलिज्म रखनेवाली रूबी दी ने अपने को महा महान कर दिया। सहानुभूति छीन लेती है यह महानता। रूबी दी को अपनी कथा को बचाने के लिए अपने अहंकार का ध्वंस करना होगा–और यह तभी होगा जब वे इसे पहचानेंगी, अपना मजाक उड़ा सकेंगी, इसका आयरनी के साथ वर्णन कर सकेंगी। तब होगा एक विशेष सत्य का उदय–दीप्तिमान और व्यापक सत्य। अपनी सृष्टि का उद्धार करो नानी, इसे सत्य की ओर बढ़ाओ–

तुम्हारी
कादम्बरी

रूबी दी को दुबारा पढ़ने पर पत्र की बातें पूरी-पूरी समझ में आईं। नहीं, उन्हें कोई चोट नहीं लगी। दुनिया में हर सोचने की क्षमता रखनेवाले आदमी का एक अपना सोच होता है और जरूरी नहीं कि वह दूसरों के सोच से मेल खाए। रूबी दी को बेहद खुशी है कि कादम्बरी ऐसी भाषा में, इस तरह अपने सोच को सामने रख सकती है। वे इसे गौरी की उपलब्धि मानेंगी जिसने अपनी लड़की को इस काबिल बनाया है। विदेश में रहकर भी कादम्बरी जैसी हिन्दी लिख

सकती है, वैसी यहाँ की पली-पुसी लड़कियाँ भी नहीं लिख सकतीं। उसकी भाषा में यदि कुछ अटपटापन है, यदि वह कुछ किताबी है, तो भी यह चीज उसके अनोखेपन को उजागर करती है। कादम्बरी कहती थी कि उसका दोस्त गौतम उसकी भाषा का सम्पादन करता है, तभी वह कहीं छपने लायक बन पाती है। पर रूबी दी को लगता है कि ज्यादा-से-ज्यादा गौतम उसके अनूठेपन को काट-छाँटकर उसे आमफहम भाषा बना देता होगा। कादम्बरी की राय कहीं से गलत नहीं है—वह अपनी माँ से प्यार करती है, तो उन्हें भी प्यार करती है, उसकी निष्पक्षता पर अंगुली नहीं उठाई जा सकती। वह उनकी कथा से और ज्यादा कुछ चाहती है, कोई दूसरा पक्ष भी चाहती है, पर वह कर पाना रूबी दी के वश की बात नहीं। जो नहीं लिखा जाता या जो लिखा नहीं जा पाता, वह भी कथा में छिपा बैठा रहता है—और पढ़नेवाले उस न लिखे हुए को भी पढ़ लेते हैं। ठीक उसी तरह, जैसे कोई कितना भी भोलेपन, अच्छेपन या दोस्ती का नाटक करे, पर उसकी असलियत को समझनेवाले ठीक समझ लेते हैं। जिसे कादम्बरी रूबी गुप्ता का अहंकार कह रही है, यदि वह सचमुच वही है, तो उसका ध्वंस होना ही है। उनके चाहने या न चाहने से यह रुक नहीं पाएगा। जहाँ तक रूबी दी जानती हैं, जिसे कादम्बरी अहंकार की गूँज समझ रही है, वह उनकी 'आइडेंटिटी क्राइसिस' की ही गूँज है—कि क्या रूबी गुप्ता में किसी को कुछ ऐसा दिख रहा है कि वह उनकी ओर खिंच रहा है; और इसमें यह डर मिला हुआ है कि न जाने किस क्षण वह व्यक्ति उस भ्रम से मुक्त होकर उनसे मुँह मोड़ लेगा।

रूबी दी लिफाफे में पत्र वापस डालकर हाथ में लिए बैठी थीं कि सविता उनके कमरे में आ गई। "अरे, तुम क्यों आई? मैं आने ही वाली थी तुम्हारे पास।" रूबी दी ने कहा। उनकी जीवन-चर्या सविता के इर्द-गिर्द घूमने लगी है। सुबह की चाय तक उसके साथ पीती हैं। 'परामर्श' का समय दो घंटे कम करके ग्यारह से एक बजे कर दिया है। अब ग्यारह बजे के पहले खाना न खाकर एक बजे के बाद सविता के साथ खाती हैं। सविता उन्हें अपने बचपन की और इधर-उधर की बहुत सारी बातें बताती रहती हैं। वे बहुत ध्यान से सुनती हैं। सविता की उनके जीवन के बारे में सुनने की बहुत रुचि है। उसे पता है कि वे एक कथा लिख रही हैं, जो उनके खुद के जीवन पर यदि पूरी तरह आधारित नहीं है, तो भी उनके जीवन से बहुत-कुछ लेती है। वह बेसब्री से उस दिन का इन्तजार कर रही है, जब उसे रूबी दी अपनी कथा पढ़ने के लिए देंगी। तब तक रूबी दी से उनके बहुत-से कथा-प्रसंग सुनकर वह सन्तोष कर लेती है।

रूबी दी की बात सुन सविता की आँखों में चमक आ गई। फिर उसने कहा, "यहाँ से काम करूँगी तो आपको असुविधा होगी रूबी दी। दर्जी, कारीगर, रंगरेज वगैरह को यहाँ बुलाना पड़ेगा। अभी मैं दौड़-भाग तो कर नहीं सकती। मेरी सहेली से मेरी पार्टनरशिप भी खत्म हो गई है। अब सब काम मुझे अकेले ही करना होगा।" रूबी दी को बहुत आश्चर्य हुआ। सहेली से पार्टनरशिप कब खत्म हो गई और क्यों? यह तो यहाँ रह रही है—एक महीना से ज्यादा हुआ। तब भला क्या बात हो गई? वे एक क्षण के लिए चुप रहीं। इस चुप्पी में उम्मीद थी कि सविता अपनी सहेली के बारे में कुछ खुलासा करेगी, पर सविता ने इस बारे में चूँ तक नहीं की। रूबी दी को निराशा हुई। साफ जाहिर था कि वह इस बारे में कुछ बोलना नहीं चाहती। ठीक है, रूबी दी ने मन-ही-मन कहा—जैसा चाहे। पर उन्होंने भी अपने घर से सलवार-कुर्ती के काम करने के बारे में कुछ और नहीं कहा। वे अकेली रहती हैं। तरह-तरह के लोग आने से बहुत खतरा है। अकेले बूढ़े-बूढ़ी का कत्ल कर घर लूटने की वारदातें दिल्ली की तरह अब कलकत्ते में भी होने लगी हैं। रूबी दी को लगा कि वे खुद एक रौ में बहकर अपने लिए झंझटों का जाल बुनती जा रही हैं। उन्हें अच्छी तरह सोच-समझकर कुछ कहना चाहिए, मन में जो आया, उसे तुरन्त कहने की ऐसी क्या जरूरत थी। वे चुप मार गईं।

रूबी दी ने महसूस किया कि इस बात के बाद सविता और उनके बीच कुछ बदला-बदला सा रहने लगा है। हो सकता है कि वह उम्मीद कर रही हो कि रूबी दी दर्जी, कारीगर वगैरह के आने की बात पर कोई आपत्ति नहीं करेंगी। आखिर उसकी रोजी-रोटी का सवाल है, रूबी दी ने उसकी मजबूरी के बारे में सहानुभूति से सोचने की कोशिश की। पर वे भला क्या कर सकती हैं, उन्होंने सोचा, आखिर सविता को भी उनकी मजबूरी के बारे में सोचना चाहिए। वैसे भी यह व्यवस्था तो कुछ ही दिनों तक चलती, उसके बाद तो सविता को वापस मिसेज सूद के यहाँ अपने पी.जी. से काम करना पड़ता। इससे अच्छा क्या यही नहीं है कि वह वापस लौट जाने के बाद ही काम शुरू करे? तब तक वह आराम करने से जल्दी स्वस्थ होगी। पर यह सब रूबी दी के मन-ही-मन चलता रहा। न सविता ने उनसे कुछ कहा, न उन्होंने कुछ सविता को। उसके मन में क्या चल रहा है, इसकी कोई भनक रूबी दी को नहीं लगी। धीरे-धीरे उन्हें लगने लगा कि हो सकता है यह उनका भ्रम मात्र है कि उनके और सविता के बीच कुछ तनाव है। तब उनके अन्दर रह-रहकर यह उम्मीद जागने लगी कि बहुत जल्दी सबकुछ ठीक हो जाएगा और फिर वैसा ही हो जाएगा जैसा पहले था। जो कुछ भी यह था, एकतरफा या दोतरफा, बहुत बदसूरत और जानलेवा था। जो कुछ भी यह प्रमाणित करता था, उससे रूबी दी हर कीमत पर बचना चाहती थीं।

एस.टी.डी. : कलकत्ता से दिल्ली-IV

"हलो कादम्बरी ? मैं नानी। कैसी हो बिटिया ?"—रूबी दी ने अपनी आवाज में पूरे डेढ़ महीने तक फोन न करने की ग्लानि को दूर रखकर हर शब्द में अपने हृदय को उड़ेलने की कोशिश करते हुए कहा।

"ठीक हूँ, नानी।...नहीं, मैं झूठ बोल रही हूँ। मैं ठीक नहीं हूँ। आपने मुझे इतने दिनों से एक फोन तक नहीं किया। मैं जानती हूँ कि उस चिट्ठी से आपके दिल में चोट लगी है। आप मुझसे नाराज हैं"—कादम्बरी के स्वर में तकलीफ-ही-तकलीफ थी।

रूबी दी का दिल मुँह को आ गया। उफ्, उन्होंने सोचा ही नहीं कि कादम्बरी उन्हें लेकर इतना सोचेगी। उन्होंने तो सोचा था कि वह दिल्ली लौटकर एकदम व्यस्त हो गई होगी और उन्हें भूल-भाल गई होगी। "नहीं कादम्बरी, मैं तुमसे रत्ती भर भी नाराज नहीं हूँ। तुम्हें कैसे विश्वास दिलाऊँ। मैं तुम्हें फोन इसलिए नहीं कर पाई क्योंकि मेरे फोन की एस.टी.डी. लाइन खराब थी। जब मिलाती, तभी एक आवाज कहती, यह सुविधा आपके टेलीफोन पर उपलब्ध नहीं है"—रूबी दी ने कादम्बरी से पहली बार सरासर झूठ बोला और उसे एकदम सच बनाने के लिए टेलीफोन की आवाज की हू-ब-हू नकल की।

कादम्बरी खिलखिलाकर हँस पड़ी। उस हँसी से रूबी दी को जैसा सुकून मिला, वैसा सत्तर साल में किसी की हँसी से नहीं मिला था। सच कहते हैं कि मूल धन से ब्याज प्यारा होता है। मूलधन यानी गौरी और उसका ब्याज यानी कादम्बरी। उनके कलेजे की कोर। उसे तकलीफ देकर इस धरती पर एक साँस भी कैसे खींच पाएँगी?

"आपका एस.टी.डी. लॉक हो गया होगा भूल से। पर ऐसा कैसे हुआ होगा? कोई बच्चा भी नहीं घर में कि ऐसे अलटप्पू बटन दबा दे। वे लोग वापस आ गए क्या, मेघालयवाले?" कादम्बरी ने पूछा।

अरे, रूबी दी ने सोचा, इसे कैसे मालूम उन लोगों के बारे में? तीन दिनों में एक बात तो की नहीं इसने, न उनकी सुनी। अच्छा, अच्छा, उन्हें ध्यान आया,

उनकी कथा में इसके पढ़ने तक वही तो अन्तिम प्रसंग रहा होगा।

"नहीं, वे लोग तो नहीं आए, पर वह है न, वह सविता, वह रह रही है मेरे साथ, पिछले कुछ दिनों से"—रूबी दी ने एक महीने को कुछ दिनों में बदलते हुए कहा। कादम्बरी चुप रही। रूबी दी को लगा कि वह जानना चाहती है—क्यों रह रही है सविता उनके साथ। कहाँ से बताएँ? उस अखबार की घटना से? पर वह तो घटी ही नहीं थी सचमुच। तब?

"ऐसा हुआ न कादम्बरी, उसके पी.जी. की मालकिन मिसेज सूद ने मुझे फोन करके कहा कि वह 'क्रॉनिक र्‌यूमेटिज्म' के कारण उठ-बैठ तक नहीं पा रही। उसके घरवाले उसकी देखभाल करने तैयार नहीं। तब उसने मुझे फोन करवाया है। मैं क्या करती? गई उसे देखने। ऐसी हालत में मेरे पास उसे यहाँ लाने के अलावा और कोई चारा नहीं था। अस्पताल में दाखिल करवाने के पैसे कहाँ से आते? समझ रही हो न ?" रूबी दी ने सोचा कि एक साथ इतने झूठ तो उन्होंने पूरी जिन्दगी में नहीं बोले होंगे। वे क्यों ऐसा कर रही हैं, वे नहीं जानती थीं, पर उन्हें जो सूझा, वे वही बोलती गईं।

"आपका हार्ट तो 'एनलार्ज' नहीं हो गया नानी?" कादम्बरी फिर जोर-जोर से हँस रही थी। दिल बड़ा तो नहीं हो गया? क्या कह रही है कादम्बरी? रूबी दी एक क्षण के लिए समझ नहीं पाईं। दिल तो सुधीर का बड़ा हो गया था, दिल की वह दवा 'इनडिराल' बरसों खाते-खाते। जब पता चला, तो डॉक्टर ने बन्द कर दी और दो दूसरी दवाएँ लिख दीं, जो उस समय भारत में मिलती ही नहीं थीं। पर उनका दिल? ओहो, अचानक रूबी दी को कादम्बरी का मजाक समझ में आया। सविता को घर में पनाह देने के कारण 'दिल बड़ा हो गया' कह रही है।

रूबी दी हँस पड़ीं। कितनी दुष्ट लड़की है। उफ्, कितनी प्यारी ! "मेरा दिल इसलिए बड़ा हो गया कादम्बरी, क्योंकि उसमें तुम रहने लगी हो"—रूबी दी ने कहा। "ओह माई गॉड, नानी तो फिल्मी डायलॉग मारने लगी है, इस उम्र में। उससे सीखा क्या, उस सविता से?" कादम्बरी फिर हँस रही थी। आज रूबी दी ने एस.टी.डी. बिल की परवाह छोड़ दी। लोग शराब पीते हैं, सिगरेट पीते हैं, क्या-क्या फालतू खर्च नहीं करते, वे तो सिर्फ फोन करती हैं।

"पता है कादम्बरी, तुमने मुझे जो पत्र लिखा था न, उसे मैंने अपनी कथा का ही एक हिस्सा बना लिया है। ज्यों-का-त्यों। अब तुम मेरी कथा में सिर्फ रूबी गुप्ता की नातिन होने के कारण एक पात्र नहीं हो, बाकायदा पार्टनर हो, पार्टनर। और अभी-अभी मेरे मन में एक खयाल आया है, मैंने और तुमने एस.टी.डी. पर जितनी बातें जब-जब की हैं, वे सब भी इस कथा के बीच-बीच में आकर इसका एक हिस्सा बनेंगी"—रूबी दी एक साँस में बोलकर चुप हो गईं। देखें, क्या कहती

है लड़की इस बात पर।

"नानी, आपने अपनी जिन्दगी में अपने माँ-बाप-पति-बेटी किसकी बात मानी है, जो मेरी मानेंगी ? आप जो चाहे, करें। आपकी कथा है। वैसे...आइडिया बुरा नहीं है। पर अब आपसे फोन पर सँभलकर बात करनी पड़ेगी"—कादम्बरी फिर हँस रही थी। रूबी दी ने बहुत राहत महसूस की। तो उसे बुरा नहीं लगा?

"अच्छा पार्टनर। अब एक काम करो। वह देवीदत्त मामा वाली रपट का बाकी हिस्सा भेज दो। जल्दी। स्पीड-पोस्ट से। नहीं, वह स्पीड से नहीं आती। कूरियर से। जल्दी, हाँ?" रूबी दी ने पहली बार कादम्बरी पर हुक्म चलाया—ऐसा काम, जो वे कभी गौरी के साथ नहीं कर पाई थीं।

"राइट अवे, मैडम, राइट अवे। कल सुबह कूरियर का दफ्तर खुलने के पहले मैं उसकी सीढ़ियों पर खड़ी रहूँगी"—कादम्बरी ने उनके हुक्म को हुक्म मानकर उनका बड़प्पन बचा दिया।

उस दिन रूबी दी रात को सोईं, तो उन्हें ऐसी गहरी, बेफिक्र स्वप्नरहित नींद आई, जैसी बचपन में पैदा होने से ग्यारह साल की उम्र के बीच ही कभी आई होगी।

एक शताब्दी की खोज : वाया एक अदद आदमी

रूबी दी ने कादम्बरी की भेजी पतली-सी रपट का शीर्षक पढ़ा, तो उन्हें आश्चर्य हुआ। देवीदत्त मामा के जरिए एक शताब्दी को खोजने का क्या मतलब हुआ? तभी उन्होंने देखा कि रपट के साथ एक लिफाफा है। उसमें एक कागज से फाड़ी हुई छोटी-सी चिट थी, जिसमें हड़बड़ी में लिखा गया था : "आगे की रपट लिखी नहीं गई थी। पर लिखने के लिए जो बातें मिली थीं, उनमें से कुछ टुकड़े ये रहे—आपके लिए आपके आदेश पर। आपको देवीदत्त मामा के जीवन के इन टुकड़ों के बारे में शायद ही कुछ मालूम हो।" रूबी दी ने चिट को पलटा, तो पीछे लिखा था, "यह एक बड़े प्रोजेक्ट का हिस्सा है—हाशिए पर पड़े हुए व्यक्तियों के माध्यम से दूसरे मिलेनियम की अन्तिम शताब्दी की खोज। कुछ कारणों से यह किताब छपने में देर होगी, इसलिए अभी मुझे पूरी रपट लिखने की जल्दी नहीं—" वाह पार्टनर, तुम कथा के प्रति अपनी जिम्मेदारी ठीक निभा रही हो, रूबी दी ने मन में कहा। पता नहीं तुम समझ रही हो या नहीं कि तुम्हारी जिम्मेदारी है रूबी दी के अहंकार का ध्वंस करना। देवीदत्त का जीवन-प्रसंग रूबी दी की कथा के समानान्तर रख देना ऐसा ही है जैसे एक छोटी लाइन के पास एक बड़ी लाइन रख देना। रूबी दी ने देवीदत्त मामा के जीवन के उन टुकड़ों को पढ़ना शुरू किया, जिन्हें पढ़ते समय उन्हें मालूम था कि उन्हें उत्सुकता, हीनभावना, अभिमान और हताशा का एक साथ अनुभव होगा—

"बम्बइया फिल्मों के बारे में बाद के दिनों में देवीदत्त की एक अपनी थीसिस बन गई थी। देवीदत्त का मानना था कि महात्मा गाँधी के बाद किसी ने इतने बड़े पैमाने पर जनमानस को प्रभावित किया, तो बम्बइया फिल्मों ने ही। अलबत्ता यह प्रभाव वैसा नहीं बन पाया जैसा कि देवीदत्त चाहते रहे होंगे। मुंशी प्रेमचन्द के 'सेवासदन' पर फिल्म बनाने की प्रेरणा देना और 'अजन्ता सिनेटोन' के मैनेजिंग डाइरेक्टर श्री भूटानी के जरिए प्रेमचन्द को 1934 में आठ हजार रुपए के सालाना कांट्रेक्ट पर बम्बई बुलाना भले ही नाकामयाब रहा हो, पर देवीदत्त

की इन चेष्टाओं के पीछे उनकी मंशा को समझा जा सकता है। प्रेमचन्द को बम्बई में अपने घर के पास दादर में रहने के लिए किराए पर घर दिलाने से लेकर बारह रुपए महीने की पगार का नौकर खोजने तक का सब काम देवीदत्त ने किया। किसी तरह प्रेमचन्द बम्बई में टिक जाएँ, इसके लिए देवीदत्त ने कोई कसर बाकी नहीं छोड़ी। जब-जब प्रेमचन्द 'अजन्ता सिनेटोन' के लिए लिखी दो कहानियों 'मिल मजदूर' और 'नवजीवन' पर बन रही फिल्मों की मूल कहानी में किए गए फेरबदल, काट-छाँट और तोड़-मोड़ से उखड़ते, उतनी बार देवीदत्त उन्हें समझा-बुझाकर शान्त करते। प्रेमचन्द ने इस फिल्म में अभिनेताओं को रखने के पैसे न होने के कारण उस सरपंच की भूमिका निभाई, जो मजदूरों और मिल-मालिकों के बीच झगड़े का निपटारा करता है। देवीदत्त उनके कहने पर बने मिल-मालिक। कम्पनी के फेल होने तक देवीदत्त ने साम-दाम-दंड-भेद से प्रेमचन्द को बम्बई में टिकाए रखा। पर अन्ततः देवीदत्त का भी 'वल्गैरिटी' को 'एंटरटेन्मेंट वैल्यू' माननेवाले डायरेक्टरों से प्रेमचन्द की तरह मोहभंग हो चला था। प्रेमचन्द ने बम्बई से जाते समय उन्हें एक पत्र लिखा कि वे 'हंस' और 'जागरण' का अपना कर्ज पटाने और दुनिया को बदलने के जिन इरादों से बम्बई आए थे, उनमें से एक भी यहाँ पूरा होता उन्हें नजर नहीं आया। अद्भुत में विश्वास रखनेवालों को उनकी साधारण कहानियाँ रास नहीं आ सकतीं। कत्लो-खून और जबर की वारदातें, मार-पीट, गुस्सा, गजब और नफसानियत जिस इंडस्ट्री के औजार हों, वह उनसे इंसानियत का खून ही कर सकती है। इसलिए वे अपने वतन बनारस लौट जाना ही सही समझते हैं। आगे चलकर देवीदत्त बम्बइया फिल्मों से छुट्टी लेकर दूसरे महायुद्ध में अंग्रेजी फौज में बतौर फोटोग्राफर जो भरती हुए, उसके पीछे प्रेमचन्द की तरह ही सिनेमावालों से हुई उनकी खटपट थी। अपने अधिकार-क्षेत्र से बाहर जाकर उन्होंने एक फिल्म के लिए वेश्याओं का नाच फिल्माने से यह कहकर इनकार कर दिया था कि फिल्म में इस दृश्य की कोई जरूरत नहीं।

''देवीदत्त और प्रेमचन्द का सम्बन्ध कोई इकतरफा दिलचस्पी का सम्बन्ध नहीं था, जैसा कि फिल्म जगत के लोग देवीदत्त की प्रेमचन्द के प्रति श्रद्धा को देखकर समझते थे। प्रेमचन्द की भी देवीदत्त में गहरी रुचि थी। वे खोद-खोदकर देवीदत्त से उनके पिछले जीवन के ब्योरों के बारे में पूछते रहते थे। देवीदत्त का यह शक कि प्रेमचन्द उन्हें अपने किसी उपन्यास में पात्र बनाना चाहते हैं, हरदम बना रहा। एक बार प्रेमचन्द ने देवीदत्त के बारे में पछते-पूछते उनसे कहा कि वे जो प्लाट सोचते हैं, उसमें आदर्शवाद घुस आता है और कहा जाता है कि उसमें कोई मनोरंजन का तत्व नहीं होता। प्रेमचन्द ने कहा कि वे भी इस बात को स्वीकार करते हैं, पर दूसरों के पसन्दीदा नुस्खे पर प्लाट नहीं बना सकते। प्रेमचन्द की इस बात को उनके अपने व्यक्तित्व में इतनी रुचि के सन्दर्भ में रखकर जब

देवीदत्त ने देखा, तो उन्हें बहुत बुरा लगा। तो क्या प्रेमचन्द यह कहना चाहते थे कि देवीदत्त जैसे पात्र के आदर्शवाद में मनोरंजन का तत्व भी शामिल है? क्या प्रेमचन्द यह इंगित कर रहे हैं कि उनका ढुलमुल आदर्शवाद रहा है—कभी एक तरफ लुढ़का, कभी दूसरी तरफ लुढ़का और कभी किसी और तरफ लुढ़का ? या प्रेमचन्द अपने ब्रांड के आदर्शवाद से बाहर निकलने के लिए देवीदत्त को मोहरा बनाना चाहते हैं? जो भी था, देवीदत्त ने निश्चय किया कि वे प्रेमचन्द को अपने बारे में अब कुछ भी नहीं बताएँगे।''

X X X

''दूसरे महायुद्ध में सिंगापुर में अंग्रेजी फौज की जापानियों से हार क्या हुई, कि इसने देवीदत्त के जीवन में एक नया पहलू जोड़ दिया। अंग्रेजी फौज के कई दूसरे भारतीय सैनिकों की तरह उन्हें भी गिरफ्तार कर आजाद हिन्द फौज में भरती होने के लिए बर्मा भेजा गया, पर बर्मा की धरती की हरियाली के अनवरत प्रसार की पृष्ठभूमि में बौद्ध भिक्षुओं और पगोडा के रंगों ने देवीदत्त के भीतर के फोटोग्राफर को बन्दी कर लिया। अपने कैमरे से वहाँ की प्रकृति और संस्कृति को देखते-देखते देवीदत्त कब वहाँ हिन्दू से बौद्ध बन गए, उन्हें खुद पता न चला।

बुद्ध के सदियों पुराने अहिंसा के दर्शन ने उन्हें एक बार फिर उसी जगह ला खड़ा किया, जहाँ वे से चले थे। भारत को आजादी मिलने के छह दिन पहले महात्मा गाँधी कलकत्ते आकर सोदपुर के आश्रम में ठहरे थे। गाँधीजी का उस दिन मौन व्रत था। दर्शनार्थियों की भीड़ में गाँधीजी ने देवीदत्त को देखा। देवीदत्त गाँधीजी से डांडी के नमक सत्याग्रह के बाद पूरे सतरह साल बाद मिले थे, पर गाँधीजी ने उन्हें पहचान लिया। गाँधीजी ने देवीदत्त को इशारे से पास बुलाया और स्लेट पर लिखा, ''स्वराज, तुम कितनी बार बदलोगे?'' देवीदत्त चकित रह गए। उनका नाम गाँधीजी को स्वराज कैसे याद रहा था? जबकि खुद देवीदत्त भूल चुके थे कि वे 'यंग इंडिया' के दिनों में 'स्वराज' के तखल्लुस से लिखते थे। गाँधीजी के प्रश्न के जवाब में देवीदत्त ने गाँधीजी के पैरों के नीचे की धरती को प्रणाम किया। उसके बाद देवीदत्त अगले छह दिनों तक गाँधीजी के पीछे-पीछे घूमते रहे—यदि उन्हें कहीं घुसने नहीं मिला, तो वे दरवाजे पर बाहर बैठे रहे। आजादी के दिन देवीदत्त ने गाँधीजी की तरह चौबीस घंटे का उपवास रखा और चरखा कातते रहे। उसके बाद 30 जनवरी, 1948 तक, यानी जब तक गाँधी जिन्दा रहे, देवीदत्त अपना बोरिया-बिस्तर और कैमरा लेकर गाँधीजी के पीछे-पीछे उसी तरह घूमते रहे, जैसे वे अपनी किशोरावस्था से शुरू कर अपनी जवानी के शुरू के दिनों तक घूमे थे। किन्तु बिरला हाऊस में गाँधीजी के पार्थिव शरीर का फोटो उनके

कैमरे में नहीं है। इसका कारण यह है कि देवीदत्त ने यह कभी नहीं माना कि गाँधी मर सकता है--उसी तरह जैसे कि बुद्ध कभी नहीं मरता। अलबत्ता बिरला हाऊस से गाँधीजी के शव को बाहर दर्शनार्थियों के लिए निकालते हुए लोगों में देवीदत्त की भी एक शोक की छाया से धुँधली, काली तस्वीर है, जिसमें वे बिलकुल पहचाने नहीं जाते।"

X **X** **X**

"1963 से 1967 के बीच के सालों में, यानी जब तक राममनोहर लोहिया पार्लियामेंट के सदस्य रहे, देवीदत्त ने पार्लियामेंट की दर्शक-दीर्घा को आबाद किया। लोहिया की संसद में एक भी बहस उनसे नहीं छूटी। 1967 के आम चुनाव में देवीदत्त खुद एक निर्दलीय उम्मीदवार के रूप में उत्तर प्रदेश के चन्दौली क्षेत्र से स्वराज गाँधी के नाम से चुनाव लड़ने खड़े हुए। इसके पहले कोर्ट में नाम बदलने के लिए एक एफिडेविट के लिए अर्जी देते हुए उन्होंने साबित किया था कि बचपन में रामदास गाँधी नाम के एक गुजराती बनिए ने उनको गोद लिया था। इस बात को अखबारों ने खूब उछाला कि एक आदमी इसलिए गाँधी नाम से चुनाव लड़ रहा है क्योंकि वह दिखाना चाहता है कि 'कुछ' लोग गाँधी के नाम को कैसे भुना रहे हैं। लोकतन्त्र के अन्दर पाँव फैलाते राजतन्त्र का पर्दाफाश करना ही देवीदत्त का लक्ष्य था, चुनाव जीतना नहीं। लोकसभा में जब लोहिया ने कहा कि भारत का जनतन्त्र राजा-रानियों को तो पचा लेगा, पर ये जो नए-नए राजा-रानियाँ निकलते हैं--कोई तथाकथित बड़ा आदमी पैदा हुआ, उसके लड़के-लड़कियाँ आ खड़े होते हैं, उनका क्या होगा, तो देवीदत्त ने दर्शक-दीर्घा से इतनी तालियाँ बजाईं कि संसद का गोल गुम्बद बड़ी देर तक गूँजता रहा।"

रूबी दी यह टुकड़ा-टुकड़ा रपट हाथ में लिए बैठी सोचती रहीं। देवीदत्त मामा बरक्स प्रेमचन्द या बुद्ध-गाँधी या लोहिया के बारे में नहीं, कादम्बरी और उसकी जीवन-शैली के बारे में। कितना कुछ एक साथ वह कर लेना चाहती है! एक चीज पूरी नहीं की, दूसरी में घुस गई। यह भी चल रहा है, वह भी चल रहा है और अगर तीसरा कुछ आ जाए, तो वह भी साथ चल पड़ेगा। एक उन लोगों का तरीका था, उनकी पीढ़ी के लोगों का, कि एक बार में एक काम को पूरा मन देकर करना है--उसकी पूर्ण व्यवस्था हो जाए, तो भले ही दूसरे में हाथ डालना है; और एक इन लोगों का तरीका है। तो क्या मानव-मस्तिष्क इतना विकसित हो गया कि वह बहुत सारे काम एक-साथ कर सकता है और कोई

काम दूसरे काम में बाधा नहीं बनता? या मानव-मस्तिष्क इस लायक नहीं रहा कि वह किसी काम में लम्बे समय तक पूरी तरह रम सके? थोड़े दिनों में कहीं ऐसा वक्त न आ जाए कि आदमी देखेगा कुछ, सुनेगा और कुछ, किसी तीसरी चीज के बारे में सोचते हुए। चलो, जो होता है, वही ठीक है, यही मानकर चलना पड़ेगा।

आशियाना

रूबी दी ने सुबह-सुबह आँखें खोलीं तो उन्हें रात में देखे हुए किसी सपने का एक टुकड़ा याद आया। फिर उन्हें लगा कि शायद वे अभी-अभी वही सपना देख रही थीं। पर यह सोचते-सोचते ही वह टुकड़ा गायब हो गया और बहुत कोशिश करने पर भी उन्हें कुछ याद नहीं आया। बस एक अजीब-सी अनुभूति उनके साथ रही, जैसे कोई बहुत खास बात हो। रूबी दी बिस्तर पर उठ बैठीं और बगल में रखे हुए प्लास्क से उन्होंने कप में चाय उड़ेली। चाय के दो घूँट लेते ही अचानक उनके मन में एक खयाल कौंधा : कहीं वह फरहा का शौहर इसलिए तो नपुंसक नहीं हो गया क्योंकि वह कोई 'ड्रग' लेता है! धीरे-धीरे रूबी दी के मन में लगभग विश्वास-सा हो चला कि मामले की जड़ यहीं है। इतने साल नशीली चीजों को खाने के आदी लोगों के साथ काम किया है--उसे एक बार देख लेंगी तो उनकी नजरों से मर्ज छुप नहीं पाएगा। एक तो उस लड़के की न्यू मार्केट में कपड़ों की दुकान है—एक सम्भावना तो इसलिए बनती है कि वह वहाँ तरह-तरह के लोगों से मिलता होगा। ऊपर से मिर्गी के जैसे 'फिट' आना, मानसिक अवसाद, अपने मृत पिता से बातें करना, बार-बार उठकर पेशाब करने के लिए जाना, उसके पास कभी रुपए न रहना—यासीन और फरहा ने उन्हें इतनी सारी बातें बताई थीं जो एक 'ड्रग-एडिक्ट' के लक्षण हो सकते हैं। उनके दिमाग में यह शक भला कैसे पहले नहीं पैदा हुआ?

रूबी गुप्ता के जीवन के सबसे तुष्टिदायक काम की शुरुआत भी वासुमणि की 'गुड फ्रेंड्स सोसाइटी' से ही हुई थी—नशीली दवाओं के आदी लोगों की मदद करने का काम। शुरू-शुरू में कुछ निम्न मध्यवर्गीय ऐंग्लो-इंडियन परिवारों से दो-चार केस आए। प्रायः उनके पीछे टूटे हुए परिवारों के किस्से थे। वे किसी-न-किसी रास्ते से नशीली दवाओं तक पहुँच गए थे और अब इतनी दूर निकल आए थे कि जीवन का अन्त करीब था। वासुमणि के पास उन्हें शहर से बाहर सरकारपुल के सरकारी पागलखाने में भेजने के अलावा और कोई रास्ता नहीं था क्योंकि उनकी चिकित्सा के लिए कोई केन्द्र नहीं था। उनके परिवार के किसी

सदस्य या मित्र की मदद से नींद की सूई लगाकर उन्हें वहाँ भरती किया जाता और तीन-चार दिन बाँधकर रखा जाता। वे रोते, चिल्लाते, नशे के लिए बुरी तरह तड़पते। घोर कष्ट से गुजरकर तीन-चार दिनों में ये 'लोग' जिन्हें 'कोल्ड टर्की' (ठंडी 'टर्की' चिड़िया) कहा जाता, उस नशे की आदत से बाहर निकल आते। बाद में इस क्रूर चिकित्सा की जगह उन्हें नकली नशीली दवा 'मिथाडोन' दी जाने लगी। इससे वे 'हेरोइन' की आदत से बिना कष्ट के छुटकारा पा लेते। जैसे-जैसे वे नशे से छूटकर सामान्य जीवन की ओर लौटते, उनकी कृतज्ञता का पार नहीं रहता। उनके वापस लौट आने का खतरा हमेशा उनके सिर पर तलवार की तरह टँगा रहता, पर एक बार उस कुएँ से बाहर निकालने का सन्तोष रूबी को इस काम से जुड़े रहने का सम्बल देता।

"अभी हमारी दुनिया नशीली दवाओं की चौथी महामारी से गुजर रही है", वासुमणि ने रूबी को बताया था, "पहली 1890 के बाद, दूसरी 1920 के आसपास, तीसरी 1950 के बाद, चौथी 1965 के बाद से अभी 1973 तक।" रूबी का दिल जोर से धड़का था। नशे की पहली महामारी फैलाने में उनके परिवार का कितना योगदान रहा होगा? उसी क्षण रूबी ने निश्चय किया था कि अपने जीते-जी इसका भरसक प्रायश्चित उन्हें करना है। पिताजी के निश्छल प्रेम का यही सही प्रतिदान होगा। उनका असली श्राद्ध भी। आखिर उस धन का एक अंश उन तक भी तो पहुँचा है।

पागलखाने से आंशिक रूप से स्वस्थ होकर लौटनेवाले रोगियों के लिए वासुमणि को बारह लोगों के रहने की व्यवस्थावाला एक केन्द्र खोलने में रूबी दी ने जी-जान से मदद की थी। ऊँची दीवालोंवाले उस जेलनुमा केन्द्र के लिए रूबी दी ने तन-मन-धन लगा दिया था। तीन महीने उसमें रोगियों को रखकर, बागवानी आदि तरह-तरह के कामों में उन्हें लगाए रखकर, जितने मरीजों को उसमें से बाहर निकलते रूबी दी देखतीं, उनका मन उतना ही हलका होता जाता।

अमेरिका के 'बैटी फोर्ड फाउंडेशन' के जॉन मिशेल ने जब इस तरह के रोगियों के लिए ट्रेनिंग कोर्स दिया, तो रूबी दी ने बहुत उत्साह से उसमें अपना नाम लिखाया। जीवन में पहली बार उन्हें कोई सन्देह नहीं था कि वे जो कर रही हैं, उसका कोई अर्थ है या नहीं। इसी ट्रेनिंग के बाद आरमेनियन ट्रस्ट के अस्पताल में सरकारी अनुदान से खोले गए 'आशियाना' में नशे से लड़ने में रूबी ने अपने जीवन के पूरे चार साल लगा दिए थे। 'क्रैक' एक बहुत तेज प्रकार की 'कोकेन' है जो बहुत थोड़े समय के लिए घोर सुख का अनुभव कराती है। मिर्गी जैसे दौरे पड़ना, अचेत हो जाना, नाक से खून गिरना, न्यूमोनिया, भयंकर 'कोकेन' खुजली इसके कुछ लक्षण हैं। मानसिक अवसाद, चित्त-विभ्रम, हिंसात्मक व्यवहार और आत्महत्या करने की इच्छा के रूप में भी इसके लक्षण प्रकट हो सकते हैं।

रूबी दी हर नए केस पर अपने 'नोट्स' खोलकर देखतीं। क्यों डालता है आदमी जानते-बूझते अपने को इस रास्ते पर? वे बार-बार सोचतीं। कई बार उनकी नींद उचट जाती और वे रात-रात भर सो नहीं पातीं। बच्चों से छोटी-छोटी बात पर बुरी तरह चिड़चिड़ा जातीं। तब सुधीर ने पहली बार उन्हें कहा था, "यदि तुम बाहर के झमेले बाहर न छोड़कर आ सको, तो फिर घर में ही रहो।" पर रूबी दी पर जैसे खुद एक नशा-सा सवार हो गया था—उन्हें लड़ना है कोकेन, हेरोइन, मारिजुआना, एल.एस.डी. से। उन्हें हार नहीं माननी है आदमी को आदमी न रहने देनेवाली इन घातक चीजों से। नशे का आदी नशा प्राप्त करने के लिए चोरी-डाका, अपने को बेचना, कत्ल—क्या नहीं करने को तैयार हो जाता है ? हर नया केस रूबी दी की नशाखोरी से लड़ने की जिद को और अधिक बढ़ा देता।

सुधीर ने उनसे जीवन में बहुत कम मजाक किए थे। इसलिए सुधीर का नशे के खिलाफ जेहाद करती रूबी को भाँग का नशा करवाना उनका मजाक था या कुछ और, यह रूबी दी को आज भी समझ में नहीं आता। होली का दिन था और सुधीर न जाने कहाँ से भाँग ले आए थे। गौरी के साथ षड्यन्त्र रचकर वह हरी-हरी, कुछ खारी ठंडाई पीने के लिए जब उन्होंने आग्रह किया, तो रूबी दी मना नहीं कर पाई थीं। सुधीर जैसे आदमी का ऐसा कुछ करना उनकी कल्पना के परे था। ठंडाई पीते हुए रूबी ने आश्चर्य प्रकट किया था कि उसका स्वाद कुछ विचित्र तरह का है। 'पी जाओ, पी जाओ'—कहकर सुधीर अखबार पढ़ते रहे थे। उनके पूरी ठंडाई पी जाने के बाद वे और गौरी एक-दूसरे को देख मुसकराने लगे थे। रूबी को अचानक बहुत हँसी आई—यह सोचकर कि गौरी का चेहरा सुधीर से इतना मिलता है कि अगर गौरी के चेहरे में थोड़ा-बहुत हेर-फेर कर दिया जाए, तो वह सुधीर बन जाएगी। उन लोगों को यह बताने के लिए रूबी ने अपना मुँह खोला, तो हँसते-हँसते सारे शब्द गड्डमड्ड हो गए थे। गौरी और सुधीर भी खूब हँस रहे थे। रूबी उन्हें यह बताना चाहती थी कि वह समझ रही है कि उन लोगों ने ठंडाई में भाँग मिलाई है, पर उस पर कुछ असर होनेवाला नहीं है, पर हर बार दो शब्द बोलते ही हँसी का दौरा पड़ जाता।

रूबी अचानक हँसते-हँसते थककर चुप हो गई थी। उसने बगीचे में पेड़ों के अन्दर से दिखते आसमान को देखा, तो हरा रंग और अधिक हरा, नीला रंग और अधिक नीला दिखाई पड़ा। दुनिया अद्भुत सुन्दर हो गई थी। अचानक एक सत्य—जीवन का मूल सार—रूबी के दिमाग में प्रकट हुआ। ईश्वर, प्रकृति और अपने अस्तित्व के एकत्व की अलौकिक अनुभूति। रूबी ने आँखें बन्द कर लीं। उसने अभी-अभी जीवन की, दुनिया की, ब्रह्मांड की हर समस्या को जड़ से समझकर उसका हल कर दिया था। पर सुधीर के कुछ चिन्ता-भरे स्वर 'क्या हुआ, रूबी, क्या हुआ' ने वह सत्य उससे एकबारगी छीन लिया। रूबी रो पड़ी।

गौरी ने उसके गले में हाथ डाल दिया था और पूछ रही थी, "माँ, क्या हुआ तुमको?" रूबी ने गौरी को चिपटाकर पागलों की तरह चूमना शुरू किया, "मेरी बच्ची, मेरी प्यारी-सी, छोटी-सी गुड़िया, मेरी जान।" "माँ छोड़ो न, क्या कर रही हो"—गौरी ने अपने को छुड़ा लिया। अचानक प्राणान्तक वेदना से रूबी चिल्लाकर हू-हू रो पड़ी थी, "यह, मेरी लड़की, मेरे पेट से पैदा हुई, मुझे रत्ती भर प्यार नहीं करती। मैं इसके लिए जान भी दे दूँ, तो भी यह मुझे प्यार नहीं करेगी।" गौरी उससे लिपटकर कह रही थी, "करती हूँ, माँ, बहुत करती हूँ", पर रूबी, "नहीं, नहीं", कहती जार-जार रोए जा रही थी। रोते-रोते ही वह गहरी नींद में सो गई थी।

इस अनुभव के बाद रूबी दी के अन्दर न जाने कैसे कुछ बदल गया। अचानक नशे से लड़ने का उनका संकल्प क्षीण हो गया। वे बहुत गहरी थकान महसूस करने लगीं। रोज पाँच घंटे इतना मानसिक-शारीरिक श्रम करना उन्हें बहुत अखरने लगा। वे बच्चों को सही तरह से वक्त नहीं दे पातीं, बच्चे उनसे उस तरह प्यार नहीं करते जैसे दूसरे बच्चे अपनी माँओं से करते हैं, जया इतनी चुप क्यों रहती है—ये सारी बातें उन्हें परेशान करने लगीं। 'आशियाना' को अब उनकी इतनी जरूरत नहीं है—डॉक्टर हैं, नर्सें हैं, दूसरे समाजसेवी हैं जो यह काम करते-करते अनुभवी हो गए हैं। अगर वे न रहें, तो ये सारे लोग खुश ही होंगे क्योंकि वे अपनी तरह से काम कर सकेंगे। रूबी दी हर समय सबके सिर पर सवार रहती हैं। धीरे-धीरे उनकी प्रियता कम होती-होती इतनी कम हो गई है कि कई बार उन्हें लगता है जैसे सब उनसे एकजुट होकर चिढ़ रहे हों। रूबी दी यह सोच रही थीं कि सुधीर को अचानक पहला हार्ट-अटैक हुआ था। अपने-आप ऐसा कारण बन गया था कि रूबी को इस काम से दूर हट जाना पड़ा था। रूबी ने ईश्वर की मरजी समझकर इसे स्वीकार कर लिया था।

इधर वापस नशाखोरी बढ़ रही है। रूबी दी ने सुना है कि नशीली दवाओं का धन्धा दुनिया का सबसे लाभदायक काम है क्योंकि लाभ का प्रतिशत अकल्पनीय है। अब तो कलकत्ता शहर में जगह-जगह चिकित्सा-केन्द्र खुले हुए हैं, जो नशेबाजों को मुक्ति पाने में मदद करते हैं। यासीन को वे आज ही फोन करेंगी कि अपने जामाता को किसी तरह एक बार उनके पास ले आए। यदि उनका तुक्का सही है और नशे की लत के कारण उसने अपनी जिन्दगी तबाह कर रखी है, तो उसे शायद ठीक किया जा सकता है। क्या पता फरहा को वही आशियाना दिया जा सके, जिसमें वह रहना चाहती है।

आत्महत्या के विरुद्ध

सविता लगभग पूरी तरह स्वस्थ हो गई। रूबी दी ने देखा कि बिना उनके कुछ कहे धीरे-धीरे अपनी इच्छा से वह रूबी दी का चौका सँभालने लगी। रूबी को इस बात से कुछ आश्चर्य, कुछ प्रसन्नता और कुछ आशंका एक साथ हुई। पहले ही दिन खाने में इतना स्वाद आया कि रूबी दी ने हँसते हुए सोचा कि कहीं कालूचरण की बीबी श्यामा के ऊपर पाँच साल पहले की तरह फिर कोई जिन तो सवार नहीं हो गया। पिछली बार वह रात को तीन-तीन बजे तक घर की एक-एक चीज रगड़-रगड़कर पोंछती रहती थी—इस बार किसी रसोइये का जिन लगता है। तब पता चला कि खाना उसने नहीं, सविता ने बनाया है। उन्हीं तेल-मसालों-सब्जियों से इस लड़की ने कैसा चमत्कार कर दिया है ! बरसों से कालूचरण की बीबी के हाथ का खाना खा रही हैं। रोज एक-सा खाना बनाती है भली औरत। कुछ भी उसमें नहीं बदलता। दिन में वही आलू-दाल-हरी सब्जी और रोटी। रात को आलू-कढ़ी-हरी सब्जी और रोटी। रूबी दी ने आज के पहले यह सोचा ही नहीं कि सविता ऐसे खाने को खाकर कितनी अतृप्त रही होगी। जिस आदमी को इतना अच्छा खाना बनाना आता हो, उसके लिए तो श्यामा के हाथ का खाना खाकर घोर कष्ट होगा। लेकिन बेचारी पी.जी. में भी तो मिसेज सूद की दाई के हाथ का खाना ही खाती होगी। वहाँ कौन-सा अच्छा खाना मिलता होगा? कितनी सुघड़ता और नफासत है इसके सब कामों में, रूबी दी ने सोचा। छोटे-से-छोटा काम भी कितनी तल्लीनता से और सफाई से करती है—'मिडिल क्लास बैकग्राउंड' जो है, रूबी दी के मन में आया।

ऐसा खयाल आने के लिए रूबी दी ने अगले ही क्षण अपने को धिक्कारा। कितने शर्म की बात है दूसरे लोगों की अच्छाइयों-बुराइयों को उनके 'क्लास' में रखकर देखना। पर पता नहीं कहाँ से रूबी दी के मन में इस तरह की बातें चली आती हैं, वे खुद नहीं जानतीं। उनके एक दूर के रिश्तेदार किशोर बाबू दिल की बाइपास सर्जरी करवाकर सिर पर स्ट्रेचर के लोहे से चोट लगने के बाद कुछ सनक गए थे। पागलों की तरह तीन-तीन गाड़ियाँ होते उनमें न बैठकर

सड़कों पर पैदल घूमते रहते थे। किशोर बाबू की लड़की 'परामर्श' में रूबी दी से इस मसले पर सलाह माँगने आई। रूबी दी ने उससे कह दिया कि असल में किशोर बाबू का बचपन में जैसा 'मिडिल क्लास बैकग्राउंड' रहा था, उसके कारण वे बचपन की स्मृतियों में भटकते-भटकते अपने गाड़ीविहीन बचपन में चले गए हैं। जब वे वर्तमान में लौटेंगे, तो यह मर्ज अपने आप ठीक हो जाएगा। इस बात से वह लड़की इतनी उफन गई कि उसने रूबी दी को पाँच मिनट तक धाराप्रवाह खरी-खोटी सुनाई—"समझती क्या हैं आप खुद को? आपका सारा इतिहास—सारा 'अपर क्लास' मैं अच्छी तरह जानती हूँ", और न जाने क्या-क्या बोली थी वह। उस दिन रूबी दी को सचमुच लगा था कि उनमें और 'वामा स्टडी ग्रुप' की उस एक्स-प्रेसीडेंट की पत्नी में कोई अन्तर नहीं, जो उनसे 'अपना मकान है या किराए का' पूछकर निमन्त्रण स्वीकार करती है। वे इस लड़की को बताना चाहती थीं कि खुद उनकी लड़की गौरी गाड़ी में न बैठकर बस में यूनिवर्सिटी जाती थी क्योंकि वह यह प्रमाणित करना चाहती थी कि वह अपने पिता के बचपन की तरह 'मिडिल क्लास' है और अपनी माँ के 'अपर क्लास' चोंचलों से कोसों दूर रहना चाहती है। पर वे उसे कुछ बता नहीं पाई थीं, क्योंकि वह कुछ भी सुनने को तैयार नहीं थी। 'स्नॉब', 'हिपोक्रेट', 'अपने को क्या समझती हैं आप'—हिन्दी-अंग्रेजी में वह जो-सो बकती जा रही थी। तब से रूबी दी जुबान पर लाना तो दूर, किसी को अपने मन के अन्दर भी मिडिल क्लास, लोअर क्लास बोलने से बचती थीं। और फिर सविता की सफाई की आदतों और कुशलता को 'मिडिल क्लास' मानना तो गलत ही होगा, क्योंकि गौरी अपने को 'मिडिल क्लास' बनाना चाहते हुए भी कितनी अव्यवस्थित थी। पूरे कमरे में सामान फैलाए रखती—किसी तरह अपने आलस और लापरवाही से मुक्त न हो पाती।

"तुमने आलूदम में क्या डाला है? गजब का स्वाद आ रहा है"—रूबी दी ने कहते हुए यह सोचा कि अगर उनकी अच्छे खाने की आदत पड़ गई, तो इस लड़की के जाने के बाद उनका क्या होगा ? "कुछ तो नहीं। वही आपके मसालदान में जो मसाले थे। हाँ, एक इलायची और थोड़ी दालचीनी सिलबट्टे पर पिसवाकर डाली और थोड़ी-सी चीनी मिठास के लिए।" ओह, तभी ऐसा स्वाद आया है। माँ भी महाराज को कहकर थोड़ी चीनी डलवाती रही होंगी आलूदम में। एकदम नामालूम-सी, पर उससे स्वाद कैसा बदल जाता है। इस आलूदम में वही पचास साल पहले का पुराना स्वाद है। इस स्वाद को जीभ कभी की भूल चुकी थी। और यह खुशबू! यह इलायची की होगी। उसके बाद आए दिन रूबी दी भूले-बिसरे छोले, कैरी का दिव्य मीठा पना, पत्ता गोभी की अनोखी सब्जी, मटर के पराँठे और गुँआरपाठे की पूड़ी वगैरह-वगैरह खाती रहीं। उन्होंने ध्यान

दिया कि कालूचरण और श्यामा दोनों के मुँह फूले हुए रहते हैं। क्या बात है, उन्होंने पूछना चाहा। पर यह सोचकर चुप रह गईं कि यदि सविता के कारण ये लोग चिढ़े हुए हैं, तो पूछने से कोई फायदा नहीं। इन्हें भी तो अच्छा खाने के लिए मिल रहा है। ऊपर से काम कम करना पड़ता है, तब भला किस बात की नाराजगी? यह इनसान के जीवन की सबसे बड़ी ट्रेजेडी नहीं तो और क्या है कि उसे अपने पास के लोगों में लगातार तालमेल बैठाते रहना पड़ता है—सिर्फ इसलिए कि वे किसी तरह एक साथ नहीं रह सकते।

इसी तरह चलते-चलते एक दिन खाने का वही पुराना ढर्रा लौट आया। साफ जाहिर था कि खाना श्यामा ने बनाया है। रूबी दी ने देखा कि श्यामा उस दिन खुश-खुश थी। सविता ने चिगल-चिगल कर बहुत थोड़ा-सा खाना खाया। रूबी दी ने देखा कि उसकी रोटी कहीं कच्ची और कहीं जली हुई थी। रूबी दी की समझ में नहीं आया कि क्या करें? श्यामा को समझाएँ? या इस लड़की को कि किसी तरह उनके पुराने आदमियों को खुश रखकर चले। तनाव के कारण रूबी दी की भूख भी हवा हो गई। बड़ी-बड़ी संस्थाओं की बात करते हैं कि वहाँ चार आदमी मिलकर चार दिन एक बढ़िया काम नहीं कर सकते—तुरन्त राजनीतिक दलबन्दी शुरू हो जाती है। यहाँ तो इने-गिने दो जन हैं—ये भी आपस में पॉलिटिक्स खेलने लगे? रूबी दी का मन एकदम खराब हो गया। उन्हें सविता और श्यामा दोनों पर ही बहुत गुस्सा आया। वे उठकर चौके तक गईं—"क्या बात है श्यामा? दो दिन के लिए कोई मेहमान आए, तो अखरने लगता है तुम्हें? ऐसे तो मैं आड़े दिन किसी को खाने पर बुलाती नहीं, कभी बुलाती हूँ तो महाराज आकर खाना बना जाता है। अब इस डेढ़ मुट्ठी हाड़ की लड़की को भी तुम ठीक से खाना नहीं डाल सकती?" श्यामा ने आज तक उनके सामने जुबान नहीं चलाई थी। आज तमककर बोली—"तो मेहमान से कहिए कि मेहमान की तरह रहे। हम आपकी नौकरी कर रहे हैं, इस छोकरी की नहीं। तेवर तो देखिए उसके। जब देखो हुकुम चलाती रहती है। बात करने का ढंग तक नहीं। कोई उसके जरखरीद गुलाम नहीं हैं हम लोग।" रूबी दी गम खाकर रह गईं। हो सकता है कि श्यामा से यह लड़की अच्छा व्यवहार न करती हो। यह श्यामा, सीधी-सादी औरत, बिना बच्चोंवाली, शान्ति से इतने बरसों से यहाँ पड़ी है। आज तक इसकी ऊँची आवाज नहीं सुनी। सायरा को अपनी लड़की की तरह रखती है। अचानक इसे क्या हो गया है, उनकी समझ में नहीं आया। उन्होंने कुछ और न बोलना ही फिलहाल उचित समझा।

रूबी दी कुछ हाँफती हुई-सी आकर बरामदे में बैठ गईं। सामने से सोनपाखी उड़कर चली गई, पर रूबी दी का मन वैसे ही खिन्न रहा। इसे कहते हैं न अंग्रेजी में—प्याले में तूफान। हद है। दो आदमी अच्छी तरह रह नहीं सकते! क्या तो

इनका आपस में लेन-देन है? क्या झगड़े का आधार है? कालूचरण और श्यामा को छोड़ने की वे सोच भी नहीं सकतीं। यह लड़की तो जाएगी ही—आज नहीं तो कल। आखिर इसका जन्म भर का ठेका तो वे ले नहीं सकतीं। तभी सविता धीरे से आकर बरामदे में उनके पास बैठ गई। कभी गौरी और जया को इस तरह नौकर-चाकरों से सम्बन्ध बिगाड़ते नहीं देखा। कादम्बरी ने कैसे दरबार लगा रखा था कालूचरण और श्यामा का। कैसे हँस रहे थे तीनों किसी बात पर। सचमुच 'गुड ब्रीडिंग' जैसी कोई चीज है, उनके मन के अन्दर के अन्दरतम तहखाने से फिर आवाज आई। उन्होंने उसे दबाकर सविता की तरफ देखा। उनकी निगाह में प्रश्न था। सविता आँखें झुकाकर अपनी हस्तरेखाओं की ओर देखने लगी। एक मिनट तक निविड़ सन्नाटा छाया रहा। फिर उसने कहा, "मेरी तकदीर ही ऐसी है, रूबी दी। मैं जहाँ भी रहती हूँ, हमेशा कोई-न-कोई ऐसा जरूर वहाँ रहता है, जिसे मेरा साँस लेना भी अखरता है। बचपन में बगल में ताऊजी रहते थे। बहुत प्यार करते थे। उनके पास चली जाती थी, इसलिए पिताजी नाराज रहते थे। कितनी बार इस बात के लिए मारा। कहते थे कि ताऊजी ने इस पर जादू-टोना करवा रखा है। माँ मरीं, तो कहा, यह सब ताऊजी ने करवाया और इस लड़की की शह से। यह भागी-भागी वहाँ जाती थी, उनका दिया हुआ न जाने क्या-क्या खाती थी। उसी से यह बला आई है इस घर पर। माँ की लाश के सामने उन्होंने मुझसे यह सब कहा।"

रूबी दी को सिर से पैर तक झुरझुरी हुई। कैसे-कैसे लोग हैं इस दुनिया में ! कितनी ऊलजलूल बातें भरी हैं उनके दिमाग में। और यह लड़की अभी उन्हें ये सब बातें क्यों बता रही है? भला इस बात का श्यामा से क्या ताल्लुक! उन्होंने कुछ चिढ़ के साथ सविता को कुछ कहने के लिए मुँह खोला, पर चुप रह गईं। सविता अपनी हस्तरेखाएँ देखती जा रही थी। उस लड़की की निरीहता पर उन्हें गुस्से के बजाय तरस आया। बेचारी यों ही दुखी है, इसे कुछ कहने से इसे और दुख होगा। "उसके बाद, रूबी दी, पिताजी ने भाई की शादी की। फिर खुद दूसरी शादी कर दूसरे घर में चले गए, और मैं भाई-भाभी के साथ रहने लगी। अब आपको क्या बताऊँ भाभी के रंग-ढंग! सुबह दस बजे तक बिस्तर से नहीं उठती। घर-बार, पति किसी से कोई मतलब नहीं। सारा घर बिखरा रहता। उसके सोते-सोते ही भाई ऑफिस चला जाता। मैं क्या करती? मैंने घर का सारा काम सँभाल लिया। भाई शुरू में तो खुश हुआ, फिर बात-बात पर चिढ़ने लगा। भाभी मेरा बनाया खाना न खाकर बाहर से खाना मँगवाकर खा लेती। मैं भाभी की आँखों में काँटे की तरह रड़कने लगी। एक बार भाई ने मुझे किसी छोटी-सी बात पर बेल्ट से मारा। मैंने गुस्से में कह दिया कि तुमने क्या समझा है, मैं तुम्हारी मार खाकर नहीं रहनेवाली, तुम्हारी जान ले लूँगी। उसने

पुलिस थाने में मेरे खिलाफ डायरी लिखवा दी कि उसकी जान पर खतरा है–" गला रुँधने से वह चुप हो गई और आँखों की कोरों को पोंछने लगी।

रूबी दी अवाक् रह गईं। आज तक, इतने दिन तक, इसने यह बात छिपा रखी थी। इसने तो यह बताया था कि भाई ने उसकी शादी में न सिर्फ काफी रुपए खर्च किए थे, बल्कि बहुत दौड़-धूप भी की थी। शादी के पहले उसे हेपेटाइटिस हो गई थी, तो चार-पाँच डॉक्टरों को दिखाकर उसका इलाज करवाया था। पर बाद में न जाने क्यों बदल गया था। पुलिस थाने में कुँवारी बहन के खिलाफ डायरी! ऐसा तो कभी देखा न सुना। "दरअसल बात तो यह थी कि पापा घर में मुझसे मिलने आते, तो भाई को लगता कि वे उसकी बीबी पर डोरे डाल रहे हैं। वह खुद उनसे सट-सटकर बैठती। मैंने कहा, तो वे सब मेरे खिलाफ हो गए। पापा भी, भाई-भाभी भी। भाई ने मुझसे कहा कि वह पापा का बदला मेरे साथ ठीक वही करके मुझसे लेगा"–कहते-कहते सविता ने अपना चेहरा दोनों हाथों से ढक लिया।

रूबी दी को अचानक एक रात को देखा वह स्वप्न याद आया–सविता उन्हें एक कमरे में ले गई थी जिसमें नंगे-ही-नंगे लोग भरे थे और बोली थी, इनसे मिलिए रूबी दी, ये मेरे पापा हैं। इससे मिलिए रूबी दी, यह मेरा भाई है। हे भगवान, तुमने यह कैसी दुनिया बनाई है! आदमी में कितना जहर भरा है। यह अच्छी-खासी लड़की, इसे यह सब क्या-क्या सहना पड़ा है। आदमी नफरत में, बदले की भावना से इस तरह अन्धा हो सकता है? इतना गिर सकता है? और जो गिरा, उसमें भी तो अच्छाई थी। वह कोई राक्षस तो नहीं था–जिसने बहन का इलाज करवाया था, उसकी शादी में दौड़-धूप की थी।

सविता ने अपने को सँभाल लिया था। उसने अपने चेहरे से हाथ हटाया। फिर उन आँखों ने रूबी दी को उसी तरह देखा, जैसे मिसेज सूद के पी.जी. में देखा था। उन आँखों में घोर शर्मिन्दगी थी अपनी हालत पर, और थी मूक प्रार्थना–उसकी स्थिति को समझने की, उसे उसकी हालत पर न छोड़ देने की। रूबी दी का दिल काँप गया। हे प्रभु, मुझे शक्ति दो, कि मैं इस लड़की के साथ खड़ी रह सकूँ। उसका तिरस्कार कर उसे छोड़ने की न सोचूँ। इस लड़की का क्या दोष है कि इसे इस नरक से गुजरना पड़ा। इसके साथ जीवन में एक दुर्घटना घटी कि इसकी माँ का किसी ने कत्ल कर दिया। पर उसके बाद इस तरह एक-के-बाद-एक दुर्घटनाओं का सिलसिला! यह तो कोई न्याय नहीं है।

"आगे सुनेंगी रूबी दी? आज सुन ही डालिए मेरी पूरी बात। शादी के बाद दिल्ली गई, तो पति ने तो जो किया, सो किया ही। रूसी लड़कियों के साथ, जो शायद वेश्याएँ थीं और कुछ धन कमाने बीच-बीच में दिल्ली चली आती थीं, रात-रात भर घूमता। ऊपर से सास ने क्या किया? सारे नौकरों को लड़-झगड़कर

निकाल दिया। सारा काम सिर पर आ गिरा। मैं दिन-रात खटनी करती, पर सास मेरे हर काम में नुक्स निकालती। हर बात पर कहती, 'कहाँ से कलकत्ते की यह बेवकूफ हमारे पल्ले पड़ गई!' यह बात सुनते-सुनते सचमुच मुझे विश्वास हो चला कि मैं एकदम बेवकूफ हूँ। आप ही कहिए, रूबी दी, आपको क्या मैं ऐसी पागल या मूर्ख दिखती हूँ? उस औरत ने मेरा जीना ऐसा हराम कर डाला कि मैं दिन भर काम करती और रात भर रोती। आखिर बीमार पड़ गई। यही रीढ़ की हड्डी में दर्द। तब उन लोगों ने मेरी एड्स तक के लिए टेस्टिंग करवाई। जब उन लोगों को डॉक्टर ने कहा कि मुझे आराम की सख्त जरूरत है, तो सास ने मुझे जबर्दस्ती कलकत्ते भेजकर चैन की साँस ली।

''यहाँ आई, तो फिर वही। भाई-भाभी के घर निभाव मुश्किल था, पापा ने कहा—कुछ दिन मेरे पास आकर रहो। वहाँ रही तो उनकी वह दूसरी औरत मुझे फूटी आँखों नहीं देख सकती थी। उसे लगता कि उसके आवारा लड़के को पापा ने मेरे कारण घर से निकाल दिया है। रोज झगड़ा होता। वह रोज घर छोड़कर जाने की या मरने की धमकी देती। मुझे चौके में घुसने नहीं देती जैसे मैं अछूत हूँ। खुद मन आता, तो खाना बनाती। नहीं तो सब भूखे सो जाते। पापा को मेरे बारे में न जाने क्या-क्या सच-झूठ सिखाती। एक दिन पापा ने आधी रात को मुझे सोते हुए नींद से उठाया। वे इतने जोर से मेरे कमरे का दरवाजा भड़भड़ा रहे थे कि मुझे लगा कि दरवाजा टूट जाएगा। मैंने आधे होश में अकबकाकर दरवाजा खोला था कि वे मुझे धमाधम मारने लगे। बुरी तरह कुछ-कुछ बकते जा रहे थे, ''पैदा हुई जबसे जीना-मरना एक बराबर कर रखा है। अब भी चुड़ैल पीछा नहीं छोड़ती। एक को तो खा गई, अब इसे भी खाकर छोड़ेगी।'' मेरी क्या गलती थी, मुझे बताया नहीं गया। रात को ही मेरा सामान बाहर फेंकने लगे। किसी तरह सीढ़ियों पर बैठकर मेरी रात बीती। सुबह मैं अपनी एक बचपन की सहेली के घर गई, जिसके डॉक्टर पिता मुझे हमेशा अपनी बेटी की तरह मानते थे। उन्होंने मेरी दवा-दारू की। तीन दिन मैं बुखार में तपती रही। फिर ठीक होने पर उन्होंने मिसेज सूद के पी.जी. में रखवाया। अब देखिए मेरी तकदीर, कि वहाँ उनकी पुरानी दाई है, जो मुझसे बिना वजह इस तरह चिढ़ती है जैसे मैं उसकी पिछले कई जन्मों की दुश्मन हूँ। किसी तरह मैं दिन काट रही हूँ। मिसेज सूद मेरे बजाय अपनी दाई की बातों को सच मानती हैं। जब-तब आकर मुझ पर चिल्लाने लगती हैं और सामान बाहर फेंकने की धमकी देने लगती हैं। अब यहाँ भी...''—कहते-कहते उसका गला फिर भर आया और वह चुप हो गई।

उसकी बातों से रूबी दी का दिल दहल आया था। आज तक इतने दुखी लोगों के सम्पर्क में आईं, पर ऐसा तो किसी के साथ नहीं होता कि सबके होते हुए भी कोई न हो। कोई एक कम-से-कम होता है सबके पास जिसे उसके कष्ट

से बराबर का कष्ट होता है। अचानक रूबी दी के मन में एक बात आई—मुझे एक काम करना होगा। इसके सिवाय और कोई चारा नहीं। इस लड़की के तलाक की कार्यवाही हो चुकी है—पति के अदालत में हाजिर न होने के कारण 'एक्स पार्टी'—इकतरफा तलाक हो गया है। दूसरा केस इसने मासिक खर्च के लिए किया है। वह न जाने कब तक चलेगा। इस बीच मुझे इस लड़की के लिए एक मन-मुआफिक वर खोजना पड़ेगा। अभी इसे कुछ नहीं बताऊँगी। पहले खुद खोज लूँ किसी को, तब इसे समझा-बुझाकर इसकी दूसरी शादी करवानी होगी। कब तक चलेगा इस तरह इसका जीवन! आज के बीस साल बाद क्या होगा? अभी तो इसके सामने सारी जिन्दगी पड़ी है। इसके लायक कोई-न-कोई तलाकशुदा आदमी मिल जाएगा—आजकल तलाक तो बहुत होने लगे हैं। बस बच्चोंवाला नहीं होना चाहिए। ऐसा लड़का भी चल सकता है, जिसकी बीबी किसी बीमारी से या एक्सीडेंट में मर गई हो। वैसे चलने को तो कोई तीस-बत्तीस साल का कुँवारा लड़का भी चल सकता है, बशर्ते उसे किसी तलाकशुदा लड़की से शादी करने में कोई आपत्ति न हो।

रूबी दी का मन उत्साह से भर गया। अपने हर जान-पहचान वाले को कहेंगी—किसी-न-किसी की जान-पहचान में ऐसा कोई लड़का मिल ही जाएगा, जो सविता को पसन्द कर ले और जो सविता को पसन्द आ जाए। उनकी जान-पहचान का दायरा कोई छोटा-मोटा नहीं है। चलो, यह जान-पहचान उनकी दोनों लड़कियों के काम न आई तो न सही, सविता के काम आ जाए, तो उसकी सार्थकता सिद्ध हो जाए। कादम्बरी को भी कह दें क्या? नहीं, नहीं, उसे कहना ठीक नहीं रहेगा। वह खुद बच्ची है। पर प्रीति को जरूर लिख देंगी। मेघालय का होगा, तो क्या बुराई है, प्रीति थोड़ा-बहुत शुरू-शुरू में ध्यान रख लेगी। उसका बताया हुआ लड़का गलत नहीं हो सकता।

रूबी दी के अगले पन्द्रह दिन इसी काम में बीते। किसी का फोन आता, उनके पास एक ही बात थी। घर के बाहर निकलतीं, तो जो मिल जाए, उसे यही कहतीं, कोई अच्छा-सा लड़का बताओ। एक तलाकशुदा लड़की है। हिन्दी भाषी लड़का चाहिए, नहीं, बंगाली नहीं चलेगा। लड़के की भी दूसरी शादी हो, यही ज्यादा ठीक रहेगा। पर पहली शादी क्यों टूटी, इसकी सही वजह पता होनी चाहिए। कहीं कोई चक्कर न हो। आजकल किसी का कोई भरोसा नहीं रह गया है। लोग इतना झूठ बोलते हैं। वैसे हम तहकीकात कर लेंगे, पर फिर भी। कुछ लोगों ने कुछ लड़के बताए, पर एक भी रूबी दी को नहीं जमा। कोई ग्रेजुएट तक नहीं था, किसी की आर्थिक हालत एकदम तंग थी, किसी का घर एकदम बस्ती इलाके में था, किसी के बारे में पता चला कि वह अपनी पहली बीबी को बहुत मारता था। वगैरह-वगैरह। पन्द्रह दिनों में रूबी दी को समझ में आ गया

कि उनकी जान-पहचान के दायरे में लड़का खोजना उतना आसान नहीं जितना उन्होंने सोचा था। किसी ने सलाह दी कि एक दलाल लगा लो। कई धुरन्धर दलाल हैं शहर में, जो एक घंटे में बीस लड़के हाजिर कर सकते हैं। शहर का कोना-कोना उनकी जानकारी में है कि कहाँ पर शादी के लायक लड़के बैठे हैं, उनकी क्या हैसियत है, उन्हें कितना दहेज चाहिए, उनकी क्या शर्तें हैं वगैरह-वगैरह।

रूबी दी को दलालवाली बात कतई नहीं जमी। उन्हें वह दलाल याद आया, जिसे माँ ने खुद उनकी शादी करवाने के लिए लगाया था। खूसट बूढ़ा पण्डित, जिसके रग-रग से टपकता था कि कि वह कितना घाघ है। पान चबाता रहता और झूठी चापलूसी करता रहता। अप्रिय सत्य को हमेशा मन में दबाए ऊपर से मीठी-मीठी बातें करता रहता। सतपीढ़िया शाह की लड़की के लिए वर की क्या कमी? रूबी को समझ में आता था कि माँ उससे कितनी नफरत करती होंगी। माँ की उसे झेलने की मजबूरी भी वह न समझती हो, ऐसी बात नहीं थी। अपने बराबर के घर में रूबी का सम्बन्ध होने में अनेक दिक्कतें थीं—एक तो गोद ली गई लड़की, वह भी कानूनन न ली हुई। दूसरे, उसके कोई भाई नहीं। माँ-बाप कितने दिन के होते हैं। पीहर आखिर तो भाई से होता है। सबसे बड़ी बात पिताजी की फाटके में खोई हुई साख और धन-सम्पत्ति। इन सारी बातों में और एक बात अनायास जुड़ गई थी—रूबी की पढ़ाई। चूँकि शादी नहीं हो रही थी, इसलिए रूबी पढ़ती गई और उसके योग्य लड़का मिलना और मुश्किल होता गया। इसके साथ उम्र बढ़ती गई और उन दिनों अठारह साल की लड़की के लिए लड़का खोजना हथेली पर सरसों जमाने के बराबर था। प्रायः लड़कों की शादी सोलह-सतरह की उम्र तक हो चुकी होती थी और लड़कियों की तेरह-चौदह की उम्र तक। अन्त तक पहुँचते-पहुँचते माँ इतनी उतावली हो गई थीं कि उन्हें लगने लगा था कि किसी गुजराती से भी सम्बन्ध जोड़ा जा सकता है। सिर्फ भाषा का ही तो फर्क है, और तो खान-पान, पहनना-ओढ़ना लगभग एक-सा है। और वह दलाल, उसकी हिम्मत तो देखो, कभी किसी काने-लूले लड़के का सम्बन्ध ले आता, कभी किसी विधुर का। उन दिनों बच्चे पैदा करने में औरतें मरती भी इतनी थीं कि इस तरह के सम्बन्धों की कोई कमी नहीं थी। आखिर खुद माँ पिताजी की दूसरी पत्नी थीं। पिताजी की पहली पत्नी तो किसी सेठ दूलीचन्द या किरोड़ीमल ऐसे ही किसी नामी सेठ की लड़की थी, जिसके नाम से पूरा शहर झुककर सलाम करने लगता था। पर माँ को रूबी का विवाह किसी विधुर से करना किसी तरह जँचता नहीं था। यह तो सुधीर ने पता नहीं किस धुन में शादी नहीं की थी और उनके लिए कुँवारे बैठे थे कि रूबी का विवाह हो पाया वरना तो रूबी को शायद आजीवन कुँवारी रहना पड़ता।

सविता की शादी के लिए किसी दलाल को बीच में रखने की युक्ति रूबी दी को समझ में नहीं आई। एक दिन रविवार को सुबह 'द टेलीग्राफ' अखबार उलटते-उलटते उनका ध्यान 'मैट्रिमोनियल' कॉलमवाले पन्नों पर चला गया। उनका दिल उछल पड़ा। अरे, पहले खयाल ही नहीं आया, अखबार से अच्छा, निष्पक्ष, न खिझानेवाला दलाल और कौन हो सकता है? रूबी दी ने तुरन्त 'वधू चाहिए' वाला कॉलम देखना शुरू किया। उसे पढ़कर उन्होंने 'वर चाहिए' वाले कॉलमों पर दृष्टि दौड़ानी शुरू की। संख्या में लड़कों को खोजने के लिए दिए गए विज्ञापन लड़कियाँ खोजने के विज्ञापनों से बीस गुने ज्यादा थे। रूबी दी को इन्हें पढ़कर बंगालियों के बारे में कुछ ऐसी बातें मालूम पड़ीं, जिन्हें उन्होंने इतने बरसों में जाना नहीं था। आदमी और आदमी के बीच के फर्क : ईस्ट बंगाली, वेस्ट बंगाली–चटर्जी, बनर्जी, मुखर्जी, भारद्वाज ब्राह्मण के अलावा नमोशूद्र, कर्मकार, सद्गोप, बारुजीवी, तन्तुवाय, गन्धबनिक, सुवर्णबनिक, नाथ आदि कितनी जातियाँ-उपजातियाँ। फिर कायस्थों में भी कश्यप, देवारी, तिलि और न जाने क्या-क्या। रूबी दी सिर्फ इतना जानती थीं कि बंगालियों में कुलीनता का माहात्म्य है, पर जाति-उपजाति का ऐसा आग्रह उनकी कल्पना के परे था। सुधीर के बंगालीपन और अपनी बंगाली सहेलियों के बावजूद वे कितना कम जानती हैं बंगालियों के बारे में। इस आग्रह के बाद उम्र, ऊँचाई, रंग के अलावा खास बातों में मल्टी-नेशनल कॉरपोरेशन में कार्यरत, अपने माँ-बाप की एकमात्र सन्तान, अंग्रेजी मीडियम या कॉनवेंट में पढ़ाई, अपने घर के मकान में रहनेवाला परिवार, आदि-आदि। एकाध में मेष या वृश्चिक या कोई और राशि दी हुई, किसी में ब्लड-ग्रुप 'ओ' प्लस तक दिया हुआ। एक सिर्फ उन्नीस साल की पाँच फुट की लड़की के लिए लड़का खोजनेवाला विज्ञापन देख रूबी दी को आश्चर्य हुआ। अभी से इतनी जल्दी हो गई माँ-बाप को कि अखबार में विज्ञापन दे दिया? एक हाइकोर्ट के रिटायर्ड जज की पढ़ी-लिखी पैंतीस साल की लड़की का विज्ञापन–इसके लिए जज साहब को अभी तक योग्य वर नहीं मिला?

अचानक सविता रूबी दी के पीछे दबे पाँव धीरे से आ खड़ी हुई। रूबी दी उसे देखकर अखबार बन्द करना चाहती थीं, पर उन्हें लगा कि अब छिपाने से कोई फायदा नहीं है। उन्हें सविता का इस तरह जासूसी करना बिलकुल पसन्द नहीं आया। पिछले एक-दो सप्ताह से उसके पाँव घिस-घिसकर चलने की आदत से उन्हें बहुत चिढ़ हो रही थी। कई बार मन में आता कि उसे कहें कि इस तरह क्यों चलती हो, पर चुप रह जातीं। बुरा न लग जाए। अब बिना आहट के इस तरह उनके पीछे आ खड़े होने का मतलब? "किसके लिए लड़का-लड़की खोज रही हैं रूबी दी?"–सविता ने हँसते हुए पूछा। "तुम्हारे लिए"–रूबी दी ने बिना झिझके कह डाला, "तुम्हें दूसरी शादी तो करनी ही पड़ेगी। इस तरह

कब तक चलेगा?" "वह तो खैर बाद की बात है, पर अखबार से मिलेगा आपको लड़का?" सविता हँस रही थी। रूबी दी उसकी हँसी को देखती रहीं—क्या-क्या ढकती है यह हँसी? दुख, अपमान, खीझ, बेबसी, गुस्सा—किस-किस अनुभूति को? "यह सब करके देख चुकी हूँ, शादी से पहले। मेरी मौसी ने पहले इसी तरह चेष्टा की थी, पर सब झूठ लिखते हैं विज्ञापनों में। सौ गुना बढ़ा-चढ़ाकर, या फिर कुछ ऐसा होता है जो छिपा लिया जाता है"—सविता ने कहा, "और झूठ तो सब बोलते हैं। मौसी ने जिसे खोजा, वह उनके दूर की कोई रिश्तेदारी में ही था। पर वहाँ भी झूठ था, जिसे पकड़ा नहीं जा सका और मुझ पर 'शादीशुदा', 'तलाकशुदा' के लेबल लग गए।"

ठीक कहती है लड़की, रूबी दी ने सोचा। फिर यह सोचकर कि कहीं सविता उनका उसके लिए लड़का खोजने का अर्थ यह न लगा ले कि वे उसे अपने घर और नहीं रखना चाहतीं, उन्होंने कहा, "देखो सविता, तुम उम्र में लगभग कादम्बरी के बराबर की हो। मैं तो उसके लिए भी चिन्ता करती हूँ कि अब उसे शादी कर लेनी चाहिए। तुम्हारे साथ एक हादसा हो गया, तो इसका अर्थ यह नहीं कि जीवन खत्म हो गया। अभी तो पूरा जीवन पड़ा है और एक साथी की जरूरत पंछियों को भी होती है। मुझे देखो, इस उम्र में भी सुधीर का न रहना इतना अखरता है, दिन-प्रतिदिन मेरी यह जरूरत कम होने के बजाय और बढ़ती जाती है—सुधीर के साथ ही जरूरत।" रूबी दी चुप हो गईं। इससे ज्यादा और नहीं कह सकतीं। अपनी तकलीफ के बारे में बात करना सही है या गलत, पर अपने उदाहरण से अच्छा और दूसरा उदाहरण आदमी क्या दे सकता है? किसी को अपनी बात पर भरोसा करवाने के लिए वह अपना अनुभव, अपना कष्ट न बताए, तो और क्या करे?

"आपकी बात मैं समझती हूँ, रूबी दी। आप मेरे लिए इतनी तकलीफ कर रही हैं, वह भी देख रही हूँ। लेकिन रूबी दी, अभी तो मुझे उससे बदला लेना है, जिसने मुझे इस मोड़ तक पहुँचाया है। उसे कोर्ट में घसीटना है। उस पर बीस लाख रुपयों का दावा किया है मैंने। उसे देने में उसकी नानी मर जाएगी। अभी तो मुझे एक नई बात का पता चला है—उस पर सी.बी.आई. की इन्क्वायरी बैठी है। उसने किसी सरकारी स्टील कम्पनी और तीन बैंकों के लम्बे रुपए मारे हैं। अब छिपता फिर रहा है। शायद रूस भाग गया है। उस रूसी लड़की से शादी भी कर ली है। मेरे भाई के पास सी.बी.आई. पुलिस आई थी। वहाँ से पता लगाकर मिसेज सूद के यहाँ। कल शाम को उनका फोन आया था। अब देखिए मजा। उसको मैं ऐसे ही नहीं छोड़ूँगी"—सविता की आँखों में रूबी दी ने एक ऐसी चमक देखी, जो पहले उस सीधी-सादी लड़की में कभी नहीं दिखी थी। लेकिन इस चमक में कुछ ऐसा था, जो उन्हें सही नहीं लगा। ठीक है, यदि कोई

रास्ता हो, तो उस बदमाश को जरूर सबक सिखाना चाहिए। पर अपनी भी तो इसे सोचनी चाहिए—खुद बीमार, रुपए-पैसों का ठिकाना नहीं, कोई मददगार नहीं। आखिर यह क्या कर लेगी, अगर कोर्ट में दस साल केस चलता रहा, तब ?

"तुम सकोगी उस दुष्ट से? राजे-रजवाड़े खत्म हो जाते हैं कोर्ट-कचहरी करने में। और फिर जब सी.बी.आई. पीछे पड़ी है, तो तुम्हारा बदला तो ईश्वर ने या उसके कर्मों ने ले ही लिया है। रुपए कहाँ से देगा वह तुम्हें, जब उसकी यह हालत है?" रूबी दी ने समझाने के लिए कहा, "मुझे क्या, कहीं से भी दे, अपने को नीलाम करके दे, चाहे जैसे दे।" सविता ने कहा। उफ़, रूबी दी को भीतर ही भीतर कुढ़न हुई। बदला, बदला—सिर्फ एक ही बात सोच पा रही है। चाहे अपनी एक आँख फूटे, पर उसकी दोनों फूट जाएँ, तो सन्तोष कर लेगी। पर जीवन के इस तर्क के भीतर से जिन्दगी कब फिसलकर निकल जाएगी, इसे पता भी नहीं चलेगा। पर यह तो उनका सोचने का अपना तरीका है, रूबी दी के अन्दर कोई बोल पड़ा, आखिर जो इसने भोगा है, यह वही जानती है। वे इसकी जगह होतीं, तो क्या गारंटी है कि इसी की तरह नहीं सोचतीं। यही मुश्किल है—हर बार की तरह रूबी दी ने अफसोस किया, यही मुश्किल है कि हम किसी तरीके से, किसी उपाय से, किसी ट्रेनिंग से अपने को दूसरे की जगह रखकर नहीं देख सकते कि हम वहाँ होते, तो क्या करते। शायद इसीलिए कहा है, 'जज नॉट'—किसी के बारे में फैसला न करो। ठीक है, एक रास्ता उन्हें सूझ पड़ा, इसके पति के बारे में स्टील के क़ारखानेवाले अपनी एक सहेली ऊषा से पता लगाएँगी कि उसने किस कम्पनी का कितना रुपया मारा है। पता तो चले।

ऊषा भरतिया को उन्होंने सविता के पति का नाम-ठिकाना देकर पता लगवाने के लिए कहा, तो उसका अपना रोना-गाना चल पड़ा, "अब तो सारे उद्योगपतियों की हालत देश के रजवाड़ों की तरह हो गई है। उनके पास बस जमीन-जायदादें बची हैं, उन्हें बेच-बेचकर काम चला रहे हैं। विदेशी पूँजी के नाम पर सरकार ने सब चौपट कर दिया है। हर इंडस्ट्री घाटे में है। कहाँ से कोई करेगा पेमेन्ट—बैंक-लोन हो या लेबरों की मजूरी या कच्चे माल का बिल।" रूबी दी चकराईं। न जाने क्या माजरा है। किसी और से पता करना पड़ेगा कि भरतिया पर भी कोई बैंक भुगतान न करने का केस चल रहा है क्या? लगता है, रॉंग नम्बर लग गया। यदि सचमुच ये लोग मुसीबत में हैं, तो ऊषा सोच सकती है कि रूबी दी जानबूझकर किसी और के बहाने उसकी तहकीकात कर रही हैं। पर सचमुच हर जगह कुछ गड़बड़ तो है—उनकी एक दूसरी सहेली की चीनी मिलें बन्द पड़ी हैं क्योंकि सरकार ने बाहर से इतनी चीनी मँगवा ली है कि चीनी के दाम एकदम गिर गए हैं। सविता कह रही थी कि विलासपुर में उसके मामा की तेल मिल सरकार की नई नीति के कारण बन्द हो गई है। छोड़ो,

रूबी दी ने सोचा, सविता के पति का क्या लफड़ा है, जानकर उन्हें क्या करना है। उन्हें तो सिर्फ इस बात से मतलब है कि वह सविता को रुपए देने की स्थिति में है या नहीं–कहीं सविता बिना मतलब उसके पीछे पड़कर अपनी रही-सही जमा-पूँजी वकीलों की भेंट न चढ़ा दे। देखा जाएगा, कुछ दिन में सच सामने आकर रहेगा।

रूबी दी ने देखा कि श्यामा और सविता में एक सन्धि जैसी हो गई है–न श्यामा सविता से मुँह फुलाकर रखती है और न सविता श्यामा का बनाया खाना पानी से निगलती है। उन्होंने राहत की साँस ली। उनकी नाराजगी के डर से ही सही, कम-से-कम दोनों में एक कामचलाऊ सम्बन्ध तो बना। सविता की कुछ आदतें उन्हें अखरतीं, जैसे उसका जब-तब अपनी सहेलियों से फोन में बातें करना। वे उसे फोन से चिपके देख सोचतीं–न जाने फोन का दो महीने का इकट्ठा बिल इस बार कितने रुपए का आएगा। पर हर बार वे अपने को समझा लेतीं, कुछ ही दिनों की तो बात है। फिर तो बेचारी चली जाएगी। आखिर इसे अपना बिजनेस भी तो चलाना है, नहीं जाएगी तो इसके पास पैसा कहाँ से आएगा। ज्यादा दिन इस तरह यहाँ घर में पड़े-पड़े इसका मन भी कैसे लगेगा। वे तो दो घंटे 'परामर्श' के दफ्तर चली जाती हैं, कभी किसी सहेली के घर, कभी किसी रिश्तेदार के सगाई-ब्याह-मरने-जीने में। यह तो दो महीनों से न कहीं गई, न आई। फोन से अपने सम्बन्ध बनाए रखना इसकी मजबूरी हो सकती है। दुनिया के लोगों को इसकी जरूरत हो न हो, इसे तो सबकी जरूरत है।

और उन्हें? उन्हें इस लड़की की कितनी जरूरत है? रूबी दी ने हर बार की तरह इस प्रश्न को उठने से रोकना चाहा, पर आज रोक न पाईं। कल 'टाइम्स ऑफ इंडिया' में पहले पन्ने पर एक छोटी-सी रपट पढ़कर वे बहुत देर तक अनमनी रही थीं: पैंसठ साल के डॉक्टर सुबोध भट्टाचार्य ने पंखे से फंदा लटकाकर फाँसी लगा ली थी। आत्महत्या के नोट में लिखा गया था कि उनकी आत्महत्या के लिए कोई दूसरा व्यक्ति जिम्मेदार नहीं है। अखबार में यह भी लिखा था कि दो साल पहले डॉक्टर भट्टाचार्य पत्नी की मृत्यु के बाद एकदम अकेले रह गए थे। उनके दोनों लड़के सपरिवार विदेश में बसे हुए हैं। क्या अकेलापन इतना कष्टदायक हो सकता है कि डॉक्टर सुबोध भट्टाचार्य जैसा समझदार आदमी अपना जीवन समाप्त कर ले? डॉक्टर साहब का चेहरा रूबी दी की आँखों के सामने घूम गया। इधर कुछ वर्षों से सॉल्ट लेक में मकान बनाकर चले जाने के बाद से उनसे सम्बन्ध धीरे-धीरे छूट गया था। पहले अलीपुर में रहते हुए वे घर आते तो घर के एक सदस्य की तरह व्यवहार करते थे। बेचारे

मिलनसार आदमी, बातों के शौकीन, अकेले नहीं रह पाए। सविता रहती है तो इस घर में किसी का मुँह-माथा दिखता रहता है। यह सायरा तो हुई न हुई बराबर है और श्यामा भी जुबान सिले हुए ही काम करती है। दिखती ही कम है—खाना बनाया और वापस अपनी कोठरी में घुस गई। आदमी को आदमी का चेहरा देखने की, आवाज सुनने की जरूरत होती है। उनकी एक बंगाली सहेली तृप्ति तो कहती है कि वह घर में कभी अपना टी.वी. बन्द ही नहीं करती। पति से तलाक ले लिया। लड़की शादी करके दिल्ली चली गई। टी.वी. बन्द कर देती है, तो घर खाने को आता है। बुरे-बुरे खयाल आते रहते हैं। रात को नींद नहीं आती। पर रूबी दी का मन टी.वी. में भी नहीं लगता। कुछ देर में ऊब होने लगती है। तृप्ति की तरह टी.वी. उनका साथी नहीं हो सकता। इसलिए उन्हें सविता की जरूरत है। वह जब तक चाहे, तब तक रहे।

तभी अचानक एक दिन वही घटना फिर घट गई, जिसने रूबी दी के जीवन में सतरह साल की उम्र से एक ऐसा अनोखा तत्त्व पैदा कर दिया था, जिससे आज तक वे अपने तर्क-बुद्धि से चलनेवाले दिमाग की कोई संगति नहीं बैठा पाई थीं। रूबी दी का मानना है कि जीवन में कुछ विचित्र नहीं होता। जो कुछ होता है, उसे विज्ञान के आधार पर समझा-समझाया जा सकता है। ज्योतिष-पंडित, झाड़-फूँक, जादू-टोना, जन्तर-मन्तर में न रूबी दी की माँ का विश्वास था और न कभी उनका रहा। माँ ने अपने भीतर कानपुर और कानपुरवालों की आर्यसमाजी मान्यताओं से जो सीखा था, वह था इस तरह के हर ऊलजलूलपन और अन्धविश्वासों से मुक्त रहना। रूबी दी में यह बात इस कदर अन्दर बैठी हुई थी कि जब पूरा भारतवर्ष कह रहा था कि गणेशजी दूध पी रहे हैं, तब चम्मच से दूध खत्म होते देखकर भी रूबी दी किसी तरह इसे सच नहीं मान पा रही थीं। कालूचरण और श्यामा तो उनकी इस जिद से इस तरह खीझ गए थे कि कई दिनों तक उनसे अबोले रहे थे। एक रात को उन लोगों ने देखा कि बांग्ला न्यूज में मोची का सामान फैलाए मनोरंजन व्यापारी अपने लोहे की अहरन (निहाई) को दूध पिला रहा था। उसे देखकर रूबी दी के जी में जी आया था कि दुनिया में कम-से-कम कोई तो है, जो अपनी बुद्धि को ताक पर रखकर इस तरह की बातों में यकीन नहीं कर रहा है। नहीं, इस दुनिया में कुछ भी पारलौकिक नहीं है। यदि कुछ ऐसा लग रहा है, तो यह अज्ञान के कारण पैदा हुआ भ्रम है, जो कभी-न-कभी ज्ञान के प्रकाश में मिट जानेवाला है।

अपने इस दृढ़ विश्वास के कारण रूबी दी सतरह साल की उम्र से अपने साथ हो रही उस घटना को विचित्र नहीं मान रही थीं, जिसे आम भाषा में विचित्र के अलावा और कुछ नहीं कहा जा सकता था। पहली बार यह घटना तब घटी थी जब आजादी के ठीक एक साल पहले कलकत्ते में अगस्त के महीने में भयंकर

मारकाट मची थी। तीन दिनों तक हिन्दू-मुसलमानों के दंगे चल रहे थे और आदिल के प्रेम के राज को मन-ही-मन छुपाए रूबी पूरे तीन दिन इस घटना से बेतरह परेशान रही थी। उसके दो साल बाद आदिल ने जब उसे वह हृदय विदारक पत्र लिखकर सारे कहे-अनकहे वायदों से छुट्टी पा ली थी, तब भी पूरे पाँच दिनों तक रूबी को दोबारा उसी अनुभव से गुजरना पड़ा था, जिसका कोई सिर-पैर नहीं था। शादी के बाद रूबी ने सोचा था कि अब कभी ऐसा उसके साथ नहीं होगा। पर रूबी का ऐसा सोचना समय ने गलत साबित कर दिया था। सुधीर के इंजीनियरिंग कॉलेज के दोस्त यासीन को जब उसने पहली बार खाने पर बुलाया था, तब रूबी दी के पुराने नौकर हरिहर ने एक मुसलमान को घर के बरतनों में खाना परोसने से इनकार कर दिया था। सुधीर को बहाना बनाकर यासीन को उस दिन आने से मना करना पड़ा था। बड़ी मुश्किल से हरिहर के साथ दो दिन में यह समझौता हुआ था कि चाँदी के बरतनों में यासीन को खाना खिलाया जाएगा—चाँदी को शुद्ध धातु माना जाता है, वह कभी अपवित्र नहीं होती। यासीन के जाने के बाद पूरे घर में गंगाजल के छींटे मारकर घर को शुद्ध किया जाएगा। पूरे चौके की धुलाई होगी। तब कहीं जाकर दो दिन बाद यासीन सपरिवार खाने पर आया था।

उन दो दिनों तक रूबी के साथ फिर वही हुआ। पूरे दो दिन रूबी दी परेशान रहीं। किसे कहें? सुधीर को कहेंगी तो पिछली बातों के बारे में भी वे पूछेंगे। पहले कभी ऐसा हुआ था क्या? तब क्या कहेंगी? वे बातें जुबान पर न आएँ, तो गनीमत होगी। इसलिए रूबी दी ने किसी से कुछ नहीं कहा। अपने अन्दर उस घटना को पचा लिया। उसके बाद कुछ बरस तक सब ठीक चला। रूबी दी उन पुरानी बातों को भूलने लगीं। तभी उन्नीस सौ पैंसठ का भारत-पाकिस्तान युद्ध हुआ। रूबी दी ने भी औरों की तरह जोश में देश के वीर जवानों के लिए स्वेटर बुने। तभी उनके बचपन के बूढ़े उस्मान दर्जी का लड़का उनके सिले हुए कपड़े लेकर आया। वह उन कपड़ों को पच्चीस दिन पहले लेकर आनेवाला था, इसलिए यह सुनकर कि दर्जी आया है, रूबी दी ने सोचा कि उसे कुछ खरी-खरी सुनाएँगी। पर जब वह सामने आया, तो रूबी दी दंग रह गईं। उसके माथे पर पट्टा बँधा था, एक हाथ प्लास्टर में था और दूसरा कन्धे से बैंडेज के साथ मोड़कर लटकाया हुआ था। पता चला कि एक दिन रास्ते चलते कुछ लोगों ने उसे मुल्ला, कटवा, नमकहराम कहकर बेमतलब पीटा और अधमरा कर सड़क पर छोड़कर भाग गए। यह सुनना था कि फिर दो दिन रूबी दी के साथ वही घटना घटती रही। रूबी दी ने अब भी किसी से कुछ न कहकर चुप रहना ठीक समझा।

धीरे-धीरे रूबी दी को अपने साथ बार-बार हो रहे इस हादसे में कुछ पैटर्न

नजर आने लगा। तब से हर हिन्दुस्तान-पाकिस्तान के क्रिकेट मैच में उन्हें यह डर रहता कि फिर वही घटना न घट जाए। उन्हें यह भी समझ में आने लगा था कि आदिल और उसके अपमान के कारण को वे अपने दिल से निकाल नहीं पाई हैं। बिना उनके जाने और बिना उनकी इच्छा के वह हरदम उनके रक्त में एक लाइलाज कीड़े की तरह मौजूद रहता है। समय-समय पर मौका मिलते ही वह उग्र रूप धारण कर उनके जीवन में परेशानी खड़ी कर देता है। इसके बाद जब बाबरी मस्जिद गिरने पर कलकत्ता शहर में दंगे होकर कर्फ्यू लगा, तो रूबी दी को वापस उसी घटना की आवृत्ति पर कोई आश्चर्य नहीं हुआ। बल्कि यदि यह घटित नहीं होता, तो रूबी दी को लगता कि उनका जीवन चुक गया है। इस बार इस घटना ने तिरसठ साल की उम्र में उन्हें यह यकीन दिलाया कि वे अब भी जिन्दा हैं।

रूबी दी के साथ सतरह साल की उम्र से घटित होनेवाली विचित्र घटना यह थी कि हर बार ऐसे मौकों पर उनके अन्तर्वस्त्र—अन्दर पहनने के कपड़े—सूखने बन्द हो जाते थे। वे धोए जाते और मकान के पिछवाड़े में दिन-रात घंटों सूखने के बावजूद उतने-के-उतने गीले पड़े रहते। रूबी दी को माँ ने शुरू से इस नियम में बाँध रखा था कि अपने अन्दर के कपड़े वे खुद धोकर सुखाएँगी। वे कहती थीं कि किसी दूसरे से यह सेवा लेने से भयंकर पाप लगता है। इसलिए वे कपड़े खुद धोने के कारण रूबी दी को इस घटना के पीछे कोई समझ में आ पाने लायक कार्य-कारण सम्बन्ध नजर नहीं आता था। वे उन कपड़ों को कस-कसकर निचोड़तीं और हवा में फटकार कर सुखातीं पर ये कपड़े उतने-के-उतने गीले रहते जैसे अभी-अभी धोकर सुखाए गए हों। बाकी सारे कपड़े सूख जाते, पर कड़क धूप का भी इन कपड़ों पर कोई असर न होता।

सविता के उनके घर में रहने की जरूरत और रूबी दी की उसे रखने की जरूरत के बारे में रूबी दी ने सोचना स्थगित किया ही था कि अचानक उनके अन्तर्वस्त्र फिर सूखने बन्द हो गए। रूबी दी आश्चर्य से जड़ हो गईं। यह क्या? हे कृष्ण, अब फिर क्या नया घटित होनेवाला है? पिछले साल कारगिल की लड़ाई के समय रूबी दी को यह डर बना रहा था कि कहीं फिर उनके अन्तर्वस्त्र सूखने न बन्द हो जाएँ। पर ऐसा कुछ नहीं हुआ था। और अब ऐसा क्या होनेवाला है कि पूर्वाभास के रूप में यह घटना उन्हें कुछ संकेत दे रही है।

दो दिन तक ऐसा होता रहा और रूबी दी खौफजदा रहीं। तीसरे दिन उन्होंने अपने को कुछ ढीला छोड़ा और सोचा, देखा जाएगा क्या होगा, हो सकता है कुछ न हो, उनकी मौत का ही पूर्वाभास हो। या हो सकता है आदिल दुनिया में जहाँ भी हो, उनकी मृत्यु हो गई हो। आखिर आदिल उनसे दो साल बड़े थे, बहत्तर के हुए होंगे। रूबी दी को विश्वास हो चला कि प्रकृति कहें, या टेलीपैथी,

उन्हें आदिल के दुनिया में न रहने का सन्देश दे रही है। रूबी दी को कुछ गुस्सा भी आया। क्यों दे रही है सन्देश? उन्होंने तो कभी जानने की कोशिश नहीं की इसी धरती पर रह रहे आदिल ने—जो धरती उनके पाँव के नीचे से आदिल के पाँव के नीचे तक फैली है—कहाँ डेरा जमाया है, किससे शादी की है, उसके कितने बच्चे हैं, उसकी बीबी कितनी खूबसूरत है, कितनी पढ़ी-लिखी है। इधर सविता के लिए मैट्रिमोनियल कॉलम देखते हुए 'सुन्नी मुस्लिम पढ़ी-लिखी लड़की चाहिए' या 'सुन्नी मुस्लिम पढ़ा-लिखा लड़का चाहिए' पढ़कर रूबी दी ने जरूर आदिल के बारे में सोचा था कि उनके लड़के-लड़की क्या ब्याहे गए होंगे। पर जब रूबी दी ने खुद चलाकर कभी आदिल का उनके जीते-जी पता लगाने की कोशिश नहीं की, तो उनके मरने के सन्देशे से उन्हें क्या मतलब?

तीसरे दिन सुबह रूबी दी ने बिस्तर से उठकर चाय के फ्लास्क की तरफ हाथ बढ़ाया तो देखा वहाँ कुछ नहीं है। उनका हाथ हवा से टकराकर रह गया और रूबी दी का दिल जकड़ा गया। क्या हो गया सायरा को? आज तक ऐसा नहीं हुआ कि उसने सुबह की चाय न दी हो। इतने बरस बीत गए, पर ताजी चाय के फ्लास्क का वहाँ होना उतना ही निश्चित रहा, जितना कि धरती पर सूर्य का उदय होना। रूबी दी ने गला खँखारकर सायरा को आवाज लगाई, "सायरा, सायरा !" रूबी दी ने दौड़कर आते कदमों की आहट सुनी। एक क्षण के लिए उन्हें लगा कि चलो, तबीयत तो ठीक है लड़की की, पर तभी कदम दरवाजे के बाहर रुक गए। सायरा अन्दर नहीं आई, तो रूबी दी ने आश्चर्य से कहा, "सायरा, क्या बात है? अन्दर क्यों नहीं आती?" जवाब में घुटा-घुटा-सा रोने का स्वर आया। हे कृष्ण, लड़की ने फिर कोई कबाड़ा तो नहीं कर लिया? कहीं कालूचरण दरबान—नहीं, नहीं, वे दोनों पति-पत्नी इसे लड़की की तरह मानते हैं। एक क्षणांश में रूबी दी ने तरह-तरह की बातें सोच लीं। कल रात तक तो सायरा ठीक थी। उनके पाँव सोते समय दबाए भी थे। उन्होंने उस पर इन दिनों ध्यान देना तो कुछ कम कर दिया है, पर ठीक ही होगी। नहीं तो उनसे छुपा थोड़े रहता।

अचानक सायरा दौड़ती हुई कमरे में आई और पलंग के बगल में नीचे बैठकर उसने अपना मुँह उनके पाँव के पास घुसा लिया। अनायास रूबी दी का हाथ उसके सिर पर आ गया। उनका दिल भर आया। बेचारी लड़की ! क्या सुख देखा है इसने जीवन में? क्या समझती है, क्या नहीं, यह कोई नहीं जानता। बिलकुल नहीं समझती, ऐसा भी नहीं है। काम सारे कर लेती है। उनके साथ छाया की तरह लगी रहती है। "क्या हुआ?"—रूबी दी ने उससे बहुत प्रेम से

पूछा। जवाब में उसने आँसुओं से भरा चेहरा उठाकर घुटी-घुटी आवाज करते हुए सविता के कमरे की तरफ अंगुली उठा दी। रूबी दी समझ गईं। ''डाँटा है उसने तुम्हें?'' उन्होंने पूछा। सायरा ने जवाब में अपने को धक्का देने का इशारा किया। रूबी दी के अन्दर गुस्सा उफनने लगा था। उनका चेहरा गरम हो गया, जैसे खून सिर पर चढ़ रहा हो। ''क्यों?'' उन्होंने पूछा, पर पूछते ही सायरा की इस प्रश्न का जवाब देने की अक्षमता पर उन्हें अन्दर से रुलाई आने लगी।

''हम बताएँ का?'' रूबी दी ने देखा कि श्यामा दरवाजे पर खड़ी थी। उसके सफेद-काले बालों के बीच सिन्दूर की ताजी रेखा चमक रही थी। रूबी दी ने सिर हिलाया, पर उन्हें लगा कि वे जानती हैं कि श्यामा क्या बोलेगी। बिना सुने ही वे जानती हैं। ''इसके हाथ से कुछ खाती नहीं, इसे चौके में घुसकर चौका अपवित्र करने के लिए मना कर दिया है। इसके धोए कपड़े नहीं पहनेगी महारानी। कल कमरे में रोज की तरह झाड़ू लगाने गई, तो धक्का मार दिया। इतने जोर से कि दरवाजे से जा टकराई...''—रूबी दी ने श्यामा को और कुछ बोलने से रोकने के लिए कहा, ''वह उठ गई क्या? उठने से कहना कि रूबी दी ने कहा है कि कल कादम्बरी दिल्ली से आ रही है। वह इसी कमरे में रहती है। इसलिए वह कुछ दिन के लिए अपने पुराने ठिकाने पर चली जाए। फिर बाद में देखेंगे। और कुछ मत कहना।'' रूबी दी ने देखा कि श्यामा समझदारी से सिर हिला रही थी। उसने एक बार भी हुलसकर नहीं पूछा कि क्या सचमुच कादम्बरी बिटिया कल आ रही है?

और अन्त में प्रार्थना

रूबी दी ने परामर्श के दफ्तर में पूरे दो घंटे एक सादे कागज पर कुछ लिखने, उसे फाड़ने और फिर दूसरे, तीसरे, चौथे पन्नों पर कुछ लिखने-फाड़ने में लगाए। घर आकर वे बिना खाए बिस्तर में पड़ी रहीं। श्यामा की विनती का उन पर कोई असर नहीं हुआ। रूबी दी पड़े-पड़े कहाँ-कहाँ की बातें सोचती रहीं। कभी पिताजी के साथ रेस में घोड़ा जीतने पर उछलने का दृश्य याद आता, कभी माँ का उनके बाल सँवारकर गूँथना। कभी सुधीर का लेटे-लेटे उन्हें कमरे में सामान इधर-से-उधर करते देखते रहना याद आता, कभी गौरी का उनसे सपने में पूछना कि तुमने मेरा नाम गौरी क्यों रखा? कभी कादम्बरी का बाहर सीढ़ियों के पास उनसे दौड़कर चिपटना याद आता, कभी शीशे में अपने चेहरे में जड़ी सविता की आँखें याद आतीं। वासुमणि ने ठीक कहा था—दिमाग और दिल को एक-दूसरे में उलझाकर काम नहीं होगा। निवेदिता भी सही थी। इन लोगों की बात मानी होती, तो कम-से-कम सविता को मझधार में छोड़नेवालों की सूची में वे शामिल नहीं होतीं। अब क्या करें? अभी उनके दिल, जिगर, किडनी, दिमाग सब सही-सलामत हैं। मरने के कोई आसार नजर नहीं आते। कहीं सौ साल की उम्र पाई हो, तो क्या करेंगी ? रूबी दी ने अपनी हस्तरेखाओं की ओर देखा। यह जीवन-रेखा है। अरे, यह तो अन्तहीन-सी लग रही है। पूरी हथेली पारकर मुड़कर कलाई तक चली गई है। पहले कभी इस तरफ ध्यान नहीं गया। पर करेंगी क्या इतना जीकर? आत्महत्या की बात तो कहीं दूरदराज से भी उनके मन में नहीं आती। जीवन है, तो उसका कोई अर्थ है जरूर, समझ में आए न आए। उसे अपने मन से खत्म करना कभी सही नहीं हो सकता। वे कभी डॉक्टर सुबोध भट्टाचार्य की तरह आत्महत्या नहीं कर सकतीं, चाहे जो हो।

वे जो कर सकती हैं, वह जरूर करेंगी। रूबी दी उठ बैठीं। श्यामा को आवाज दी। खाना खाया। चिन्मय मिशन में भागवत चल रही है। रोज शाम को दो घंटे। भागवत से लौटकर थकान लगी। खाना खाकर सो गईं। दो-तीन घंटे सोकर नींद खुली। पता नहीं कितने बज रहे हैं—ग्यारह, बारह, एक, दो? कादम्बरी

को फोन करें? रूबी दी ने बत्ती नहीं जलाई। घड़ी देख लेंगी, तो फोन नहीं किया जाएगा। वे फोन बाहर की हलकी-सी रोशनी में अंदाजे से घुमाने लगीं। अभी वह फोन उठाएगी और कहेगी, "हलो पार्टनर! और क्या लिखा? यह जो मैं अभी कहने जा रही हूँ, सब लिखा जाएगा क्या?" नानी, रूबी दी और अब पार्टनर। रूबी दी कहेंगी, "कोई जरूरी नहीं कि सब लिखा जाए। इस पर निर्भर करता है कि क्या बातें होंगी? पिछली बार की बातें नहीं लिखी गई हैं।" कादम्बरी कहेगी, "ओह!" उसके इस 'ओह' का क्या अर्थ है, रूबी दी सोचती रह जाएँगी। उसे बुरा लगा? या उसे कोई परवाह नहीं? उसे निराशा हुई उनकी बात से? या उसने इसे एक तथ्य के रूप में ग्रहण कर लिया? फिर रूबी दी उसे सविता के चले जाने के बारे में बताएँगी। न जाने वह क्या कहेगी? हो सकता है कहे, चलिए आपसे जितना बन पड़ा आपने कर दिया। एक पूरे जीवन के सोशल-वर्क से इस दुनिया में एक आदमी के जीवन को बनाने की कोशिश का ज्यादा अर्थ है। या हो सकता है कहे, चलिए अब आपकी अपने घर में स्वतन्त्रता वापस लौट आई। कोई और रहे, तो छोटी-छोटी दिक्कतें होती हैं। और कुछ नहीं, तो चलने की आवाज, चिटकनी बन्द करने-खोलने की आवाज, कभी फोन की घंटी से ही परेशानी हो जाती है। आप तो परम स्वतन्त्र हैं रूबी दी, मैं बड़ी होकर एकदम आपके जैसा होना चाहती हूँ।

यदि रूबी दी उससे कहें, कादम्बरी, सविता का जाना मुझे अच्छा नहीं लगा। मैंने भी उसे छोड़ दिया। मेरे मन में इस बात की बहुत ग्लानि है। नहीं होनी चाहिए, मैं जानती हूँ, पर है। पता नहीं, अब वह कभी 'परामर्श' आ पाएगी या नहीं। पहले उसके पास आने के लिए एक जगह तो थी, चली आती थी कभी बोलने-बतलाने, अब तो मैंने उससे वह भी छीन ली। वह बुरी नहीं है। कादम्बरी, उसकी तकदीर ही ऐसी है। कादम्बरी को उनका ऐसा कहना बहुत बुरा लगेगा, रूबी दी जानती हैं। वह कहेगी, कम ऑन नानी, आपसे यह उम्मीद नहीं थी। तकदीर की बातें करना। आपने कहा था कि आदमी के पास चुनने के लिए बहुत कम गुंजाइश होती है। वह अपना जनम नहीं चुनता, अपने माँ-बाप नहीं चुनता, अपना मरण नहीं चुनता और न ही जीवन के दुख चुनता है। लेकिन एक जगह होती है उसकी स्वतन्त्रता। वह अपने आसपास, एकदम आसपास, जो स्वर्ग-नरक बनाता है, वहीं उसकी स्वतन्त्रता होती है। और अब आप, 'ऑफ ऑल पीपल', इसी जगह तकदीर की बात ले आई हैं?

रूबी दी कादम्बरी के बड़े-से प्रश्नचिन्ह को देख रही थीं कि फोन मिल गया। घंटी बजती गई। अरे, क्या बहुत रात हो गई है? रख दें क्या? तभी फोन उठ गया। एक मर्द की उनींदी आवाज, "कादंम्बरी मद्रास गई है। वहाँ से अंडमान जेल..." कहकर फोन रख दिया गया। यह गौतम तो बड़ा होशियार है, रूबी दी

को हँसी आ गई। समझ गया कि वे ही होंगी। रूबी दी ने बत्ती जलाई। देखा तो अकबका गईं, घड़ी में साढ़े तीन बजे थे। रूबी दी धीरे से उठीं। आकर टेबुल पर बैठ गईं। दिन का लिखा पन्ना निकाला। ऊँहूँ, ठीक नहीं है। बहुत ज्यादा लिखने से बात खो जाती है। उसका मर्म शब्दों में बिखरकर हलका हो जाता है। बहुत कम शब्दों में अपनी बात लिखनी होगी। एकदम कम-से-कम शब्द। तब उनकी बात कादम्बरी के दिल में पैने तीर की तरह उतर जाएगी। हो सकता है, उसे वैसा ही दर्द हो, जैसा उन्हें हो रहा है। पर इस दर्द से न बचा जा सकता है, न किसी को बचाया जा सकता है। यह प्रसव के दर्द की तरह है। इससे गुजरकर आदमी जीवन को जानने का मौका पाता है और दूसरे को गुजारकर यही मौका उसे देता है। रूबी दी ने एक नए सादे पन्ने पर लिखना शुरू किया–

आज 25 नवम्बर, 2000 के दिन रात साढ़े तीन बजे मैं अपनी अन्तिम वसीयत लिख रही हूँ। यह पिछले वसीयतनामे को खारिज करती है। यह जाना जाए कि मैं यह अपनी स्वतन्त्र इच्छा से, बिना किसी दूसरे के दबाव के लिख रही हूँ।

सायरा को कुल पच्चीस हजार रुपए देने के बाद पिछली वसीयत की तरह मेरी चल-अचल सम्पत्ति की एकमात्र वारिस मेरी नातिन कादम्बरी ही है। पर मैं कादम्बरी से यह प्रार्थना करती हूँ कि वह सविता को आत्मनिर्भर जिन्दगी जी पाने के लिए खुद को मिलनेवाले नकद रुपयों में से पच्चीस प्रतिशत रुपए दे। यह कादम्बरी के लिए कोई आदेश नहीं है। न ही सविता के लिए इन रुपयों को स्वीकार करने की कोई बाध्यता है। मैं सविता से यह प्रार्थना करती हूँ कि वह जरूरत होने पर इन रुपयों को अपना अधिकार समझकर ले। यह अधिकार उसे इस बात से है कि उसमें मैंने अपने को देखा है–उसी तरह जैसे हम अपने बच्चों में अपने को देखकर उनके कष्ट से स्वयं गुजरते हैं। यदि कष्ट की कोई जाति होती है, तो उस नाते मैं सविता के इतने करीबी रिश्ते की हूँ, जितना दुनिया में शायद ही कोई किसी का होता है।

मेरी कादम्बरी से यह भी प्रार्थना है कि शेष कथा कादम्बरी खुद लिखे और जैसे चाहे लिखे–'ओवर टु कादम्बरी।'

रूबी दी वसीयतनामे पर हस्ताक्षर कर वापस आकर लेटीं, तो रात का अन्तिम सिरा बाकी था। उन्हें लगा कि अभी वे इसी क्षण मर जाएँ, तो कहा जाएगा कि वे अन्त में हृदय में सन्तोष लिए मरीं।

अगले क्षण उन्हें लगा, पर ऐसा कहाँ पर कहा जाएगा और कौन कहेगा? तभी एक खयाल उठकर उस सन्तोष को छितराते हुए उन्हें बेचैन कर गया। उनके और सविता के कष्ट की एक जाति कैसे है, क्या यह कादम्बरी समझेगी? हालाँकि उन्होंने कथा में अपनी समझ में ठीक से लिख दिया है, पर वह ठीक उसी तरह न समझ पाई तो ?

●●●